선교의 길 순교의 길
바다를 넘어선 신앙의 흔적, 부산과 큐슈를 잇다

선교의 길 순교의 길
바다를 넘어선 신앙의 흔적, 부산과 큐슈를 잇다

지 은 이·김대호
펴 낸 이·성상건
편집디자인·자연DPS

펴 낸 날·2026년 3월 5일
펴 낸 곳·도서출판 나눔사
주　　소·(우) 10270 경기도 고양시 덕양구 푸른마을로 15
　　　　301동 1505호
전　　화·02)359-3429　팩스 02)355-3429
등록번호·2-489호(1988년 2월 16일)
이 메 일·nanumsa@hanmail.net

ⓒ 김대호, 2026

ISBN　978-89-7027-825-4　　03230

값 17,000원

잘못된 책은 바꾸어 드립니다.

선교의 길 순교의 길

바다를 넘어선 신앙의 흔적, 부산과 큐슈를 잇다

김대호 지음

나눔사

일본은 기독교인이 소수임에도 불구하고, 기독교를 자국의 관광자산으로 체계적으로 개발하고 있다. 이러한 노력은 2018년을 기점으로 본격화되었으며, 일본은 기독교 박해와 순교의 현장이었던 큐슈 지역을 세계문화유산으로 등재하는 성과를 이루었다. 초기에는 접근성이 떨어지는 시골 마을의 작은 산언덕, 섬 지역 등 제한적인 장소에서 시작되었다.

일본은 기독교 역사와 관련된 흔적이 있는 장소마다 나무 표지석(標識石)을 세웠다. 이러한 작은 표지석(標識石)들이 모여 큐슈 기독교 역사를 하나의 문화적 가치로 자리매김하게 했다. 현재도 큐슈에서는 기독교 순례객을 맞이하기 위해 섬 구석구석까지 도로와 터널을 확장하는 공사가 활발히 진행 중에 있다.

부산 중구와 일본 큐슈 지역은 초기 기독교가 들어왔던 양국의 대표적인 지역으로, 오랜 무역 교류의 역사를 공유하고 있다. 경남 창원시는 임진왜란 당시 가톨릭 신부 세스페데스(Gregorio de Cespedes)가 조선에 입국했던 역사적 사실을 기념하여, 진해구 웅천동로 일대에 '세스페데스 공원'을 조성했다. 부산은 1876년 일본에 의해 강제 개항되었으며, 1883년에는 중국의 영향으로 부산에 해관이 개설했다. 이후 부산항은 수많은 외국인들이 조선으로 들어오는 관문이 되었다. 조선에 파송된 최초의 상주 선교사인 호러스 알렌(Horace N. Allen) 역시 상하이에서 출발해 나가사키를 경유한 뒤, 1884년 9월 14일 부산항에 도착했다.

부산시 중구에는 첫 개신교 선교사들의 기착지에 표지석(標識石)을 설치했다. 이들은 모두 나가사키에서 출발하여 부산에 도착했다. 결과적으로 부산과 큐슈는 초기 기독교 역사와 관련된 역사적 공간이 다수 존재한다. 부산은 초기 선교사들이 처음 마주한 조선의 관문으로서 중요한 지리적 의미를 지니고 있다. 본 연구는 부산과 일본 큐슈 지역을 아우르는 공간적 범위를 대상으로 한다. 두 지역은 역사적 관련성뿐만 아니라 하늘길과 바닷길을 통한 접근성이 뛰어난 특징을 갖는다.

본 연구자는 지난 20여 년간 부산과 큐슈 지역의 기독교 역사 연구와 현장 탐방 활동을 수행해왔다. 연구의 시작은 연구자가 후쿠오카CCC 복음센터에서 활동하면서 처음 큐슈지역 기독교 유적지를 접하게 되었다. 이후 2010년부터 현재까지도 큐슈 지역 기독교 유적지 탐방과 순례를 300회 이상을 꾸준히 진행하고 있다. 2018년에는 부산장신대학교 대학원에서 「초기 선교사들의 조선 입국 경로 연구(1883-1885): 부산과 일본 나가사키 항로를 중심으로」라는 주제로 석사학위를 취득했고, 이어 2024년에는 「부산과 일본 큐슈 지역 기독교 유적지 개발 및 연계 활용 방안 연구」를 통해 박사학위를 취득했다.

현재 부산장신대학교 부설 '부산경남교회사연구소'와 협력 기관인 '일본선교연구소'를 부산 중앙동에 개설하여 후속 연구와 관련 활동을 수행할 기반을 마련하고 있다. 연구 주제인 "부산과 일본 큐슈 지역 기독교 유적지 개발 및 연계 활용 방안 연구"는 교회사적 접근을 통해 학술적 근거를 확보하였으며, 이를 바탕으로 향후 공신력 있는 사업과 사역으로 체계화하여 발전시켜 나갈 예정이다.

이 연구의 모델이 되었던 큐슈 지역 기독교 유적지 역시 초기에는 체계적인 개발이 거의 이루어지지 않았다. 관련 시설로는 나가사키 26인 순교기념관과 이키츠키(生月)의 은둔형 기독교인 관련 전시가 마련된 고래박물관 정도가 사실상 전부였다. 그러나 최근 몇 년 사이 교통로가 정비되면서 시골 구석구석까지 도로망이 새롭게 확장되어 가고 있다.

일본이 큐슈 서부 외곽을 체계적으로 정비한 이유는 2018년 큐슈 지역 기독교 유적지가 세계문화유산으로 유네스코에 등재되었기 때문이다. 기독교 인구가 한국과 비교해 극히 미미한 일본이지만, 일본은 큐슈의 기독교 역사를 하나의 문화적 가치로 재구성했다. 가장 대표적인 사례는 에도막부의 지독한 박해와 고문을 견디며 250년간 숨어 신앙을 지킨 은둔 그리스도인, 이른바 '카쿠레키리시탄(隠れキリシタン)'의 이야기가 그 시작이다.

현재도 일본 큐슈는 기독교 관련 새로운 관광자원을 계속 개발하고 있다. 나가사키에 신도발견지로 유명한 "오우라 천주당"은 기독교문화 랜드마크로 자리 잡았다. 큐슈 전역에서는 기독교역사 유적지를 연계하는 올레길을 제주 올레길 개발팀과 협력하여 조성했다. 이처럼 한국인 관광 인프라 개발 사례도 존재한다.

일본에 비해 한국의 기독교 역사는 짧지만 근현대사의 전환기마다 풍부한 신앙 유산을 축적해 왔다. 부산을 비롯한 국내 여러 지역에는 관련 기록과 서사가 존재함에도 불구하고, 이를 역사적 공간으로 구체화하는 노력은 아직 충분하지 않다. 부산에 있던 외국인 거류지와 선교사들의 무덤도 사라졌고, 개항 초기 의료 및 교육 기관의 흔적도 거의 남아 있지 않다. 2025년 현재 부산진일신여학교 교사 등 소수만이 겨우 보존되고 있다.

이러한 점에서 본 연구의 필요성과 기대 효과는 명확하다. "부산과 일본 큐슈 지역 기독교 유적지 연계 및 활용 방안 연구"를 통해 부산과 큐슈 지역의 역사적 연관성을 체계적으로 탐구했다. 각 지역의 기독교 유적지 현황을 조사하고, 부산과 일본의 큐슈 두 지역의 기독교 문화유산을 연계하여 실질적으로 활용할 수 있는 구체적 방안도 모색했다.

본 연구자는 연구 과정에서 개신교가 불교와 천주교에 비해 종교문화 유적지 개발 및 활용이 미미하다는 사실도 확인했다. 불교의 경우 인지도가 높은 대형 사찰을 중심으로 템플스테이 등 관광문화상품 개발과 활용을 꾸준히 이어왔으며, 부산 천주교는 2008년부터 수영 장대골에서 오륜대 순교자 기념관까지 '도보성지순례'를 개발하고, 2014년에는 '도보성지순례 6주년'을 기념하여 『시복 시성을 위한 도보성지순례 백서』를 발간하는 등, 관련 유적지 개발과 활용에 꾸준히 힘쓰고 있다.[1]

2009년 김태영의 "종교관광 활성화 방안" 연구에 따르면, 종교관광의 지역별 분포에서 불교 유적지 활용이 가장 높은 것으로 나타났으며, 개신교와 가톨릭은 순위에조차 포함되지 않았다. 가톨릭의 경우 일부 지역을 중심으로 제한적이나마 유산의 개발과 활용이 이루어진 사례를 확인할 수 있었다. 이는 개신교가 유적지 개발과 활용 측면에서 상대적으로 미흡한 현실에 놓여 있음을 보여주는 단적인 사례라 할 수 있다.[2]

그러나 이러한 한계 속에서도 광주광역시 양림동은 비교적 이른 시기부터 기독교 문화유적지의 개발과 활용 방안을 모색해 온 대표적인 사례라 할 수 있다. 광주광역시는 호남신학대학교를 중심으로 광주기

---

1) 하창식. 『시복시성을 위한 도보성지순례백서』 (부산: 천주교부산교구 평신도사도직협의회, 2014), 단행본 출발.
2) 김태영, "종교관광 활성화 방안," 「한국관광정책」 제36호 (2009), 105-106.

독병원, 수피아여자고등학교와 협력하여 해설사 양성 등 다양한 홍보 활동을 꾸준히 추진했다. 또한 호남신학대학교는 광주광역시 남구청과 함께 『양림동, 오래된 언덕에 서서』라는 사진 홍보집을 발간하고, 유진 벨(Eugene Bell, 1868~1925) 선교기념관, 어비슨(Avison, 1860~1956) 기념관, 양림 역사문화마을 등 기독교 문화유적지를 조성하여 탐방객을 맞이하고 있다.[3]

한편 부산의 경우, 지역 교회 중심의 자발적 추진보다는 시(市) 차원의 행정적 기획을 통해 역사 자원을 정리하고 관광 자원화하는 방식으로 접근해 왔다. 부산광역시는 2020년부터 「시대별로 한눈에 보는 부산 역사 산책」을 발간한 이후, 「고도심 역사의 발자취를 찾아서」, 「원도심 역사의 발자취를 찾아서」, 「부산 물길 역사의 발자취를 찾아」 등 안내 자료를 지속적으로 발간하며 부산의 역사와 관광 자원을 소개하고 있다.[4]

부산광역시는 부산발전연구원과 부산학연구소를 통해 부산 발전과 이익을 위한 연구를 지속하고 있다. 2021년 부산교육대학교와 함께 "문화예술교육연구"에서 「'길'의 문화적 의미: 부산 갈맷길을 중심으로」라는 학술연구 과제를 발표했다. 이 연구는 부산시가 2009년부터 추진해 오던 관광 콘텐츠 사업과 연계되어, 시민 참여형 탐방로 프로젝트인 '갈맷길'을 개발하고 홍보한 사례를 보여준다.[5]

---

3) 최희정, 『양림동, 오래된 언덕에 서서』 (광주광역시남구청, 2009), 1.
4) 부산광역시, 『시대별로 한눈에 보는 부산역사 산책』 (부산광역시 문화유산과, 2020); 부산광역시, 『고도심역사의 발자취를 찾아서』. (부산광역시 문화유산과, 2021); 부산광역시, 『원도심 역사의 발자취를 찾아서』. (부산광역시 문화유산과, 2020); 부산광역시, 『부산 물길 역사의 발자취를 찾아』. (부산광역시 문화유산과, 2022).
5) 부산 갈맷길 278.8Km는 부산시 홈페이지를 통해서 소개되고 있다. 갈맷길 홈페이지, 2020년 8월 10일. https://www.busan.go.kr/galmaetgil/index. 2023년 11월 4일 접속.

또한 부산광역시는 6·25전쟁 관련 유적지 개발에도 힘쓰고 있다. 최근 연합뉴스는 "'피란수도 부산유산 소개' 유네스코 공식 누리집 게재"라는 기사를 통해, 부산시가 '한국전쟁기 피란수도 부산 유산'을 유네스코에 등재하기 위해 추진 중인 노력을 소개했다. 부산시는 2015년부터 '피란지 부산'의 등재를 목표로 지역 문화거리의 연구와 보존 작업을 지속해 오고 있다.

한편, 부산본부세관 박물관장이자 향토사학자인 이용득은 2019년 『부산항 이야기: 부산항의 오래된 미래를 만나다』에서 부산의 역사와 정체성을 조명했다.[6] 그는 조선에 온 첫 선교사 호러스 알렌(Horace N. Allen), 언더우드(Horace Underwood), 아펜젤러(Henry Appenzeller)의 이야기를 소개하며, 개항 초기 부산이 조선의 관문 역할을 했음을 강조했다.[7]

그는 첫 개신교 선교사 호러스 알렌(Horace N. Allen)이 1884년 9월 17일 부산에 도착했다. 한국교회도 이를 조선 선교의 시작으로 보고 있다. 2024년은 호러스 알렌이 조선 선교를 시작한 지 140년이 되는 해이다. 한편, 일본 개신교는 오키나와를 포함하여 170년의 역사를 지니며 한국보다 약 30년 먼저 복음이 전파되었고, 일본 가톨릭은 500년 이상의 역사를 가지고 있으나 현재 교세와 교회 수는 한국과 비교하기 어렵다.[8] 그럼에도 일본은 기독교 유적지를 정비하고, 세계유산 등재와 관광 자

---

6) 부산광역시 분야별 정보, "피란수도 부산유산 소개" 2022년 6월 22일. https://www.busan.go.kr/depart/culture030102?bbsNo=7. 2023년 11월 5일 접속.

7) 이용득, 『부산항 이야기 부산항의 오래된 미래를 만나다.』(서울: 유진북스, 2019), 122-125.

8) 文化庁によると、信者の定義および信者数の算出方法は宗教団体ごとに異なる。宗教的帰属で見ると、神道の信者数が8790万人(48.5%)、仏教が8390万人(46.3%)、キリスト教が190万人(1%)、その他の宗教団体の信者730万人(4%)である。信仰の自由に関する国際報告書(2022年版) - 日本に関する部分。在日米国大使館と領事館。https://jp.usembassy.gov/ja 2024년 3월 16일 접속.

원화를 통해 체계적으로 활용하고 있다.

2015년 발표된 연구 「도심 속 둘레길의 사회문화적 가치와 장소 정체성」에서는 둘레길 개발을 통해 사회문화적 가치와 장소 정체성을 높이는 것을 핵심 과제로 제시했다. 이와 유사하게, 김현지의 「부산지역 기독교 역사유적 관광 콘텐츠화 방안 고찰」과 김지현의 연구에서는 주로 '기독교 선교관 건립'과 관련된 내용을 다루었으나, 대부분 실내 공간에 초점을 맞추었다. 특히 김지현 연구는 다양한 사회적 이해관계와 교단 간 이견 조율, 타 종교 배려의 필요성을 강조했다. 이는 기독교 유적지 개발 연구가 실외 공간을 활용하여 도심 속 문화적 가치를 높이는 방향으로 확장될 필요가 있음을 보여준다.[9]

일본은 2007년부터 큐슈 지역의 기독교 유적지를 세계문화유산으로 등재하기 위해 꾸준히 노력해왔다. 이를 위해 문화재 보호법을 개정하고, 나가사키 지역 교회 터를 군락화하여 지역사회와 연계된 산업으로 발전시키는 전략을 추진했다. 이러한 과정은 단순한 지역 개발을 넘어, 문화재적 가치를 국제적으로 인정받기 위한 체계적 접근이었으며, 최종적으로 세계문화유산 등재라는 성과를 이루었다.[10]

부산시 역시 세계문화유산 등록을 목표로 다양한 노력을 기울이고 있다. 지역 역사와 문화적 가치를 부각하기 위해 각종 홍보 책자를 발간하며, 이를 통해 부산의 정체성과 문화유산의 중요성을 국내외에 알리고 있다. 이러한 노력은 지역의 역사적 자산을 재발견하고 국제적 가치

---

9) 최정웅·이혁기·이원희, "도심 속 둘레길 사회문화적 가치와 장소 정체성," 「한국사회체육학회지」 제 62호, (2015): 457-467.
10) 나가사키 세계문화 유산 안내 책자 및 홈페이지 참고.
    https://heritage.unesco.or.kr/나가사키지역. 2023년 12월 4일 접속.

를 높이는 기반이 된다.

이와 관련해, 2020년 7월 부산교육대학교 학술연구진은 「'길'의 문화적 의미: 부산 갈맷길을 중심으로」라는 연구 결과를 발표했다. 연구진은 부산 전체를 하나의 "지역 문화 콘텐츠"로 규정하고, 그 위에 '길'이라는 주제를 더해 스토리텔링을 통한 문화적 의미를 탐구했다.

유사한 맥락에서, 부산장신대학교의 탁지일은 2019년 부산 기독교 유적지를 소개하는 동영상을 제작하며 첫 번째 목표로 '스토리텔링'을 강조했다. 또한 김대래(2013)는 부산을 처음 방문한 서양인의 기록을 재구성하여 개항 초기 부산의 모습을 스토리텔링 자료로 제시했다.[11]

부산에서 기독교 관련 연구가 일부 이루어졌음에도 불구하고, 기독교 유적지의 개발과 활용에 관한 연구는 여전히 미흡한 실정이다. 한국기독교역사연구소는 『믿음의 흔적을 찾아』 시리즈를 통해 한국과 일본의 기독교 유적을 소개했으나, 기독교 문화유산에 대한 학문적·문화적 관심은 제한적이었다. 이덕주는 한국 기독교 문화유산에 대한 우리의 태도를 "가난하다"라고 표현하며, 교회의 역사적 의미와 문화적 가치에 대한 상대적 무관심을 지적했다.[12]

부산지역 기독교 역사 연구는 주로 이상규를 중심으로 수행되어 왔다. 호주 선교사와 관련한 연구에서는 정병준과 같이 부산 외 지역에서 활동한 학자도 있으나, 부산·경남 지역 교회사 연구를 꾸준히 수행한 대표적 학자는 이상규이다. 또한 초기 조선 선교사들의 첫 기착지가 제물

---

11)   김대래, "개항기 서양인의 눈에 비친 부산," 『부산학논총 2013』 (부산: 부산학연구센터, 2013), 137-144.
12)   이덕주, 『한국 기독교 문화유산을 찾아서, 눈물의 섬 강화 이야기』 (서울: 대한기독교서회, 2002), 5.

포가 아닌 부산임을 입증한 탁지일의 연구도 중요한 의의를 지닌다.

그러나 개별 연구자의 헌신에 의존하기보다는 공동연구가 필요한 시점이다. 이러한 맥락에서, 교회사 전공 제자들과 함께 『6·25전쟁과 한국교회』를 공동 발간한 탁지일의 작업은 주목할 만하다. 오늘날 기독교 유적지 개발과 연계하여 지역 교회사 연구를 지속적으로 수행할 연구자 양성의 필요성 또한 강조된다.[13]

한·일 관계는 현해탄을 매개로 형성되었으며, 그 중간에 위치한 대마도는 양국의 역사·문화 교류에서 중요한 의미를 지닌다. 본 연구는 한·일 교류 역사를 고대부터 시작하여 평화, 갈등, 회복, 침략, 수탈, 화해와 평화에 이르는 전 과정을 역사성, 접근성, 연계성 관점에서 종합적으로 검토하고자 한다. 이를 위해 먼저 양국 역사를 통시적 관점에서 분석하여 연구의 기초를 마련했다.[14]

통시적 접근을 선택한 이유는 한·일 관계사를 고대사부터 모두 다루기에는 연구 범위가 지나치게 방대하기 때문이다. 이에 본 연구는 한·일 공동연구회가 정리한 3세기 이후 자료를 토대로, 고대 한·일 관계에서 출발하여 임진왜란과 근세 개항기에 이르는 역사를 통시적으로 정리했다. 그리고 E. H. 카가 정의한 역사 개념인 "과거와 현재의 상호관계" 관점은 본 연구의 방향과 일치시켜 한·일 관계사를 과거, 현재, 그리고 현재진행 중인 한일관계사의 이야기를 하나의 흐름으로 조망함으로써 부산과 일본 큐슈가 지닌 역사성, 접근성, 연계성을 온전히 파악할 수 있다.

---

13)   탁지일 외, 『6·25전쟁과 한국교회』(CLC출판, 2020)을 2020년 7월 31일 출판했다.
14)   E.H카, 김택현 옮김, 『역사란 무엇인가?』(서울: 까치, 2015), 46.

또한 부산과 일본 큐슈의 개신교 유적지 연계 및 활용 방안 연구에서는 탁지일의 「부산지역 개신교 유적지 개발 및 활용 방안 연구」를 참고하여 방법론을 정리했다. 탁지일의 연구는 역사성, 접근성, 연계성을 중심으로 부산 중구와 동구의 개신교 유적지를 관광 콘텐츠로 개발하고 지역 관광자원과 연계하는 방안을 제시했다. 이 방법론은 부산과 일본 큐슈의 역사성과 접근성을 체계적으로 정리하는 데 유용하였으나, 연계성 즉 연구, 관광, 문화적 교차점 규명 부분에서는 아직 추가 연구가 더 필요하다.

연계성 부분에서는 부산에서 나가사키까지의 물리적 거리가 보여주듯, 한·일 양국의 기독교적 환경과 숫자의 차이가 존재한다. 그럼에도 기독교가 전체 인구의 0.4%에 불과한 일본에서, 나가사키 기독교 유적지를 체계적으로 개발하고 세계문화유산으로 등재할 수 있었던 배경을 탐구하는 것은 중요한 과제이다. 이에 대한 답을 찾기 위해서는 한·일 역사에 대한 사전 이해도 필요하다.[15]

제1장에서는 부산과 큐슈 간 교류 역사를 조사했다. 한·일 교류의 중심지였던 대마도의 지정학적 위치와 역할을 분석함으로써 왜구 발생과 전개 과정을 이해하는 데 기여했다. 특히 임진왜란 사례에서 대마도의 중요성은 두드러지며, 임진왜란을 제3자의 시각에서 기록한 루이스 프로이스(Luís Fróis, 1532~1597)의 자료를 통해 경남 창원에 도착한 조선의 첫 선교사 세스페데스(Gregorio de Cespedes, 1551~1611)의 행적을 확인할

---

15) 역사가가 연구하는 과거는 죽은 과거가 아니다. 어떤 의미에서는 현대에 여전히 살아 있는 과거이다. 그러나 과거의 행동을 만일 역사가가 그것의 배후에 있었던 사유를 이해할 수 없다면, 그 역사가에게는 죽은 것, 즉 의미 없는 것이다. 그러므로 모든 역사는 사유의 역사이며 역사란 사유의 역사를 연구하고 있는 역사가가 그 사유를 자신이 정신 속에 재현하는 것이다. E. H카, 김택현 옮김, 『역사란 무엇인가?』, 35.

수 있었다. 비록 프로이스 자료는 일본 측 관점에서 기록되었지만, 임진 왜란 당시 조선에 있던 서양인 선교사 활동을 이해하는 데 중요한 사료로 활용된다.

임진왜란 이후 일본과의 교류가 재개되면서 설치된 초량왜관과 그 운영 규정을 조사했다. 왜관 설치와 엄격한 규정 적용은 당시 부산 일본인 거리가 왜색을 띠게 된 배경이었음을 보여준다. 이를 바탕으로 제2장에서는 초기 선교사들이 부산을 바라본 인상을 정리했다. 특히 제임스 게일(James Gale)이 기록한 호주 선교사 헨리 데이비스(Henry Davies)의 죽음과 제2진 호주 선교사 입국 과정을 분석하여, 부산과 경남 지역에서 본격적인 선교가 시작되는 중요한 변곡점이 되었음을 확인했다.

제3장에서는 부산 기독교 유적지 현황과 실태를 조사했다. 초기 부산 상주 선교사인 로버트 하디(Robert Hardie)와 헨리 데이비스, 이들이 세운 부산진교회와 초량교회, 근대 여성 교육의 시발지인 부산진일신여학교를 중심으로 정리했다. 또한 한국전쟁이 부산 기독교 성장에 미친 영향과 피난수도 부산에서의 개신교 활동 현황을 분석했다. 이를 바탕으로 초기 부산 교회를 군 단위로 묶어 연구할 수 있는 후속 과제를 제시했다.

제4장에서는 일본 큐슈 기독교 유적지 현황 및 실태를 연구했다. 특히나 제4장에서는 세계적으로 유래가 없는 카쿠레 키리시탄의 역사와 형성과정, 일본 기독교 박해 과정을 정리하고, 일본 기독교 역사가 어떻게 세계문화유산으로 등재될 수 있었는지를 탐구했다.

제5장에서는 제3장과 제4장의 연구 결과를 바탕으로 부산 개신교 유적지 개발과 일본 큐슈 지역과의 연계 활용 방안을 모색했다. 부산 유적지 개발과 관련한 주요 선행 연구자로 이상규, 탁지일, 김정하가 있다.

이상규 연구가 주로 인물 중심이었다면, 탁지일 연구는 현장 중심으로 전환한 사례로 평가된다. 그는 현장 답사를 통해 개신교 유적지 개발을 지역 관광자원과 연계하는 방안을 모색하였으며, 역사성·접근성·연계성이라는 세 가지 방법론으로 접근했다. 본 연구에서도 탁지일의 방법론을 타당하다고 판단하여 이를 적용함으로써 부산 개신교 유적지 개발과 연계 활용 방안 연구의 기반을 마련하고, 실질적 적용 가능성을 높이고자 했다.

김정하는 부산지역 개항기 유적지 현황과 보존 상태, 향후 전망을 연구했다. 그는 12회 이상의 현장 답사를 통해 자료를 정리했다. 본 연구자 역시 탁지일과 김정하의 방법론을 참고하여 현장 답사를 중심으로 연구를 수행했다. 현장 답사 과정에서 일본의 기독교 유적지가 개발·홍보되고 지역 관광 상품과 연계되어 있는 사례를 확인할 수 있었다. 이를 통해 기독교 유적지에 대한 역사적 의미와 방문자가 쉽게 접할 수 있는 스토리텔링 요소가 포함되어야 함을 발견했다.

제6장에서는 연구 결과를 종합하고, 지속 가능한 연계 활용 방안에 대한 후속 연구 필요성을 제기했다. 부산 중구와 동구 기독교 유적지에 담긴 스토리를 발굴하고, 그 안에 과거 역사를 반영함으로써 과거와 현재의 상호관계를 형성할 수 있다.

특히 일본의 기독교 유적지 개발 사례는 중요한 참고점이 되었다. 일본은 250년간 지속된 기독교 박해 속에서 숨은 신앙인인 카쿠레 키리시탄의 역사를 발굴하여 신앙 가치를 역사 속에 담았다. 나가사키의 경우, 전쟁과 원자폭탄 투하 흔적을 갖고 있는 도시이면서 250년 은둔기독교인 발견의 도시이다. 그들은 지역의 역사 안에 기독교 역사를 연계했다.

예를 들어 원자폭탄으로 파괴된 우라카미 천주당과 일본 최초 순교자 중 가장 어린 루도비코 이바라키의 이야기를 연결하여, 카쿠레 키리시탄 신앙과 원폭 사건을 하나의 역사적 서사로 묶어 방문자에게 스토리텔링으로 제공하고 있다.[16]

부산 중구와 동구는 일본 큐슈에 비해 접근성 측면에서 유리하다. 탁지일은 KTX, 항구, 공항과 연결된 부산의 지리적 장점을 강조했다. 특히 중구는 과거 일본인 거류지였던 남포동, 신창동, 대청동과 인접해 역사적 맥락과 연계가 용이하다. 현재 중구와 동구는 지역 문화 공간을 조성하고 오래된 건물을 카페 등으로 재활용하는 등 공간적 기반이 마련되어 있다. 이러한 환경을 활용하여 중구와 동구 기독교 유적지를 지역 문화 공간과 연계하는 방안은 후속 연구로 충분히 탐색할 가치가 있다.

---

16)　원자폭탄 투하로 무너진 교회인 우라카미 천주당(浦上 天主堂)과 일본 최초의 순교자 중에 가장 어린 루도비코 이바라키(ルドヴィコ茨木)의 스토리를 만들었다. 이는 카쿠레 키리시탄의 신앙과 원폭을 하나로 묶은 것이다.

| 3 | 부산의 기독교 유적지 현황 및 실태

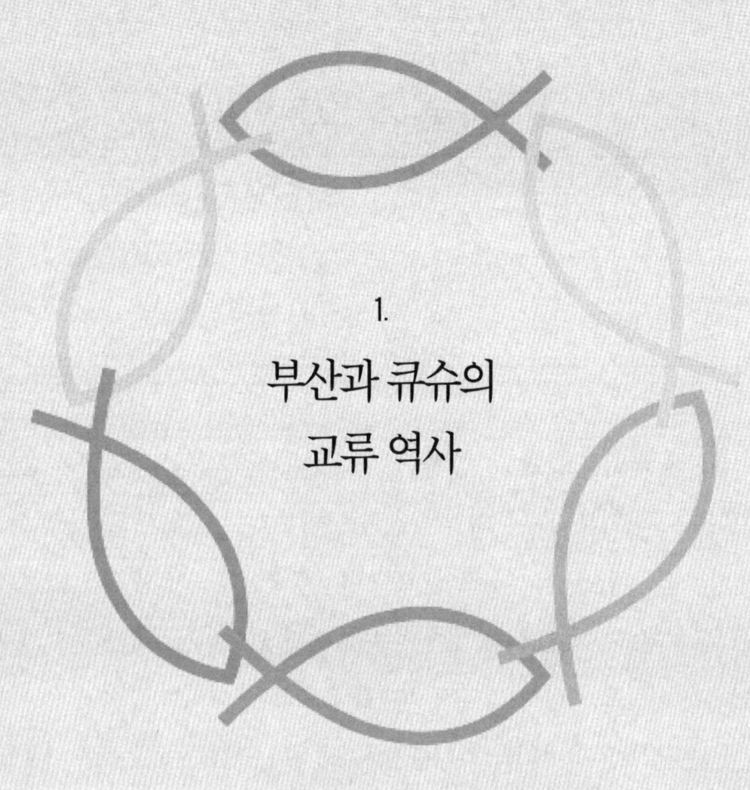

1.

부산과 큐슈의
교류 역사

1.
부산과 큐슈의 교류 역사

부산은 국내적으로는 변방에 속했으나, 대외적으로는 해안선을 접한 전략적 위치 덕분에 관문의 역할을 수행해 왔다. 『시대별로 보는 부산』에 따르면, 부산은 어느 왕조에서도 정치적 중심에 포함된 적은 없었으나, 『부산역사산책』에서는 "부산은 변방인가 관문인가?"라는 문제의식을 제기하며 그 지리적·역사적 의미를 조명했다. 이러한 관점에서 부산은 단순한 변방이 아니라 조선을 외부 세계와 연결하는 창구로 기능했음을 확인할 수 있다.[17]

부산은 1876년 개항 이후 대표적 개항도시로 자리매김하며, 조선으로 들어오는 모든 인적·물적 교류의 관문 역할을 수행했다. 그러나 그 전략적·교통적 중요성은 이미 3~5세기 신라와 가야의 세력 다툼 시기까지 거슬러 올라간다. 김해와 부산 지역은 낙동강을 중심으로 금관가야의 지배를 받았고, 이후 신라의 정복으로 군사적 요충지로 전환되었다. 일부 가야 세력은 백제나 일본으로 이동하여 새로운 항로를 개척함

---

17) 부산광역시장, 『시대별로 한눈에 보는 부산역사 산책』 (부산: 부산광역시문화유산과, 2020), 10.

으로써, 부산과 일본을 연결하는 초기 해상 교류의 기반을 마련했다.[18]

일본 큐슈로 향하는 항로는 단순한 개척이 아니라 실질적 필요에 의해 형성되었다. 초기 항로는 상대마도(上對馬島)와 오키노시마(沖の島)를 거쳐 키타큐슈(北九州)로 이어졌으며, 이는 근세기의 산물이 아니라 선사시대부터 존재했던 경로이다. 대마도에서 출토된 유물들은 대마도가 오랜 기간 해상 네트워크의 중심지였음을 입증한다.[19]

초기 부산과 큐슈를 연결하는 항로는 대마도를 경유하는 루트 외에도 다양한 항로가 존재했다. 예를 들어, 전남 강진에서 발생한 생활 쓰레기가 큐슈 북부에서 발견될 수 있다는 가설은 한반도와 일본 간 활발한 해상 교류 가능성을 보여준다. 또한 영산강과 섬진강 하구에서 출발해 대마도와 고토열도(五島列島)를 거쳐 큐슈에 도달하는 항로가 있었으며, 정효운의 한국고대사 연구사에 따르면 남해 다도해와 제주를 경유해 이키섬(壹岐島)을 거쳐 큐슈 북부로 향하는 항로도 활용되었다. 특히 큐슈 사가현(佐賀県) 카라츠(唐津)는 백제 문화의 영향을 받은 대표적 도시로 평가되며, 오노조(大野城) 등 지명과 유적은 한반도와 일본 간 초기 교류를 입증하는 자료로 기능한다.[20]

김해·부산과 큐슈 북부 하카타(博多)를 연결하는 주요 항로의 중간지

---

18) 이 항로에 대해 허일은 일본도 큐슈지역의 정치, 문화, 경제의 중심이 다자이후(大宰府)로 옮겨지면서 대마도에서 이키섬(壹岐島)을 거치지 않고 원영(지금의 沖之島), 중영(지금의 大島)에 이르고, 다음으로 북큐슈의 종상군(宗像郡)을 지나 다자이후로 가는 항로도 개척되었다. 그러나 나카노에시마(沖之島)에서 발견된 제사유적이 4세기에서 10세기의 600년에 걸쳐 사용되었던 점으로 보아 다자이후(다자이후 설치는 7세기 후반) 이전부터 이 항로가 사용되었다고 봐야 한다. 허 일, "統一新羅의 唐時代의 航路,"「해상왕장보고기념사업회」(해상왕장보고기념사업회, 2002), 31.

19) 정효운, "한국 고대 문화의 일본전파와 대마도 : 대마도의 역할과 한·일 양국의 인식을 중심으로,"「한국고대사연구」제48호 (2007): 339.

20) 위의 논문, 344.

점에는 대마도(対馬島)가 위치한다. 대마도는 14세기 이후 한·일 교류의 핵심 거점으로 기능했으며, 고려 말기에는 이러한 전략적 위치 때문에 왜구(倭寇)의 활동 무대가 되었다. 이로 인해 대마도는 고려의 국방과 외교 관리에서 중요한 과제로 부각된다.[21]

왜구(倭寇)는 고려와 조선 시기에 '왜적(倭賊)'으로 불리며 약탈 활동을 전개했다. 이는 삼도(대마도(対馬島), 이키(壱岐), 마쓰우라(松浦)) 지역의 농업 기반 부족이라는 구조적 한계에서 비롯된 것이었다. 조선 정부는 왜구의 출몰을 직접 제압하기 어려웠다. 그 대안으로 일정 지역 거주를 허용하는 정책을 시행함으로써 통제를 시도했다.[22]

이러한 배경 속에서 조선 후기에는 대마도가 조·일 무역의 핵심 거점으로 자리 잡기 시작했다. 임진왜란 이후 조선 정부는 일본인의 내륙 진입을 제한하고, 초량왜관을 중심으로 무역을 관리했다. 이 과정에서 대마도주(対馬島主)에게 관수(官守)를 파견 받아 교역의 실질적 운영을 맡겼으며, 이를 통해 조선은 일본과의 교류를 안정적으로 유지할 수 있었다.[23]

1592년 임진왜란 당시, 일본군 고니시 유키나가의 요청으로 조선에 들어온 예수회 선교사 그레고리오 데 세스페데스(Gregorio de Cespedes, 1551-1611)는 대마도에서 성탄절을 보낸 뒤 웅천 왜성에 입성했다. 이는 일본 선교사 활동이 대마도를 거점으로 이루어졌음을 보여주며, 동시에 루이스 프로이스(Luís Fróis, 1532-1597)의 기록을 통해 임진왜란 상황이 제3자의 시선으로 기록되는 계기가 되었다. 임진왜란 이후 대마도는 조선

---

21)   왕인문화연구소 편, 『왕인 그 자취와 업적, 한반도와 큐슈』 (영암: 영암문화원, 2009), 88.
22)   佐伯 弘次, "14~15세기 동아시아 해역세계와 한일관계," 『제2기 한·일 역사 공동연구보고서』 (서울: 한일역사 공동연구위원회, 2010): 25.
23)   장순순, "조선 후기 왜관의 성립과 왜관 정책," 『강원대학교 인문과학연구소』 제31집, (2011): 204.

통신사 파견 시 사절단을 영접하고 안내하는 역할을 수행했다. 조선은
총 12회의 정식 통신사를 일본에 파견했으며, 대마도는 정치, 경제, 사
회, 문화 등 다방면에서 양국 간 핵심 소통의 매개체 역할을 담당했다.

부산과 대마도는 단순한 변방이 아니라 한반도와 일본을 연결하는
관문이었다. 부산은 국내적으로는 중심에서 벗어난 지역이었으나, 대외
적으로는 조선을 외부 세계와 연결하는 전략적 요충지였다. 그 과정에
서 대마도는 한·일 교류의 중간 매개체로 기능했다. 이러한 역사적 사실
은 부산이 지닌 이중적 성격 즉 변방이면서도 관문이라는 특성을 보여
주며, 한·일 교류사와 동아시아 해양 네트워크의 맥락에서 중요한 연구
가치를 보여준다.[24]

(1) 교역의 통로

앞서 언급한 것처럼, 부산은 국내적으로는 정치적 중심에서 벗어난
변방이었지만, 대외적으로는 일본 및 동아시아 해상 교류의 관문 역할
을 수행했다. 3세기 당시 낙동강 유역에는 신라, 백제, 가야가 공존하고
있었다. 그러나 4~5세기를 거치면서 대부분의 지역이 신라의 지배하에
놓이게 되었고, 이에 따라 신라와 백제의 압박을 받은 일부 가야인은 일
본으로 이동했다. 이 과정에서 부산-대마도-큐슈 북부를 잇는 항로가 형
성되었으며, 이는 단순한 도피가 아니라 초기 한·일 교역 통로의 기반이

---

24) 한태문, "한·일 문화교류의 상징 '조선통신사', 그들의 기록," 『기록과 사람』 제44호
(2018): 49.

되는 항로가 되었다. 또한 이 시기 가야 문화가 큐슈 북부 사가현(佐賀県)까지 영향을 미쳤다.[25]

〔그림 1〕은 3~4세기 야요이시대(弥生時代) 일본과 한반도에서 동일한 금속제 복식품이 출토된 지역을 보여주는데, 이를 통해 하카타항(博多港)이 한반도와 일본 간 교역항으로 기능했음을 알 수 있다. 가야인의 일본 이동은 이러한 항로를 통한 초기 교역의 통로였다는 실질적 사례라 할 수 있다.[26]

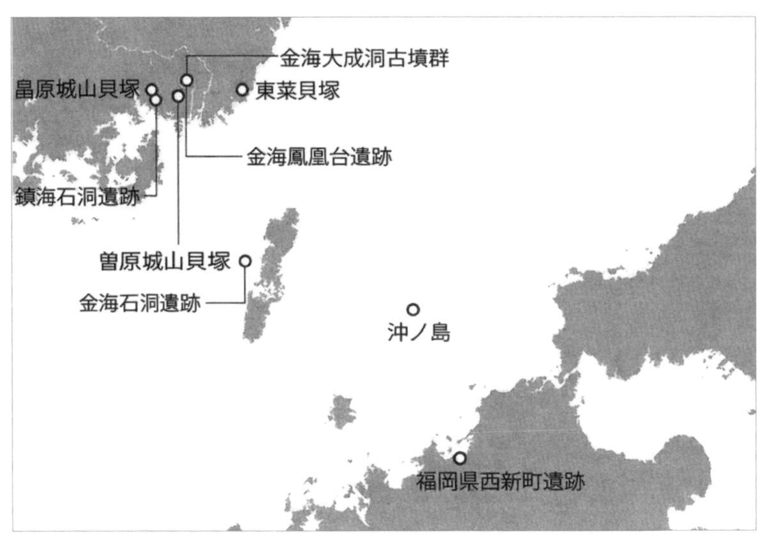

〔그림 1〕 야요이시대 한반도 교섭 부산·김해-이키·대마도-하카타만 연안

<hr>

<ol start="25">
<li>허 일, "統一新羅의 唐時代의 航路," 31.</li>
<li>高田貫太, "金属製服飾品からみた4, 5世紀代の金海. 釜山地域と倭―金海大成洞古墳群と東萊福泉洞古墳から出土した服飾品の分析から―," 「부산대학교 문화유산보존연구소」 제1차 국제학술세미나 (2018): 111-112</li>
</ol>

부산은 고대 이후 한·일 교류의 전진 기지이자 갈등의 현장이었다. 고려 말기부터 남해안 일대는 왜구의 빈번한 습격을 받았으며, 이들은 해안선을 따라 약탈과 납치를 일삼았다. 조선 초기 정부는 이들을 진압하는 동시에 회유책으로 삼포(三浦)를 개설하여 일정 지역에서 거주를 허용하였으나, 약탈을 생계 수단으로 삼은 왜구는 다시 활동을 재개했다. 왜관의 설치와 폐쇄가 반복되었으며, 왜구 침입과 관련된 내용은 이후 보다 구체적으로 다룬다.[27]

1544년 이후 삼포(三浦)는 폐쇄되고, 부산포에 단일 왜관인 현재의 초량왜관만이 존속했다. 이는 1592년 임진왜란을 계기로 왜관 제도가 큰 변화를 맞이했기 때문이다. 전쟁 이후 조선 정부는 왜관을 다시 설치하면서 엄격한 관리 체제를 도입하였으며, 운영 책임은 대마도에서 파견된 관리인 관수(官守)가 맡았다. 부산포 왜관은 결국 1876년 개항 이전까지 조선의 대외 교역 중심지로 기능했다.[28]

대마도는 섬이라는 특성상 바다 외에는 생계가 어려웠고, 이에 따라 대마도와 인근 섬 주민들은 점차 부산으로 유입되었다. 조선 정부는 이들을 무조건 차단하지 않고 일정 지역에서 거주하도록 제한하였으며, 대마도주를 통해 관리자를 파견하여 통제했다. 시간이 흐르면서 왜관의 규모는 확대되었고, 조선 정부는 일본과의 관계 안정화를 위해 조약 체결 필요성을 인식했다.

---

27) 삼포: 동래 부산포, 웅천 제포, 포소왜관이 있었다. 조선의 왜관은 서울에 있는 동평관(東平館)과 포소왜관으로 나누어진다. 동평관은 1409년 태종 9년에 설치되어 임진왜란 직후인 1609년까지 존재했다. 유승훈, 『부산의 탄생, 대한민국의 최전선에서 거센 물살을 마중한 도시』 (부산: 생각의 힘, 2020), 5-6.
28) 김동철. "부산의 일본 관련 문화유적과 활용방안 -부산의 지역혁신과 부산학의 미래," 「한국민족문화연구소」 (국제학술세미나, 2003.11.28.), 259-260.

이에 따라 1443년 체결된 계해약조(癸亥約條)는 양국 간 최초의 공식 무역 규약이 되었으며, 이후 1876년 개항까지 총 17차례의 약조가 이어졌다. 이를 통해 부산과 대마도는 한·일 정치·경제·외교 관계의 핵심 통로로 자리 잡았다. 나아가 부산은 조선의 변방이면서도 동시에 조선의 관문으로서 한·일 교류사의 핵심 무대였음을 확인할 수 있다. 오늘날에도 부산은 일본과의 인적·물적 교류의 중심지로서 그 역사적 전통을 이어가고 있다.[29]

부산과 대마도

날씨가 좋은 날, 부산에서 남쪽을 바라보면 대마도를 육안으로 확인할 수 있을 정도로 가까운 거리에 있다. 실제로 부산에서 대마도까지의 거리는 약 40km에 불과하며, 대마도는 부산과 가장 가까운 일본의 섬으로서 고대부터 한반도와 일본을 연결하는 중요한 해상 거점 역할을 수행했다.

정효운은 백제 시대에는 대마도를 경유하지 않고 한반도에서 일본 열도로 직접 이동하는 항로도 다수 존재했음을 연구를 통해 밝힌 바 있다. 백제 항로의 연장선에서 탐라국이 백제에 복속된 이후, 남해안 서단인 완도 부근에서 출발한 배는 제주 해협을 건너 제주도를 경유한 후 동남쪽으로 항해하여 일본의 서쪽 히라도(平戶)나 고토열도(五島列島)에 도착할 수 있었다. 또한 울산이나 포항 등 동해안에서 출발한 항로도 일본 혼슈(本州)의 시마네현(島根県)이나 후쿠이현(福井県)에 도달할 수 있었다. 대마도의 전략적 위치뿐 아니라 다른 교역 경로의 존재 가능성도 함께

---

29)　장순순, "조선 후기 왜관의 성립과 왜관 정책", 216-219.

검토해야 함을 시사했다.[30]

　왕인문화연구소의 연구에 따르면, 대마도 해협의 해류와 조류는 모두 동북쪽으로 흘러 배가 자연스럽게 동해로 밀려가는 특성이 있다. 이 때문에 부산이나 하카타(博多)에서 출발한 배가 직항으로 상대편에 도달하기는 어려웠다. 대마도는 불가피한 중간 기착지가 되었다.『일본서기』에 기록된 신공황후의 신라 정벌 집결지가 큐슈 북서부 마쓰우라반도(松浦半島)였다는 사실도 이러한 해류 조건과 밀접한 관련이 있다.[31]

　그러나 대부분의 항로는 여전히 대마도를 경유했다. 이는 고대 한·일 간 해상 교류의 다양성과 복합성을 보여주며, 고대부터 일본과 한반도 간 교역의 중심지로 기능했으며, 정치·경제·문화·외교 등 다양한 분야에서 양국을 연결하는 교량 역할을 수행했다. 특히 교통과 근대적 기술이 발달하지 않았던 19세기 초까지도 대마도는 일본 나가사키(長崎)와 부산 간 항로의 기항지이자 문화교류의 중심지였다. 이러한 역할은 조선통신사의 기록에서도 확인된다.

　대마도는 교역과 문화 교류의 중심지였으나, 식량 부족이라는 구조적 문제로 인해 조선 해안을 침탈하는 왜구의 근거지가 되었다. 고려 말과 조선 초에 걸쳐 왜구는 남해안을 습격하며 수탈과 납치를 자행했다. 이에 조선 정부는 삼포(三浦)를 개방하여 일정 지역에 거주를 허용했다.

---

30)　이 부분에 있어서는 특히나 왕인문화연구소 편에서 연구된 "왕인 그 자취와 업적, 한반도와 큐슈"에서 설명하고 있다. 또한 1847년 에도시대 발행된 "대일본여지전도(大日本輿地全圖)는 부산과 대마도 북단까지의 거리를 40리로 표시했고, 대마도의 남단에서 이키섬까지 49리 이키섬에서 나고야까지 약 16리로 표시했다. 이것으로 보아 부산에서 일본 큐슈로 가는 항로에서 대마도는 매우 중용한 지정학적 위치에 있었다는 것을 알 수 있다. 때문에 장순순이 말하는 대마도의 역할은 한일관계 역사에서 매우 중요한 위치에 있었다는 것을 알 수 있다. 위의 책 282.
31)　왕인문화연구소, 『왕인 그 자취와 업적』(영암군: 영암문화원, 2009), 77.

그러나 이들은 곧 다시 약탈 활동을 재개했다. 결국 1510년 삼포왜란, 1592년 임진왜란, 1597년 정유재란을 거치며 조선은 일본에 대한 경계심을 강화했다.[32]

에도시대 이후 대마도는 일본 측에서 출입국 관리 기능을 담당했다. 1672년 오오후나코시 해협(大船越海峽) 개통 이후 대마도 북단 와니우라에 세키쇼(鰐浦に関所)가 설치되었다. 이후 1672년 사스나(佐須奈)로 이전되어 일본인의 도항증명서 발급과 통행인 화물 검열을 수행했다. 이는 대마도의 역할이 단순한 해상 거점을 넘어, 양국 간 교역과 인적 이동을 관리하는 통제 공간이었음을 보여준다.[33]

대마도는 또한 조선통신사 의전의 중요한 현장이었다. 조선은 임진왜란 이전부터 에도시대 말기까지 총 12차례에 걸쳐 통신사를 파견했다. 매회 수행 인원이 400~500명에 달하는 대규모 사절단이었다. 대마도는 이들을 영접하고 일본 본토로 안내하는 임무를 맡았다. 대마도는 이 과정에서 외교적·문화적 교류의 중심지가 되었다.[34]

대마도는 한반도와 일본을 연결하는 지정학적·문화적 교량이자, 동시에 왜구 활동의 근거지로서 양면적 역할을 수행했다. 특히 임진왜란 이후 조선은 대마도를 통해 일본과의 교역을 통제하기 위해 부산에 왜관을 설치했다. 이를 대마도주가 파견한 관수(官守)를 통해 관리하도록 했다. 결국 대마도는 3세기 이전부터 1876년 조선의 근대 개항에 이르기까지 한·일 관계의 핵심 거점으로서 기능했다.[35]

---

32)   장순순, "조선 후기 왜관의 성립과 왜관 정책", 337.
33)   이훈, 「대마도 역사를 따라 걷다」 (서울: 역사공간, 2008), 87-88.
34)   정효운, "한국 고대 문화의 일본전파와 대마도 : 대마도의 역할과 한·일 양국의 인식을 중심으로," 365.
35)   장순순, "조선 후기 왜관의 성립과 왜관 정책," 221.

대마도의 지리적 특징을 보면, 남북 길이는 82km, 동서 폭은 18km, 면적은 약 700km²로 남북이 길고 동서가 좁은 형태를 지니고 있다. 지정학적으로 한·일 양국의 국경 사이에 위치한 이 섬은, 부산에서 출발한 배가 대마도를 거쳐 큐슈 북부 후쿠오카(福岡)에 도달하며, 반대로 후쿠오카에서 부산으로 돌아올 때도 이즈하라(嚴原)까지 약 138km를 항해해야 한다. 부산 해안에서 대마도 북단까지의 최단 거리는 49.5km에 불과하여, 날씨가 맑은 날에는 부산을 비롯한 동남해안 지역에서 대마도를 관측할 수 있다.[36]

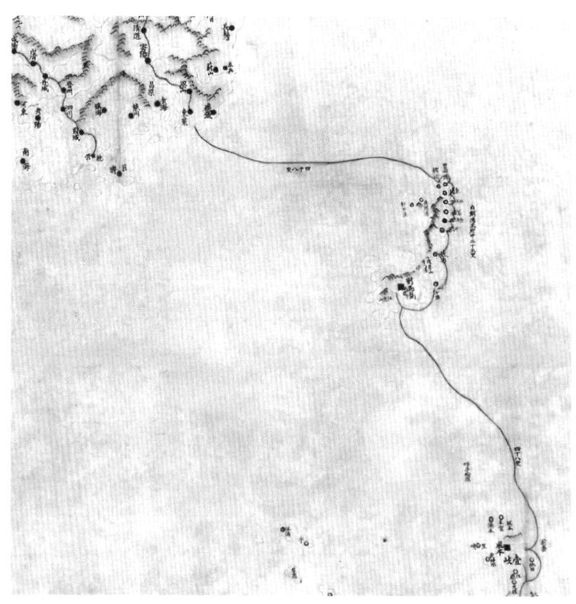

〔그림 2〕 해동삼국도 (출처 : 행정안전부 국가기록원)[37]

---

36) 장순순, "조선 후기 왜관의 성립과 왜관 정책", 337.
37) 해동삼국도는 18세기 후반 부산과 조선을 중심으로 동아시아 일대를 그린 지도. 오상학, 『기획특집 古지도, 조선을 그리다 (조선시대 고지도에 나타난 대마도)』, (서울: 기록인, 2012). 29-35.

'왜구(倭寇)'라는 한자 표현은 고구려 광개토태왕비의 '왜구신라(倭寇 新羅)'에서 처음 확인된다. 여기서 '구(寇)'는 본래 '도둑' 또는 '떼 지어 침략하다'라는 의미의 동사로 사용되었다. 고려사 고종 10년(1223년)에는 "왜(倭)가 김해를 침략했다"라는 의미로 '왜구금주(倭寇金州)'라는 기록이 등장하며, 이 시기까지 '왜구'는 동사적 용례로 사용되었다. 그러나 14세기에 들어서면서 '왜구(倭寇)'는 점차 일본 해적을 지칭하는 고유명사로 정착되었다.[38]

고려 말 기록에 따르면 왜구의 고려 침략 횟수는 약 500회에 달하여 동아시아 해역에서 심각한 위협으로 작용했다. 그들의 주요 근거지는 대마도(對馬), 이키(壱岐), 마쓰우라(松浦) 등 '삼도(三島)' 지역이었다. 이 지역은 척박한 환경으로 자급적 농업이 어려웠기 때문에, 식량과 생필품을 확보하기 위한 약탈이 빈번하게 발생했다.[39]

사에키 코우지(佐伯 弘次)가 한·일 공동연구에서 소개한 사례에 따르면, 1323년 왜구는 회원의 조선을 군산 섬과 추자도에서 습격하고 남녀 노소를 납치했다. 이는 왜구의 약탈이 단순한 물자 탈취를 넘어 인신 납치까지 확장되었음을 보여준다. 왜구를 향화왜(向化倭),[40] 사송왜인(使送

---

38) 주간동아, "왜구의 본질 흐리는 '토착왜구' '왜구 중 조선인이 많았다.'는 식민사관에 포획된 표현," 「주간동아 1232호」, 2020년 3월 25일.
https://weekly.donga.com. 2024년 2월 16일 접속.

39) 佐伯 弘次, "14~15세기 동아시아 해역세계와 한일관계," 25.

40) 향화왜구는 고려시대 이미 존재하고 있었으나 수는 그리 많지 않았다. 고려시대 향화왜인에 관한 최초의 기록은 '999년 일본국인 도요미도 등 20호가 항복해 오자 이천군에 살게 하고 편호로 삼았다'는 내용이 있다. 조선시대 향화왜인의 수가 많이 증가했는데, 조선시대 최초의 향화왜인은 1395년 1월 항복한 왜인 표시라(表時羅)의 4명이었다. 이후 향화왜인은 계속 늘어나 1410년에는 경상도에 나누어 거주하도록 한 향화왜인 수가 무려

倭人), 흥리왜인(興利倭人) 등으로 부르기도 했으나, 고려 정부는 '왜적(倭賊)'이라 불렀다. 이에 대한 대응으로 회유와 방어를 병행했으나, 회유된 세력도 다시 해적으로 전환되는 경우가 많았다.[41]

1350년 왜구가 고성, 죽림, 거제를 습격한 사건은 고려사에서 "왜구(倭寇)의 침략은 여기서 시작되었다"라고 기록되며, 중요한 분기점으로 평가된다. 이후 왜구 활동은 급격히 활발해졌고, 고려 말 최영, 이성계, 최무선 등이 그들과 전투를 벌였다는 기록도 등장한다. 국내 학계는 왜구 발생 원인을 고려 내부의 정치·경제적 불안정, 권문세족 몰락, 공민왕 반정세력 갈등 등 국내 요인과 일본 내 혼란 및 지방 무사 세력의 난(亂) 등 외부 요인을 복합적으로 분석한다.[42]

16세기에 들어서면서 '후기 왜구'가 등장했다. 후기 왜구는 전기 왜구와 달리 일본인뿐 아니라 중국인, 조선인까지 섞여 활동한 국제적 집단으로, 명나라 연해 지역(장쑤성, 저장성, 푸젠성 등)에서 밀무역과 약탈을 병행했다. 이들은 일본 큐슈 및 남중국해 도서 지역을 거점으로 삼았다. 세력이 강해지면서 조선인과 일본인 사이에 '토착 왜구(土着倭寇)'가 형성되었고, 중국 푸젠성 출신 밀무역자들이 해적화되어 일본 큐슈로 이동한 사례도 다수 존재한다.[43]

대표적 인물로는 휘왕(徽王), 왕직(王直), 서해(徐海) 등이 있으며, 이들은 일본 히라도(平戶)를 근거지로 활동했다. 히라도는 또한 명나라 복원

2,000여 명이 넘었다. 이들은 조선식 이름으로 개명을 하고, 스스로 향화한 자와 구류왜인이었다. 태종 때 대마도 정벌 당시가 많았다. 향화왜인은 조선의 왜구 회유책으로 나타난 현상이다.

41) 佐伯 弘次, "14~15세기 동아시아 해역세계와 한일관계," 25.

42) 위의 논문, 23.

43) 풍운대전, 2017년 5월 27일 개봉, 한국개봉 2017년 11월 23일, 배급사 아시아 필름 디스트리뷰션, 감독 진가상, 제작 정진방, 각본 진가상, 출연 조문탁, 홍금보, 만천 외 다수이다.

운동 영웅 정성공(鄭成功, 1624~1662)의 출생지로, 아버지는 푸젠성 출신, 어머니는 일본인으로 '중국계 왜구'로 분류된다. 오늘날 정성공은 히라도의 상징적 인물로 기념된다.[44]

일본 학자 나카무라 히데다카(中村 英高)는 초기 왜구 상당수가 고려 하층민 출신으로 일본에 도주하여 토착화되었다고 주장한다. 그의 주장이 타당하다면, 고려와 조선 일부 민중이 왜구 활동에 가담했다는 의미가 된다. 다만 한국 학계는 이러한 해석에 신중한 접근을 요구한다. 본 연구에서는 역사적 논쟁을 참고하되, 연구의 초점은 한·일 기독교 유적지의 보존과 연계 연구에 둔다.[45]

결론적으로, 왜구는 단순한 일본 해적이 아니라 동아시아의 정치·경제적 불안정 속에서 형성된 복합적 존재였다. 나카무라 히데다카(中村 英高)의 주장대로라면, 전기 왜구는 고려와 일본의 국내외 정세의 혼란 속에서 성장했고, 후기 왜구는 국제적 무역망과 맞물리며 다민족적 성격을 띠게 된다. 이러한 상황에서 대마도와 삼도 지역은 전략적 근거지 역할을 수행했으며, 왜구 활동은 한·중·일 관계사에서 갈등과 교류를 동시에 촉발한 중요한 역사적 요인으로 평가된다.[46]

---

44) 田代和生·六反田豊·吉田光男·伊藤幸司·橋本雄·米谷均, "위사" 『제2기 한·일역사 공동연구보고서 일본편』 (서울: 한일역사 공동연구위원회, 2010): 16-19.
45) 원포인트 시사 레슨, "왜구의 본질 흐리는 '토착왜구' '왜구 중 조선인이 많았다'는 식민사관에 포획된 표현" 2020년 3월 25일 「주간동아 2020년」 1232호, 56-59. https://weekly.donga.com. 2024년 2월 16일 접속.
46) 佐伯弘次, "14~15세기 동아시아 해역세계와 한일관계," 25.

(2) 임진왜란과 한일관계

고려 시기부터 대마도는 한·일 양국 간 무역과 외교의 핵심 통로로 기능했다. 대마도의 지리적 위치는 정치, 경제, 사회, 문화 전반에서 양국의 교류를 가능하게 하는 조건을 제공했다. 그러나 이는 대마도가 수탈과 침략의 거점으로 변모하기 전까지의 이야기이다. 왜구의 등장은 대마도의 기능을 교역의 통로에서 침략의 통로로 변화시켰으며, 이는 경제적 생존 문제와 직결되었다. 즉, 대마도 주민들은 생계를 위해 무역 대신 수탈과 약탈을 선택할 수밖에 없었다.[47]

조선 정부는 일본인의 정착을 유도하기 위해 세 곳의 항구를 개방했으나, 이들 거주지에서 곧 '삼포왜란(三浦倭亂, 1510)'이 발생했다. 이는 일본인 거주민들의 봉기로 촉발된 사건으로, 조선과 일본 간 관계의 불안정을 드러냈다. 같은 시기 일본 본토에서는 도요토미 히데요시(豊臣 秀吉, 1536~1598)가 조선 침략을 구상하고 있었으며, 그는 임진왜란 이전에 조선을 여덟 개의 색으로 표시했다. 일부 가신들은 부정적이었으나, 공개적으로 반대한 영주는 없었다.[48]

대마도 영주는 조선 관련 정보를 수집하여 히데요시에게 제공했으며, 전쟁 발발 시에는 길 안내자 역할을 수행했다. 도요토미 히데요시(豊臣 秀吉)는 이 보고를 바탕으로 나고야에 대규모 성을 축조하도록 지시

---

47) 정효운, "한국 고대문화의 일본전파와 대마도 : 대마도의 역할과 한·일 양국의 인식을 중심으로," 364-365.
48) 경상도는 백색, 전라도는 적색, 충청도와 경기도는 청색, 평안도와 강원도는 황색, 함경도는 흑색으로 칠하였는데 황해도는 별도로 색을 칠하지 않았다. 오만·장원철 번역, 『프로이스의 일본사를 통해 다시 보는 임진왜란과 도요토미 히데요시』 (국립진주박물관, 2003), 183-184.

하고, 약 4~5만 명을 동원해 궁전과 같은 성을 완성했다. 또한 조선으로 향하는 군이 도중에 머물 수 있도록 이키섬(壹岐島)과 대마도(対馬島)에 저택과 창고를 건설하게 하였는데, 이는 군량과 물자의 보급을 위해서였다. 그러나 이 지역 주민들은 경제적으로 궁핍하여 일본 본토와 같은 규모의 건축을 감당하기 어려웠다.[49]

임진왜란 이후 대마도는 조선통신사의 안내와 접대를 담당하며 다시 외교적 중재지로 기능했다. 대마도는 조선과 일본 양국의 문화를 동시에 이해할 수 있는 장소로서, 19세기 후반까지 선린외교의 거점 역할을 유지했다. 그러나 1876년 강화도조약 이후 부산항이 개항하면서 대마도의 역할은 점차 축소되었고, 청일전쟁과 러일전쟁을 거치면서 부산은 일본 제국주의 팽창의 전초기지가 되었다.

결과적으로, 대마도는 고려 이후 양국 교류의 핵심 통로였으나, 왜구의 등장과 임진왜란을 거치면서 교역의 매개지에서 침략의 전진기지로 성격이 변모했다. 전쟁 이후에는 다시 외교의 중간지대로 활용되었으나, 근대 일본의 대륙 침략이 본격화되면서 대마도의 중재적 의미는 점차 소멸되었다. 이처럼 대마도의 역사는 한·일 관계에서 교류와 갈등이 교차하는 지정학적 상징성을 잘 보여준다.[50]

---

49) 오만·장원철 번역, 「프로이스의 일본사를 통해 다시 보는 임진왜란과 도요토미 히데요시」, 81.
50) 임진왜란 - 루이스의 기록에 보면 영주는 소서행장(小西行長)의 사위, 일본에 조선의 지형 지도를 받침. 정효운, "한국 고대문화의 일본전파와 대마도 : 대마도의 역할과 한·일 양국의 인식을 중심으로," 364.

프로이스 신부 기록에 나타난 임진왜란

일본군은 부산 동래성을 점령한 뒤 조선 국왕을 포획하기 위해 북진했다. 선봉장 고니시 유키나가(小西行長, 1558~1600)는 단기간에 평양성까지 진격했다. 그러나 그는 히데요시에게 병력 부족으로 더 이상 중국 원정이 불가능하다고 보고했다. 고니시 유키나가는 가톨릭 신자로서 큐슈 출신 병사들의 신앙적 필요를 인식했다. 병사들은 고해성사와 성례를 받을 사제가 필요했다. 이에 그는 본국에 사제 파견을 요청하였고, 그 결과 일본 부관구장 그레고리오 데 세스페데스(Gregorio de Cespedes, 1551~1611)가 조선으로 특별히 파견되었다.[51]

세스페데스 신부는 임진왜란 초기 동래성 전투의 상황을 기록했다. 도요토미 히데요시는 고니시 유키나가(小西 行長)를 선봉대장으로 삼아 조선 출정을 명령했다. 프로이스의 기록에 따르면 "선봉대장들은 매우 용맹하게 무력으로 조선 땅을 정복해 나갔다."고 전한다. 고니시는 약 1

---

51) 스페인 마드리드 태생의 예수회 선교사로 1577년 일본의 나가사키에 왔다. 1587년 천주교 금교령이 내릴 때까지 고키나이(五機内)지역에서 선교활동을 하다가 이후 큐슈 지방 등 여러 곳에서 활약을 했다. 일본어에 정통하였던 관계로 다카야마 우콘, 고니시 유키나가(小西行長) 등 천주교도 영주들과 친분이 두터웠고, 히데요시(豊臣 秀長)와 만나기도 했다. 1592년 아리마(有馬)의 수도원 부원장으로 부임했으나, 임진왜란이 일어나자 1593년 대마도에서 크리스마스를 지낸 뒤에 서양인으로서는 최초로 조선으로 건너와 종군사제의 자격으로 고니시 유키나가(小西行長)와 소 요시토시(宗 義智)의 휘하 장병들에게 선교활동을 폈다. 1년 반 정도 조선에 머물렀지만, 조선 사람들과는 별다른 접촉은 없었다. 1595년 일본으로 되돌아간 뒤로 당시 일본군에 포로로 끌려간 조선인들에게 선교 활동을 펴서 약 2,000여 명의 조선인이 그에게 세례를 받고 천주교도가 되었다. 1597년 정유재란 때에 다시 조선으로 건너와 약 2개월 동안 머물렀다가 일본으로 되돌아갔다. 1600년 나카츠(中津)에서 오토모 요시무네(大友 吉宗)에게 회심의 길을 열어 주었고, 1602년에는 비젠노쿠니(備前国)의 코쿠라(小倉)의 성주인 호소카와 다다오키(細川 忠興)의 휘하에서 있으면서 그곳에 교회를 세우고 포교 활동을 하다가 1611년 임지에서 죽었다. 종군사제로 활약하던 당시 그가 남긴 몇 통의 편지들은 임진왜란을 연구하는 자료로서 사료적 가치가 높다. 위의 책, 244.

만 5,000명의 병력을 이끌고 부산포를 공격했다.

당시 조선군은 약 600명에 불과했다. 1592년 4월 12일 새벽 4시경 시작된 전투는 3시간 만에 동래성이 함락되었다. 이 전투에서 조선군은 약 5,000명이 전사한 반면, 일본군은 두 차례의 교전에서 100명이 전사하고 400명이 부상하는 데 그쳤다. 결과적으로 일본군의 압도적인 승리였다. 프로이스는 이날 전투에서 조선 장수가 전사했다는 기록을 했다.[52]

승리를 거둔 고니시는 즉시 북상하여 양산, 밀양, 청도, 대구, 경주 등지로 진군했다. 임진년(壬辰年) 당시 조선군은 일본군을 상대하기에 역부족이었다. 일본군은 부산에서 한양까지 진격하면서 약 8~10레구아에 이르는 거리마다 성을 축조했다. 임진왜란 동안 일본군이 축성한 왜성(倭城)은 총 18개에 달했다.[53]

프로이스의 기록에 따르면, 임진왜란 발발 초기 조선인은 일본군을 크게 두려워했다. 그러나 시간이 흐르면서 조선군은 점차 결속하여 전력을 다해 맞서 싸웠고, 명나라 원군까지 투입되면서 전세는 조선 측으로 기울기 시작했다. 프로이스는 일본이 임진왜란에서 실패한 원인을 세 가지로 정리했다.

첫째, 일본군은 부대 간 거리가 지나치게 멀리 떨어져 있었고, 본진인

---

52) 루이스 프로이스 지음, 정성화·양윤선 옮김, 『임진난의 기록: 루이스 프로이스가 본 임진왜란』 (경기: 살림, 2016), 53-55.

53) 조선 장수는 동래부사 송상현으로 보인다. 그는 왜군과 끝까지 맞서 싸우다가 순전했다. 임진왜란 당시 왜군은 성문밖에 "싸우려면 싸우고 싸우지 않으려면 우리에게 길을 빌려달라[戰則戰矣 不戰則假我道]"는 글을 써서 남문 밖에 세워 두고 돌아갔다. 송상현은 그들에게 대답으로 목패에 "싸워서 죽는 것은 쉽지만 길을 빌려주기는 어렵다[戰死易 假道難]"라고 써서 적진에 던졌다.
부산역사문화대전, http://busan.grandculture.net. 2024년 4월 23일 접속.

부산과도 멀리 떨어져 있어 일본 본토로부터의 군수 보급에 심각한 차질이 발생했다. 둘째, 전란 초기에 흩어졌던 조선군이 재편성되어 연합군을 이루었으며, 동시에 전국 각지에서 의병이 봉기했다. 셋째, 일본군은 바다에서 조선 수군에 연이어 패배했다.[54]

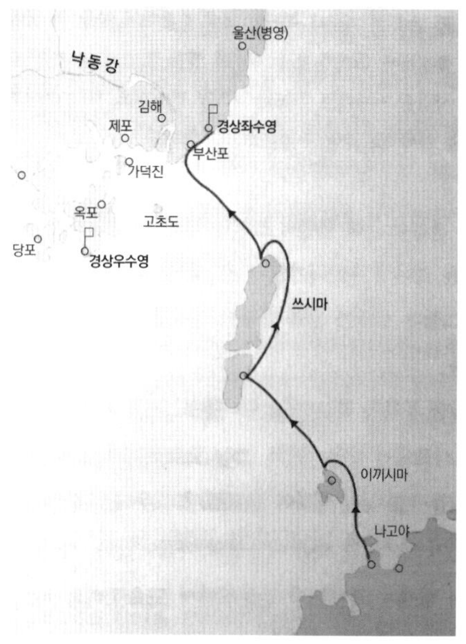

〔그림 3〕 임진왜란 당시 일본군의
해상 침입 경로 (출처: 스토리오브서울)

오늘날 일본 사가현 카라츠성(佐賀県 唐津城)에서 서쪽으로 약 30분 거리에 위치한 나고야국립박물관(名護屋國立博物館)에는 임진왜란 당시 일본군의 전초기지였던 나고야성과 관련된 역사 자료가 전시되어 있다.

---

54)　그는 조선 수군의 함선이 견고하고 높았으며, 무기·탄약·식량을 충분히 적재하고 있었다고 기록했다. 프로이스는 특히 해전에서의 패배를 반복적으로 강조했다. 오만·장원철 번역, 『프로이스의 일본사를 통해 다시 보는 임진왜란과 도요토미 히데요시』, 229-236.

이 지역은 조선 반도와의 교류가 오래전부터 활발했으며, 박물관에는 한반도와의 무역사에서 임진왜란에 이르는 자료가 시대별로 체계적으로 정리되어 있다. 또한 이순신 장군과 거북선 관련 전시물도 마련되어 있어 한국인 방문객들에게 특별한 인상을 준다. 나고야국립박물관은 임진왜란 초기 일본군의 활동과 전략, 그리고 조선과 일본 간 역사적 연결을 보여주는 중요한 자료 공간이다.[55]

도요토미 히데요시(豊臣 秀吉)는 가신들을 모아 큐슈에서 조선으로 병력을 가장 신속하게 도항시킬 항구를 물색하도록 지시했다. 이에 히젠노쿠니(肥前国)의 다이라(波多親)가 영내의 나고야 항을 추천했다. 이곳이 현재 사가현 카라츠성에서 서쪽으로 약 30분 거리에 위치한 나고야 국립박물관 자리이다. 루이스 프로이스(Luís Fróis, 1532~1597)의 기록에 따르면, 나고야는 히라도(平戸)에서 약 30리 떨어진 지점에 위치하며 약 1,000여 척의 선박이 안전하게 정박할 수 있는 천혜의 항구였다.[56]

임진왜란의 출정지였던 나고야성(名護屋城)은 큐슈 북서부 카라츠(唐津)에 위치하며, 고대부터 대륙과의 무역이 활발하게 이루어진 지역이었다. 임진왜란 당시에는 일본 본토로 끌려온 조선인들이 처음 발을 딛는 장소이기도 하다. 오늘날에도 카라츠, 이마리(伊万里), 다케오(武雄), 하사미(波佐見町) 등지에는 임진왜란 전후 일본으로 강제로 이주한 조선인 도

---

55)　佐賀県立名護屋城博物館 : 名護屋城博物館の常設展示は、メインテーマとして掲げた「日本列島と朝鮮半島との交流史」の歴史の流れを、「名護屋城以前」「歴史の中の名護屋城」「名護屋城以後」の3コーナーに区分するとともに、当館のもうひとつの主要な業務である「特別史跡『名護屋城跡並びに陣跡』保存整備事業」のコーナーも設け、4コーナーで構成しています。사가현립나고야성 박물관 홈페이지. http://www.pref.saga.lg.jp.　2024년 1월 25일 접속.
56)　오만·장원철 번역, 「프로이스의 일본사를 통해 다시 보는 임진왜란과 도요토미 히데요시」, 81.

공들의 후손이 정착하여 마을을 이루며 살아가고 있다.[57]

루이스 프로이스(Luís Fróis, 1532~1597)는 일본 역사를 서양인의 시각에서 기록했을 뿐만 아니라, 일본 입장에서 임진왜란의 경과를 전한 인물이다. 그는 초기 일본 교회사에서 중요한 기록자로 평가되며, 일본 최초 순교자 26명의 이야기를 남긴 것으로도 알려져 있다. 한국에서는 상대적으로 잘 알려지지 않은 인물이다.[58]

〔그림 4〕 대한민국 보물 제 392호
동래부순절도 (출처: 육군박물관)

〔그림 5〕 송상현 영정(정부표준영정 85호)
2002년. 권오창 화백 제작.
(출처: 충청북도 청주시 충렬사)

---

57) 나고야성(名護屋 城)은 히젠국 마쓰라군 나고야에 있었던 성이다. 현재는 사가현 카라츠 시에 있다. 도요토미 히데요시(豊臣 秀吉)가 임진왜란을 일으키기 직전 축성한 성이다. 국가지정 특별 사적이다. https://ko.wikipedia.org/wiki/나고야성사가현 2024년 1월 25일 접속.
58) 루이스 프로이스 지음, 정성화·양윤선 옮김, 『임진난의 기록: 루이스 프로이스가 본 임진 왜란』(경기: 살림, 2016), 23-24.

한편, 조선에서의 임진왜란 흔적은 부산에서도 확인할 수 있다. 부산 지하철 4호선 수안역 지하에는 당시 동래성 전투의 현장을 기념하는 전시관이 마련되어 있다. 연구자가 방문했을 당시 이곳은 일반 지하철역과 다를 바 없었으나, 승하차하는 시민들이 쉽게 접근할 수 있도록 안내 표식과 설명문이 비치되어 있었다.

2019년 10월 13일자 『부산일보』는 「부산의 임진왜란 역사관」이라는 제목의 기사에서 이 공간을 부산의 명소로 소개했다. 역사관은 2005년 4월 수안역 공사 과정에서 돌담이 발견되면서 시작되었다. 이후 2005년 7월부터 2008년 8월까지 다섯 차례의 발굴 조사가 이루어졌으며, 2011년 수안역 내부에 임진왜란 동래성 전투를 주제로 한 역사관이 개관했다. 이는 500년 동안 묻혀 있던 역사가 시민과 함께하는 문화 공간으로 재탄생한 사례라 할 수 있다.

역사(驛舍)관 내부는 발굴 당시의 모습을 최대한 보존하여 구성되었다. 보물 제329호 「동래부순절도」와 동래성 모형이 함께 전시되어 있어 전투의 전개를 시각적으로 이해할 수 있다. 또한 발굴된 유물과 전시물을 통해 전쟁 당시 동래성 전투의 치열함을 실감할 수 있도록 했다.

세스페데스 신부 기록에 나타난 임진왜란

임진왜란 당시, 일본군 장수 고니시(小西 行長, 1568-1600)는 전투가 예상보다 길어지자, 큐슈 출신 가톨릭 병사들에게 고해성사를 집전할 신부가 필요함을 절실히 느꼈다. 이에 그는 본국에 강력히 요청하여, 1593년 12월 스페인 예수회 신부 그레고리오 데 세스페데스(Gregorio de

Cespedes)가 조선 웅천(현 경남 창원)으로 파견되었다. 세스페데스는 1595년 6월까지 약 1년 반 동안 웅천에 머물며 일본군 가톨릭 신자들과 함께 활동했다.[59]

당시 일본은 이미 1587년 도요토미 히데요시(豊臣 秀吉)의 바테란 추방령(バテレン追放令)으로 기독교가 탄압받고 있었다. 이로 인해 일본 내 선교사 활동은 크게 제한되었다. 조선으로의 파견은 더욱 어렵게 여겨졌으나, 고니시 유키나가(小西 幸長)와 일부 다이묘의 개인 청원, 나가사키 준관구장 페드로 고메스(Pedro Gómez, 1540-1610)신부의 중재로 세스페데스의 조선행이 성사될 수 있었다.

세스페데스는 일본인 수사 환칸 레옹(Fancan Leao)과 함께 대마도에 도착하여, 고니시의 사위이자 대마도 영주의 부인인 마리아의 도움을 받아 18일간 머물며 선교 활동을 수행했다. 이후 1593년 12월 27일 웅천에 입국하였으며, 종군 사제로 파견된 그는 주로 일본군 가톨릭 병사들을 대상으로 활동했기에 조선인과의 접촉은 거의 없었다. 그의 활동은 본격적인 선교라기보다 군종역할에 가까웠다.[60]

세스페데스의 조선 방문에 대한 학계 평가도 다양하다. 박철은 "비록 종군 사제였지만, 최초로 조선에 입국한 서양인 선교사"라며 중요성을 강조한 반면, 최석우는 "일본군 사기 진작이 목적이었으며, 선교사로 보기에는 시기상조"라고 평가했다.[61] 정하미는 세스페데스를 하멜보다

60여 년 앞서 조선에 도착한 서양인으로 소개하며, 일본 금교령 시대 조선 방문이라는 역사적 의미와 루이스 프로이스와의 동시대적 연관성을 지적했다.[62]

1595년 조선을 떠난 세스페데스는 일본 아리마(有馬)지역에서 약 1년간 체류하며 조선에서의 경험을 전하고, 2,000여 명의 가톨릭 병사들에게 설교했다. 또한 임진왜란을 통해 일본으로 이주한 조선인 포로 약 2,000명에게 세례를 베풀어, 일본 내 조선인 사이 천주교 신앙 확산의 계기를 마련했다. 1597년 정유재란 때 그는 다시 조선을 방문하여 약 두 달간 머물렀지만, 그의 역할을 종군신부로 국한되었다.[63]

임진왜란과 정유재란 이후 일본의 권력은 도요토미 정권에서 도쿠가와 막부로 이양되었다. 세스페데스는 1600년 부젠 나카츠(豊前 中津), 1602년 고쿠라(小倉)에서 수도원을 설립하였고, 1611년 호소카와 다다오키(細川忠興)의 영지에서 수도원장을 맡던 중 나가사키(長崎)에서 관구장과 면담을 마치고 귀로에 오르던 중 뇌출혈로 갑작스럽게 사망했다.[64]

비록 세스페데스의 조선 체류는 본격적 선교 활동보다는 군종 신부로서의 성격이 강했으나, 한국 교회사에서는 "조선 땅을 처음 밟은 서양 선교사"라는 상징적 의미를 가진다. 특히 창원 웅천의 세스페데스 상륙

성사집행을 위해 내한한 것으로 기록될 뿐 조선인에게 선교한 사실은 전혀 나타나지 않는다. 한편 메디나 신부는 「한국 천주교 전래기원」(86년 스페인어 출판, 89년 한국어 번역)에서 1550년대부터 일본 예수회원들은 조선에 복음을 전할 기회만 엿보고 있었으므로 세스페데스 신부의 파견은 조선전도 계획의 일환에 따라 군종으로 파견된 것이 아니라는 주장이다. 최석우, "세스페데스 신부와 한국교회 전래기원," 「카톨릭신문 제1715호」 1990년 07월 29일자 6면.

62) 정하미, "세브페데스 신부의 행적과 준관구 일본 서양인의 地理認識과 異域," 「한국일본근대학회 일본근대학연구」 19권 (2008): 157-164.

63) 오만·장원철 번역, 『프로이스의 일본사를 통해 다시 보는 임진왜란과 도요토미 히데요시(豊臣 秀吉)』, 244.

64) 정하미, "세브페데스 신부의 행적과 준관구 일본 서양인의 地理認識과 異域," 171.

기념공원은 이러한 역사적 사실을 기념하는 공간으로, 연구적 가치와 현장 활용 가능성을 지니고 있다.[65]

(3) 초량왜관(草梁倭館)의 형성

한·일 공동연구에 따르면, 양국 관계는 3세기까지 주로 교류와 무역을 중심으로 전개되었다. 그러나 임진왜란 이전부터 왜구(倭寇)의 활동으로 이미 갈등 구조가 형성되어 있었다. 이후 1510년 삼포왜란(三浦倭亂), 1592년 임진왜란(壬辰倭亂), 1597년 정유재란(丁酉再亂)이 연이어 발생하며 갈등은 더욱 심화되었고, 양국 관계는 새로운 국면으로 접어들었다.

임진왜란은 양국 관계를 '평화적 교류의 길'에서 '침략과 불신의 길'로 전환시킨 결정적 사건이 되었다. 전쟁 직후 조선과 일본은 국교를 단절하였고, 사절단 왕래도 중단되었다. 이후 일본에서는 도요토미 히데요시(豊臣 秀吉) 정권이 몰락하고, 도쿠가와 이에야스가 에도 막부를 개창하면서 새로운 권력 질서가 수립되었다.[66]

---

65)　도쿠가와 막부(德川 幕府)는 도쿠가와 이에야스(德川 家康)에서 이에미츠(德川 家光, 1604~1651)로 정권이 내려갔다. 이에미츠 입장에서 새로운 정부를 힘 있게 만들기 위해서는 강한 힘이 필요했고, 무엇인가 대상이 필요했다. 도쿠가와 이에야스는 그 대상을 큐슈에 집단적으로 자리잡은 기독교로 향했다. 이후 1614년 금교령에서 1637년 시마바라의 난(島原の亂)까지 큐슈지역의 기독교는 더욱 큰 어려움을 겪게 되고, 결국 소멸에 이르게 된다. 이후 이들은 여러 지역으로 흩어져 은둔하여 살면서 신앙을 지켜간다. 이들이 카쿠레 키리시탄(カクレ キリシタン)이 된다. 정하미, "세브페데스 신부의 행적과 준관구 일본 서양인의 地理認識과 異域," 171.

66)　한태문, "한·일 문화교류의 상징 '조선통신사', 그들의 기록," 49.

임진왜란(壬辰倭亂) 후 에도막부는 자신들의 정통성을 강화하고 대내외적으로 권위를 과시할 필요가 있었다. 이를 위해 우선적으로 추진한 과제가 조선과의 관계 회복이었다. 양국은 상호 필요에 의해 비교적 신속하게 국교를 정상화하였으나, 아직 조선은 일본 사신이 한양까지 올라오는 것에 대해서 불안해 했다. 이에 일본 사신들의 체류를 제한하기 위해 동래부 관할 아래 별도의 공간인 왜관을 마련했다.

이에 따라 동래부도 새로운 행정이 필요했다. 「경국대전」에 따르면, 동래에는 원래 종5품 현령이 배치되도록 규정되어 있었다. 그러나 임진왜란(壬辰倭亂) 이후 조선 정부는 일본과 정미조약을 체결한 후 동래를 '부(府)'로 승격시키고, 동래부사를 정3품 당상관으로 격상시켰다. 이는 일본에 대한 경계와 동시에 대일 외교의 중요성을 반영한 조치였다.[67]

임진왜란 이후 조선은 일본과의 교역을 재개하며 새로운 왜관 설치를 추진했다. 최초의 왜관은 영도에 세워졌으나 입지상 불편함으로 인해 두모진으로 이전되었고, 이후 다시 초량으로 옮겨졌다. 초량왜관(草梁倭館)은 대마도주가 중개자 역할을 담당하고, 파견된 관수(館守)가 실질적 운영을 맡았다. 이 왜관은 1876년 부산 개항 이전까지 약 280여 년 동안 동래부(東萊府)와 대마도(対馬)의 공동 관리 아래 운영되었으며, 조선과 일본 간 교역과 외교의 중심지로 기능했다.[68]

---

67) 부산광역시장, 『시대별로 한눈에 보는 부산역사산책』 (부산: 부산광역시문화유산과, 2020), 17.
68) 정효운, "한국 고대문화의 일본전파와 대마도 : 대마도의 역할과 한·일 양국의 인식을 중심으로," 364.

조선 초기 왜관은 1407년 동래 부산포, 웅천, 제포 세 곳에서 설치되어 '삼포왜관'이라 불렸다. 이중에서 제포가 가장 중요했으며, 1544년 이후에는 부산포 단일 왜관으로 운영되었다. 조선 전기 왜관은 왜구 발생 방지, 증가하는 통교자 통제, 남해안 약탈 대비, 회유정책, 청과의 관계 유지 등 다목적 기능을 수행했다.[69]

왜관은 1592년 임진왜란으로 폐쇄되었다가, 도요토미 히데요시 사망과 도쿠가와 막부 수립 후 양국 무역 필요성으로 다시 설치되었다. 조선후기 초량왜관은 대일 외교 및 교역의 유일한 창구로 자리 잡았으며, 양국 외교 교섭과 안정적 무역의 장소로 기능했다.[70]

임진왜란 이후 재개된 왜관은 처음 영도에서 두모포로 이전되었고, 1678년 이후에는 용두산 아래 초량왜관으로 이전했다. 초량왜관은 1678년 4월 23일부터 1872년 9월 일본 외무성에 완전히 접수될 때까지 194년간 운영되었다. 부산항 개항 이후 대마도 도민 외에도 본토 일본인 거주자가 합류하면서, 초량왜관은 일본인 전관 거류지역으로 변화했다.[71]

한편, 일본과의 통상을 반대하는 세력도 존재했다. 임진왜란 당시 조선 국왕 능(陵) 훼손과 백성 학살을 경험한 이들은 일본과의 재교류를 치

---

69) 부산경남역사연구소, 『시민을 위한 부산의 역사』 (부산: 늘 함께, 1999), 214-216.
70) 조선전기 왜관의 기능은 왜구의 재발 방지를 위한 왜인 통제에 있었다. 장순순, "조선 후기 왜관의 성립과 왜관 정책," 221.
71) 이용득 또한 김동철관 같은 평가를 했다. 김동철은 "약제제칠비"가 왜관에 대한 유일한 설명으로 이야기하고 있다. 김동철, "부산의 일본 관련 문화유적과 활용방안- 부산의 지역혁신과 부산학의 미래," 「한국민족문화」 제23호 (2004): 262.

욕으로 여겼다. 또한 전쟁 후 조선 내부 정보가 일본에 유출될 우려도 있었다. 실제로 임진왜란 전 일본 상인에게 한양의 산천과 지형이 알려졌으며, 정보 유출 사례도 있었다. 이에 조선 정부는 안전한 교역을 위해 두모포왜관을 설치했다. 그곳에서의 일본인 활동은 엄격히 제한되었다.[72]

임진왜란 이후 일본 도쿠가와 막부의 노력으로 조선과 일본 간 통교가 재개되었으나, 외교적 교류는 조선 주도로 엄격히 제한되었다. 일본 사절단의 조선 상경은 허용되지 않았으며, 조선 사신의 영접과 접대는 대마도가 담당했다. 조선 시대 통신사는 총 12회 에도까지 왕래했으나, 일본 사절단은 부산을 벗어나지 못했다. 당시 조정 관료들은 삼포에 머무는 일본인을 '뱃속의 종기' 혹은 '복심(腹心)의 병'에 비유하며, 한양 진출을 철저히 통제했다.[73]

김동철은 왜관 설립 목적을 나가사키의 서양인 제한구역인 데지마(出島)와 중국인 통제 구역 도진야시키(唐人屋敷)와 비교하며, 외인 출입 제한 구역 설치 이유를 '밀무역, 살인, 약조' 등 통제 필요성에서 찾았다. 부산의 왜관 역시 통제와 교류라는 이중적 기능을 수행했다. 초기 왜관은 일본인과 조선인의 활동을 관리하고 거주 공간을 확보하는 역할을 담당

---

72) 임진왜란 전에 한양을 자유롭게 왕래할 당시 일본 상인들에게 조선의 산천과 지형, 조선 내부 정보가 고스란히 일본에 노출되었다. 임진왜란 이후 조·일 무역에서 대안이 필요했다. 그렇게 시작한 것이 두모포왜관이다. 장순순, "조선후기 왜관의 성립과 왜관 정책," 204.

73) 일본은 천황제 국가였기 때문에 에도막부가 아무리 강력한 힘을 가졌다고 해서 외교권을 가진 천황을 대신할 수 없었다. 때문에 에도막부는 그 일을 대마도주에게 전담시키고, 그 조건으로 무역의 독점권을 주었다. 이들은 무역 이외에도 통상과 국제교류 등 사신들을 통해서 문서전달도 함께했다. 임진왜란 이전까지 일본의 외교사절단들이 이용하던 한양 상경길이 임진왜란 당시 침략의 통로가 되었기 때문이다. 위의 책, 70.

했다.[74]

대마도주의 주요 외교 업무는 조선통신사의 초대와 수행이었다. 통신사 수행 인원은 400~500명에 달하여 양국 모두에게 상당한 부담이 되는 행사였다. 조선통신사 임진왜란 이후 총 12회에 걸쳐 파견되었으며, 이를 관리한 관수(館守)가 왜관 업무의 총괄책임을 맡았다.[75] 또한 조선 정부는 왜관에 일본인의 수가 증가해 관리가 어려워질 때마다 대마도주에게 왜인 쇄환(刷還)[76]을 요구했다.

1436년에는 내이포왜인(乃而浦倭人) 253명, 염포왜인(鹽浦倭人) 96명, 부산포왜인(釜山浦倭人) 29명 등 총 378명을 돌려보낸 것을 시작으로 세조와 성종 때에도 여러 차례 쇄환(刷還) 명령을 내렸다. 그러나 세금 감소 문제로 실제 실행은 제한적이었다. 이들을 돌려보내면 그만큼 세금이 줄어들기 때문에 세금을 담당하던 대마도주 입장에서는 불편한 제도였다.[77]

대마도의 향토 사학자 나가도메 히자에(長留 久惠)가 저술한 『대마국지연보』에 따르면, 1872년 8월 17일 메이지 정부는 대마도 일원을 나가사키현(長崎県)에 두고, 9월 16일 왜관의 명칭을 일본공관으로 변경하며 왜관과 대마도주와의 관계를 완전히 단절시켰다. 이 과정에서 왜관에는 업무를 할 수 있는 최소 인력 83명만을 남겨두고 모두 귀국 조치시켰다.[78]

---

74) 김동철, "조선후기 통제와 교류의 장소, 부산 왜관," 「한·일관계사연구」 37집 (2010), 5-7.
75) 이러한 내용은 1687년부터 1870년까지 기록된 관수일기에 상세히 남아 있다.
76) 쇄환(刷還): 돌려보냄
77) 유승훈, 『부산의 탄생, 대한민국의 최전선에서 거센 물살을 마중한 도시』 (부산: 생각의 힘, 2020), 348.
78) 허지은, "근세 왜관 관수의 역할과 도다 도노모," 172.

<h1 style="text-align:center">왜관의 역할</h1>

초량왜관은 단순한 일본인 거류지가 아니라, 조선과 일본 간 외교·무역의 중심지이자 일본인을 통제하고 조선민을 보호하는 전략적 공간이었다. 학자들은 왜관의 역할을 두고 다양한 해석을 내놓았다. 2002년 일본 문예춘추에 실린 타시로 가즈이(田代 和生)의 글을 정성일이 한국어로 번역하며 "왜관, 조선은 왜? 일본사람들을 가두었을까?"라고 표현한 바 있는데, 정성일은 이를 '가두는 공간'으로 해석했다. 반면 김동철은 왜관을 "열려 있는 소통의 공간"으로 보아, 일본인과 조선인 사이의 무역과 교류가 이루어지는 유일한 장소로 보았다. 송해수는 왜관을 일본인 통제와 규제를 위한 공간으로 설명하며, 왜관의 통제적 성격을 강조했다.[79]

결론적으로, 왜관은 일본인을 통제하고 규제하는 기능을 가지면서도 동시에 조선과 일본 간 교류와 무역이 이루어지는 '허용된 소통 공간'의 역할을 수행했다. 즉, 정성일과 송해수가 강조한 통제적 측면과 김동철이 지적한 소통적 측면이 모두 타당하게 공존하는 공간이었다고 볼 수 있다.[80]

장순순은 조선 전기와 후기 왜관의 특징을 담장과 성벽을 중심으로 설명했다. 조선은 대마도와 이키섬 등에서 유입되는 왜인을 통제하고, 자국민 보호와 안보 유지를 위해 철저히 규제했다. 초량왜관은 이전 두 모포와 달리 담을 쌓아 출입을 엄격히 통제했다. 동래부사 이복(李馥,

---

79)   김동철, "조선후기 통제와 교류의 장소, 부산 왜관," 5.
80)   김동철, "조선후기 통제와 교류의 장소, 부산 왜관," 3-4.

1637~1679 재임)은 앞·서·동 세 방향의 출입을 통제하고, 위반자는 대마도로 이송하여 처벌하도록 했다.[81]

초량왜관 내에서는 일본인 상주만 허용되었으며, 외부와의 접촉은 철저히 통제되었다. 계해약조(癸亥約條)에 따르면, 밀무역이나 사무역이 적발될 경우 일본인과 조선인 관리자의 갈등까지 포함하여 엄격히 규제되었다. 위반 시에는 사형에 처하는 등 강력한 제재가 적용되었다. 장순순은 이러한 규제 사항을 다음과 같이 정리했다.[82]

1. 경계 구역 밖으로 나가지 말 것, 위반 시 사형
2. 밀무역 자금을 주고받으면 모두 사형
3. 사무역 중 방 안에서 밀무역을 일삼는 자는 쌍방 사형
4. 조선이 지급한 물품을 일본인이 조선 하급 관리를 구타하며 반입할 경우, 위반자는 사형

또한, 일본인과 조선인 여성 간의 사건을 예방하기 위해 신묘약조를 체결했다. 주요 내용은 다음과 같다.

1. 대마도인이 조선 여성을 강간하면 사형
2. 여성 유인 및 화간(和奸), 강간 미수 시 유배
3. 왜관으로 들어간 여성을 보고도 통보하지 않고 교간한 자는 해당 죄 적용

---

81) 1679년에는 담장 밖에 금표(禁標)를 설치하여 왜관이 일본인 통제 구역임을 명확히 표시했다. 1682년에는 조선과 대마도 사이에 계해약조(癸亥約條)를 체결하고, 흙담 높이를 약 1.8m로 높여 규제를 강화했다. 계해약조를 포함하여 1609년부터 1859년까지 총 17차례의 약조가 체결되었다. 장순순, "조선 후기 왜관의 성립과 왜관 정책," 216-219.
82) 장순순, "조선 후기 왜관의 성립과 왜관 정책," 216-219.

조선은 왜관을 엄격히 단속했지만, 일부 조선인들은 일본 문화와 음식을 즐기거나 일본인과 의형제를 맺는 등 친밀한 관계를 유지하기도 했다. 김동철은 이를 바탕으로 초량왜관을 '초량촌'이라 칭하며, 조·일 무역이 활발해질수록 통제와 규제가 강화될 수밖에 없었던 이유를 설명했다. 초량왜관의 규제와 통제는 조선 정부의 주도 하에 이루어졌으며, 일본인은 하급 관리 역할에 머물렀다. 조선 정부는 왜관 출입 일본인에 대해 물리적·법제적 통제를 시행하며, 국가 기밀 누설과 밀무역 등 바람직하지 못한 접촉을 방지하기 위한 정책을 마련했다.[83]

초량왜관은 조선 후기에 일본인 통제와 조선민 보호라는 '닫힌 공간'이면서, 동시에 무역과 외교가 이루어지는 '열린 소통 공간'이었다. 왜관 내에서 일본인과 조선인은 제한된 범위 안에서 생활하고 교류했으며, 엄격한 규제와 통제 속에서도 상호 관계를 유지했다. 이러한 점에서 왜관은 단순히 '가둔 곳'이 아니라, 조선이 주도권을 행사하며 운영한 복합적 기능의 공간으로 이해할 수 있다.[84]

---

83) 기유약조(己酉約條)는 조선에 내항하는 일본 사자의 종별과 인원수, 세견선 등 선박의 종류와 수, 일본인들에 대한 접대와 무역량 등을 규정하는 조항이다. 기유조약에서 제시하는 기본적인 틀은 세부적인 사항이 지속적으로 변화하면서 조선 후기 조·일간의 통교규약(通交規約)의 역할을 했다. 장순순, "조선 후기 왜관의 성립과 왜관 정책," 217. 70번 각주 재인용.

84) 이근우, 『부산 속의 일본』 (부산: 부경대학교 출판부, 2012), 116-120.

<표 1> 조선 후기 왜관 관련 규정

순번	왜관	연도	명칭
1	두모포	1609년(광해 원)	己酉約條
2		1653년(효종 4)	禁散入各房約條/倭人書納約條
3		1663년(현종 4)	館倭刺殺小通事館門外梟示
4	초량	1678년(숙종 4)	朝市約條
5		1679년(숙종 5)	新官限界
6		1683년(숙종 9)	信使在馬島約定條約
7		1709년(숙종 35)	任譯及倭人出入式
8		1711년(숙종 37)	信使時定倭人潛奸律
9		1712년(숙종 38)	書籍潛賣之禁
10		1736년(영조 12)	除出使譯官出入倭館時搜身之法
11		1738년(영조 14)	以邊禁解弛 多有作奸犯罪者 更新節目
12		1739년(영조 15)	漂人物故外勿爲送使事定式
13		1784년(정조 8)	漂人到日本作亂館門外梟示
14		1786년(정조 10)	館倭以柴炭事 欄出殺人 首犯取服經斃
15		1787년(정조 11)	草梁村女與騧行奸時發引誘者梟示
16		1829년(순조 29)	館倭刺殺通事首犯倭取服
17		1859년(철종 10)	左水營退婢與歪行奸事發引誘者梟示

초량왜관은 현재 부산광역시 용두산공원 일대를 중심으로 형성된 일본인 거류지로, 1678년에 신설되었다. 이곳은 조·일 무역이 활발히 이루어진 장소로, 거주 허가를 받은 일본인만 입주할 수 있었으며, 총 면적은 약 10만 평, 상시 거주자는 약 400~500명으로 추정된다. 왜관의 행정과 무역 업무는 체계적으로 조직되었다. 관수가 총괄 책임자로서 관리 업무를 담당하였으며, 대관(代官)을 두어 실질적인 무역 업무를 관리하게 했다. 대관 아래에는 횡목(橫目), 서기관(書記官), 통사(通事) 등 역직자(役職者)를 두어 조·일 무역과 관련된 행정과 통역 업무를 수행했다.[85]

---

85) 송정숙, "개항장으로서의 부산항과 기록," 「부산대학교 문헌정보과」 2010 정부재원, (2010): 282-284.

실제 무역을 수행하는 상인들은 여러 실(室)과 옥(屋)에 거주하며 숙박과 생활 조건을 갖추었고, 일부 유학생은 조선어를 배우며 상인과 관리들의 원활한 활동을 지원했다. 이러한 구조는 일본인 거류지로서 단순한 생활공간을 넘어, 무역과 문화·언어 학습이 결합된 복합적 공간임을 보여준다.

초량왜관에 거주한 일본인은 주로 대마도와 이키섬 출신이었으며, 개항 이후에는 야마구치(山口) 등 일본 본토 출신도 유입되어 새로운 어업과 상권이 형성되었다. 이러한 일본인 유입은 일본 국내 경제 상황과 밀접하게 연관되어 있으며, 당시 초량왜관 인구 증가와 지역 경제 활성화는 표와 기록을 통해 확인할 수 있다.[86]

〈표 2〉 연도별 재부산 일본인 증가 수[87]

년도	호수	인구	년도	호수	인구	년도	호수	인구
1876	–	82	1889	628	3,033	1900	1,082	6,067
1879	–	700	1890	728	4,344	1901	1,250	7,029
1880	402	2,066	1891	914	5,254	1902	1,352	9,691
1881	426	1,925	1892	938	5,110	1903	1,582	11,711
1882	306	1,519	1893	993	4,750	1904	1,891	11,996
1883	432	1,780	1894	906	4,028	1905	2,368	13,364
1884	430	1,750	1895	952	4,953	1906	2,981	15,989
1885	463	1,896	1896	986	5,423	1907	3,423	18,481
1886	488	1,957	1897	1,026	6,065	1908	4,213	21,292
1887	–	2,006	1898	1,055	6,242	1909	4,284	21,697
1888	–	2,131	1899	1,100	6,326	1910	4,508	21,928

---

86) 이미숙, "韓日合邦 以前 日本人들의 朝鮮進出 背景에 關한 硏究 : 나가사키현(長崎縣)의 事例를 中心으로," (박사학위논문, 성균관대학교, 2008), 17-19.

87) 朴晋雨, "港期の釜山から見た日本の朝鮮認識," 「対話と深化の次世代女性リーダーの育成」 魅力る大学教育イニシアテブ (2007), 215. 朴晋雨, 釜山商業会議所,『釜山要覧』1912:釜山商工会議所『新釜山大觀』1934의 내용을 참고했다.

부산은 개항 이후 조선의 유일한 무역항으로 발전하며 근대도시로 성장했다. 교역의 대부분은 일본과 이루어졌으며, 1880년 인천이 개항한 이후에도 조선 제1의 무역항으로서 부산항의 지위는 유지되었다. 무역항 기능을 갖춘 부산은 인구가 급격히 증가하였고, 일본인뿐 아니라 조선의 젊은 청년들도 일자리와 기회를 찾아 부산으로 몰려들었다.[88]

1914년 부산의 총인구는 55,094명이었으며, 이 가운데 약 51%인 28,254명이 일본인이었다. 일본인 인구 증가에 따라 거류 공간도 확대되었는데, 당시 일본인 중심 거류지는 현재의 광복동, 중앙동, 부평동, 보수동, 대청동, 토성동, 동광동, 대신동, 완월동, 초량동, 영도 등이었으며, 바다는 조계공사로 지정되었다. 1901년에는 일본인 거류지 면적이 이전보다 45배로 확대되면서, 부산 내 일본인 공간이 급격히 확장되었다.[89]

부산은 개항과 함께 일본과의 무역 중심지로 자리 잡았고, 일본인 인구 증가와 거류지 확대는 도시 공간과 사회 구조에 큰 영향을 미쳤다. 이러한 일본인 거류지의 확장은 단순한 경제적 교류를 넘어, 도시 근대화 과정에서 나타난 공간적·사회적 변화를 보여주는 중요한 사례로 평가된다.

---

88) 부산시, 『시대별로 한눈에 보는 부산 역사 산책』, 237-238.
89) 위의 책, 237-238.

2.

개신교 선교사 내한 경로 및 선교

2.
개신교 선교사 내한 경로 및 선교

본 장에서는 일본과 조선의 개항 과정과 기선 정기항로의 운영이 초기 개신교 선교사들의 내한 경로 및 선교 활동에 어떤 영향을 미쳤는지 살펴보았다. 이를 통해 동아시아 개항과 초기 선교 활동 간의 상관성을 분석했다. 정기항로의 개설은 서양 선교사들의 일본 내 활동뿐만 아니라 조선 내 개신교 선교 진출에도 중요한 통로가 되었다.

일본 최초의 기선 정기항로는 1859년 카나가와(神奈川), 나가사키(長崎), 하코다테(函館) 3개 항에서 개설되면서 시작했다. 이 항로는 영국, 미국, 러시아, 프랑스, 네덜란드 등 5개국과의 개항과 동시에 운영되었으며, 영국의 P&O(Peninsular and Oriental Steam Navigation Company)가 상해와 나가사키를 연결하는 국제항로를 통해 동아시아 무역과 우편을 독점할 기반을 마련되었다. 일본 막부 말기 영국은 중동과 인도를 경유해 홍콩과 상해를 연결함으로써 중국 진출 계획을 추진하였으며, 이를 위해 동아시아 항로 확보와 우편 독점권 장악에 힘썼다.[90]

이미숙에 따르면, 일본과 조선의 개항 직후 가장 큰 차이는 외국인 거

---

90)　東條正, "港湾都市長崎における近代交通体系の過程." 「放送大学研究年年報」 第31号 (2013): 99.

류지 형성에서 나타난다. 에도 시대 쇄국정책 하에서 일본의 유일한 개항장은 나가사키였으나, 1853년 페리(Matthew Calbraith Perry, 1794~1858)의 내항 이후 요코하마(橫浜), 하코다테, 나가사키 3개 항으로 확대되었다. 이에 따라 일본의 국제무역 중심은 점차 나가사키에서 요코하마로 이동되었다.[91]

한편, 미국은 1867년 아메리카 퍼시픽사(Pacific Mail Steam Ship Company)를 통해 샌프란시스코와 상해를 연결하는 태평양우편기선회사를 설립했다. 중간 기착지는 하와이와 요코하마였으며, 미국의 일본 개항 목적은 일본 자체가 아니라 상해로 가는 항로 확보에 있었다. 1866년 미국은 3,880톤급 선박을 투입해 평균 27일 만에 요코하마에 도착하는 정기 항로를 운영했다.[92]

1876년 일본은 조선을 강제 개항시켰다. 표면적으로는 부산 왜관에 거주 중인 일본인의 보호가 목적이었으나, 실제로는 부산을 중심으로 일본 자본을 유입하고 일본인을 위한 시설을 확장하여 향후 조선 침략의 기반을 마련하는 것이 주된 목적이었다. 이는 미국이 상해 진출을 위해 일본을 개항시켰다면, 일본은 조선을 침략하기 위해 부산을 개항시

---

91) 페리는 1853년 내일(來日)했다. 1858년 미국과 정식 수호통상조약이 이루어지고, 일본의 중심 항구는 나가사키에서 요코하마로 변했다. 1908년 일본 인구조사에 따르면 나가사키 인구가 이전보다 많이 감소한 것을 볼 수 있다. 1587년 이후부터 에도시대 일본의 모든 무역은 나가사키가 중심이었다. 한때 나가사키는 세계문화를 배우기 위한 일본의 젊은 청년들이 모였다. 미국에 의한 3개 항구의 개방으로 인구의 증가는 요코하마가 되었다. 이미숙, "韓日合邦 以前 日本人들의 朝鮮進出 背景에 關한 硏究 : 나가사키현(長崎縣)의 事例를 中心으로" (박사학위 논문, 성균관대학교, 2008), 3.

92) 프리도린 벌베크 (Guido Herman Fridolin Verbeck, 1830-1898 : 1859년 11월 나가사키에 도착, 네덜란드에서 출생, 22세에 미국으로 이주, 엔진니어로 취직, 26세에 장로교 오반신학교에 입학, 재학 중 브라운교회에서 독일인들 대상으로 설교를 도왔다. 이후 29세에 신학교를 졸업하고, 네덜란드계 미국인으로서 일본에는 네덜란드개혁파 파견선교사로 왔다. 岩崎 洋三, 『フルベッキー明治新政府の顧問の招聘され-日本近代化に貢献した宣教師一』(史料集成), 1.

킨 셈이다.[93]

조선의 개항은 서구 열강과 일본의 정치·경제적 이해관계 속에서 이루어졌으며, 이는 서양 선교사들의 조선 진입 경로에도 직·간접적인 영향을 미쳤다. 특히 부산은 일본을 거점으로 한 초기 개신교 선교사들의 이동과 활동이 이루어진 주요 관문이었다. 본 연구는 이러한 역사적 맥락 속에서 개신교 선교사들의 내한 경로와 선교 활동을 분석함으로써, 부산 지역 기독교 유적의 형성과 초기 선교사의 활동 지역을 조금이라도 재조명하고자 한다. 나아가 일본과 조선의 개항 과정, 기선 정기항로의 운영, 그리고 서양 선교사들의 이동 경로를 종합적으로 고찰하여 동아시아 개항과 초기 선교 활동 간의 상관성을 밝히고자 한다.

(1) 개항과 부산

1875년 11월 23일, 일본 정부는 초량왜관과 자국 거류민의 보호를 명분으로 춘일호(春日號)와 운양호(雲揚號)를 조선에 파견하여 부산 앞바다에서 여러 차례 무력시위를 벌였다. 이어 운양호는 같은 해 9월 20일 인천까지 진출해 한강 하구의 강화도 초지진(草芝鎭)[94] 포대와 교전을 일으켰다. 초지진은 1656년(효종 7년)에 강화도와 강화 해협을 방비하기 위

---

93) 송혜영, "부산일본 전관거류지의 형성과 변화에 나타난 건설적 특성에 관한 연구", (석사학위논문, 한국해양대학교, 2002), 44-51.

94) 강화 초지진(江華 草芝鎭)은 현재 강화군 길상면 초지리 624번지에 위치한 곳으로 조선 효종 7년(1656)에 강화도와 강화해협의 수로 방비를 위해 구축한 요새였다. 현재는 조선 말기 운양호사건과 강화도조약 이후 허물어져 돈대(墩臺)의 터와 성의 기초만 남아있다. 1973년 강화전적지 보수 정비사업 때, 초지돈대만 복원되었다. https://ko.wikipedia.org/wiki/초지진 2024년 3월 8일 접속.

해 구축된 요새로, 이 사건 이후 훼손되었다가 일부만 복원되어 있다.[95]

운양호 사건의 해결과 조선과의 외교 교섭을 위해 일본은 구로다 기요타카(黑田淸高)를 특명 전권대신으로 임명했다. 일본은 사건의 배상 문제를 논의하기 위해 조선 측과 협상했고, 그 결과 1876년 2월 26일 연무당에서 「조일수호조규」(강화도조약)를 체결했다. 이를 계기로 부산은 일본에 의해 강제 개항되었으며, 메이지 정부의 실세이자 하기(萩) 출신인 기도 다카요시(木戶孝允)가 이 과정에서 중요한 역할을 담당했다. 이로써 부산은 나가사키와 더불어 일본이 세계열강과의 교류를 위한 개항장으로 내세운 전략적 거점이 되었고, 동시에 일본의 경제적 침투와 조선 수탈이 본격화되는 기점이 되었다.[96]

개항 이후 일본 본토로부터 인구와 자본, 물자가 빠르게 유입되면서 부산은 도시 구조와 기능 전반에 걸쳐 급격한 변화를 겪게 된다. 이에 따라 개항 이전까지 동래부에 머물러 있던 정치·경제·사회·문화의 중심이 남포동, 동광동, 대청동, 영주고개 일대로 이동하였고, 초량왜관 일대는 일본인의 전관 거류지로 전환되었다. 나아가 일본 자본가들의 적극적인 진출과 조계(租界) 사업의 확장은 도시의 경제적 성격을 근본적으로 바꾸어 놓았다. 이를 보호하기 위해 일본군이 파견되면서 부산의 도시·경제·사회 구조 속에는 일본의 정치적·군사적 영향력이 깊숙이 자

---

95) 강화 초지진(江華 草芝鎭)은 현재 강화군 길상면 초지리 624번지에 위치한 곳으로 조선 효종 7년(1656)에 강화도와 강화해협의 수로 방비를 위해 구축한 요새였다. 현재는 조선 말기 운양호사건과 강화도조약 이후 허물어져 돈대(墩臺)의 터와 성의 기초만 남아있다. 1973년 강화전적지 보수 정비사업 때, 초지돈대만 복원되었다. https://ko.wikipedia.org/wiki/초지진 2024년 3월 8일 접속.
96) 송정숙, "개항장으로서의 부산항과 기록," 『부산대학교 문헌정보과』 (부산: 부산대학교 2010), 222.

리 잡게 된다.[97]

부산의 변모

1876년 일본은 조선과 통상장정(通商章程)을 체결하고, 같은 해 8월 한·일수호조규부록과 한·일무역규칙을 체결함으로써 부산 개항장에서 일본 화폐 사용을 허용하고, 일본 선박에 대한 항세와 관세를 면제했다. 이를 통해 일본은 서구 열강이 조선에서 확보한 통상권을 그대로 적용하며, 부산 초량왜관을 점차 경제적 영향력이 큰 공간으로 변화시켰다.[98]

일본은 정치적·경제적 이익을 확보하기 위해 부산항에 적극 투자했다. 서구 열강의 통상 사례를 관찰한 일본은 단순한 항만 개발만으로는 효과가 제한적임을 인식하고, 나가사키에서 부산을 연결하는 항로와 부산-시모노세키 간 부관선을 확충하였으며, 부산과 일본 본토를 연결하는 해저전신망(海底電信網) 설치와 철도 개발도 추진했다.[99]

선박과 일본인의 유입이 늘어나면서 일본 자본도 부산으로 집중되었다. 1878년 6월 일본 제일은행 부산지점이 개설되어 일본 상인의 진출을 지원했다. 초기 어려움을 겪은 후 재정비하여 일본인 조계지에 새로운 은행을 설립했다. 주요 목적은 일본 통화를 조선에 유통하고 금을 매입하는 것이었다. 동시에 일본은 부산 내 일본인 상인을 통합하고 상공회의소를 설치하여 경제적 이익을 조직적으로 확보했다. 이와 함께 큐

---

97) 부산시, 『시대별로 한눈에 보는 부산역사 산책』, 237-238.
98) 송혜영, "부산 일본 전관거류지의 형성과 변화에 나타난 건설적 특성에 관한 연구," 20.
99) 송정숙, "개항장으로서의 부산항과 기록," 292.

슈 북부 지역에서의 일본인 유입도 점차 늘어났다.[100]

1882년 조선이 미국과 조미수호통상조약을 체결한 이후, 다른 서구 열강도 차례로 조선과 수호조약을 맺으면서 외국인의 활동 범위가 사실상 제한 없이 확대되었다. 1883년 영국과의 조약 체결 이후 부산항은 일본인을 비롯한 외국인이 상주하며 활발히 활동하는 국제도시로 변모하기 시작했다. 일본은 이러한 환경을 전략적으로 활용하여 대마도를 중심으로 하던 기존 무역을 중단하고, 부산을 일본 자본과 일본인의 거점으로 만들었다. 이에 따라 행정 중심지도 동래에서 남포동, 동광동, 영주동, 초량동으로 이동되었다.[101]

일본인 거류민의 증가에 따라 부산 내 편의시설과 행정기관도 확대되었다. 초량 중심지에 있던 관청은 일본 외교부 소속 관청, 경찰서, 상점 등으로 대체되었다. 1880년 약 2,000명이던 일본인 거류민 수는 1900년 약 6,000명으로 증가했다. 항만 정비를 위해 1902년부터 1908년까지 두 차례 매축 사업이 진행되었고, 초량왜관과 일본인 거류지는 일본식 도시 구조로 재정비되었다.[102]

---

100) 이용득, 『부산항 이야기 부산항의 오래된 미래를 만나다』 (서울: 유진북스, 2019), 298-301.

101) 1876년 2월 2일에 일본과 체결한 이후 미국과는 1882년 4월 6일, 영국과 독일과는 1883년 10월 27일, 1884년 5월 4일에는 이탈리아, 열흘 후인 5월 15일에는 러시아, 1886년 5월 3일에는 프랑스, 1892년 5월 29일에는 오스트리아, 1901년 3월 23일에는 벨기에, 1902년 7월 15일에는 덴마크와 통상수호조약(通商修好條約)을 맺었다. 송정숙, "개항장으로서의 부산항과 기록," 282-284. 일본을 개항시킨 미국은 일본 자체가 목적이라기보다는 중국으로 가는 길목에 있는 일본에서 항해에 필요한 물품들을 보충하기 위한 것이었다. 그러나 조선을 개항시킨 일본의 경우는 서구열강이 개항할 당시 자신들에게 요구했던 불평등조약을 그대로 조선에 적용했다. 게다가 일본은 근대화를 추구하는 과정에서 발생한 사회적 모순들 즉 인구 도시집중 현상 등을 자국의 체제 개편을 통해 이루지 않고 해외 이주를 통해 해소하려고 했다. 송혜영, "부산일본 전관거류지의 형성과 변화에 나타난 건설적 특성에 관한 연구," 44-51.

102) 부산시, 『原도심 역사의 발자취를 찾아서』 (부산: 부산광역시문화유산과, 2020), 120-122. 김대래는 1895년 기준으로 일본인 4,953명, 임시 체류자 126명, 행안선에서 어부로 7,600명이 활동하고, 선교사는 32명으로 설명했다. 이 설명에서 일본이 부산 해안선 어업권까지 약탈하고 있었다는 것을 볼 수 있다. 이일래·이진로·김유준·강윤원·김대래, 『2013 부산학연구』 (부산: 부산발전연구원 부산학연구센터, 2013), 162.

외국인의 시각에서도 부산은 일본인의 도시로 인식되었다. 1894년 영국 여행가 이사벨라 비숍(Isabella Lucy Bird, 1831~1904)은 부산을 "조선이 아니라 일본"으로 기록했다. 당시 부산에 거주한 일본인은 약 5,505명, 본토와 왕래하는 어부까지 포함하면 약 8,000명에 달했다. 영국 외교관 칼스(William Carles, 1884~1885)는 『조선풍물지(Life in Corea)』에서 일본인 전관거류지역과 조선인 전통마을을 비교하며 부산이 일본인 중심의 도시로 변모했음을 기록했다.[103]

프랑스 지리학자 샤를 루이 바라(Charles Louis Varat, 1842~1893)는 『조선종단기』에서 부산을 네 개 구역으로 구분했다. 네 구역은 용두산을 중심으로 한 일본인 전관거류지, 전통 양반 문화마을 동래, 해관 직원과 선교사 거주 지역인 복병산·영선산 부근, 토착 주민 해변 마을인 자성대 주변 부산포였다. 여기에 초량동의 청국 조계지를 포함하면, 개항 초기 외국인들에게 보여진 부산은 일본인, 외국인, 조선인이 공존하며 다층적으로 구성된 국제도시였음을 알 수 있다.[104]

선교사들의 내한 경로

1884년 6월, 중국과 일본에서 사역하던 감리교 소속 로버트 매클레이(Robert S. Maclay)는 조선을 방문하여 선교의 기회가 무르익었음을 확인했다.[105] 개항 이후 조선에 첫 상주 선교사로 내한한 호러스 알렌(Horace

---

103) 이용득, 『부산항 이야기 부산항의 오래된 미래를 만나다』, 122-125.
104) 위의 책, 122-125.
105) 로버트 새뮤얼 매클레이(Robert Samuel Maclay; 1824년 ~ 1907년)는 감리교회 계통의 미국인 선교사 겸 교육자이다. 펜실베이니아 출생으로, 1848년 중국에 부임하여 주

Allen, 1858-1932)은 상해에서 출발하여 남승호(南陞號)를 타고 조선에 도착했다. 이후 언더우드와 아펜젤러 등 다수의 선교사들이 연이어 내한하며 본격적인 선교 활동을 시작했다.

개항 직후 조선으로 들어오는 모든 선교사와 교역선은 일본 큐슈의 나가사키에서 출발했다. 1885년 4월 5일, 장로교 소속 언더우드와 감리교 소속 아펜젤러가 조선에 들어온 이후, 많은 선교사가 부산항을 통해 조선에 입국했다. 선교사들이 처음 접한 부산은 일본식 도시 구조가 두드러졌으며, 수도 서울은 정치적 개화파와 수구파의 대립으로 혼란스러운 상황이었다. 첫 선교사들의 내한 시기는 1884년 12월 갑신정변 직후로, 국내 정세가 불안정했음에도 불구하고 선교사들의 입국은 막을 수 없었다.

감리교는 아펜젤러를 1진으로, 로버트 매클레이를 2진으로 조선에 파견했다. 당시 아펜젤러는 개인적 사정으로 잠시 나가사키로 돌아갔으며, 스크랜턴(William Scrant)는 미국인 무역상 타운젠트로부터 '여인과 동행하지 않으면 조선에 들어갈 수 없다'는 정보를 듣고 준비했다. 스크랜트는 1885년 4월 28일 나가사키를 출발하여 4월 29일 부산에 도착, 5월 3일 서울에 도착했다.[106]

선교사들의 입국 경로와 여행 기록은 당시 선교사 가족들의 일기에

<hr>

로 푸저우(福州)에서 활동하였고, 1873년 6월부터는 일본으로 건너가 선교했다. 1882년 연초부터는 당시 일본에 있던 김옥균과 사귀었다. 1884년 김옥균과 함께 서울에 왔고, 고종의 허락을 받아 선교 활동을 하면서, 스크랜튼, 아펜젤러 등을 한국으로 불러들였다. 그러나 한국선교의 총책을 맡아달라는 요청을 거부하고 1884년에 요코하마로 돌아갔다. 1887년에는 선교활동으로부터 은퇴하여 캘리포니아로 이주하여 여생을 교육에 바쳤다. 저서에《각세문》,《신덕통론》등이 있다.
https://ko.wikipedia.org/wiki/로버트사무엘매클레이 2023년 11월 10일 접속.
106) 이덕주, 「스크랜턴: 어머니와 아들의 조선 선교 이야기」 (서울: 공옥출판사, 2015), 45.

도 상세히 남아 있다. 예를 들어, 셔우드 홀 부인은 1890년 9월 4일 샌프란시스코에서 오세아닉호(Oceanic)를 타고 하와이 호놀룰루를 경유한 후, 9월 13일 요코하마에 도착하였으며, 승선 인원 47명, 총 이동 거리는 약 5,477마일(약 8,814.4 km)로 기록했다. 이러한 기록은 당시 선교사들의 이동 경로와 조선 입국 여정을 구체적으로 보여주며, 개항 이후 선교사의 활동이 국제적 네트워크와 연결되어 있었음을 입증한다.

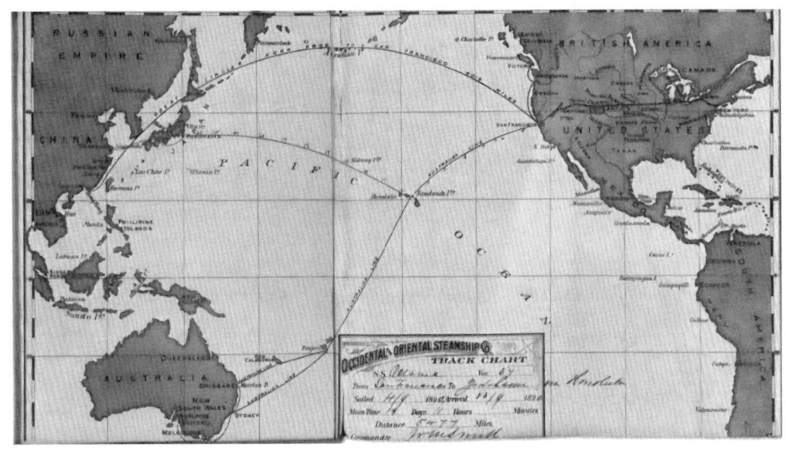

항해 지도
선명: 오세아닉(Oceanic)호 승객: 67명
항로: 샌프란시스코에서 요코하마까지. 호놀룰루 경유.
출발: 1890년 9월 4일 도착: 1890년 9월 13일
항해시간: 18일 11시간
거리: 3477마일
선장: W. M. 스미스

〔그림 9〕 오세아닉호 태평양 항해 지도 (출처: 로테타 홀 일기)[107]

　　조선 개항 이후 초기 서양 선교사들의 입국 경로는 대부분 일본 큐슈의 나가사키를 거쳐 부산으로 이어졌다. 셔우드 홀 부인은 2월 23일 요코하마항(橫浜港)에서 미쓰비시(三菱) 선박회사 소속 오미호(Omiho)를 탑

---

107)　로제타 홀 저, 김현수·강현희·양화진문화원, 『로제타 홀의 일기, Hall. Rosetta S, 1865-1951 2권』 (서울: 홍성사 2016), 10-11.

승하고, 고베에서 제물포로 향하는 오와리호(終号)에 올랐다. 나가사키 항에서도 잠시 내려 주변을 둘러보았으며, 당시 오와리호의 항로는 나 가사키(長崎)-고토(五島)-쓰시마(対馬)-부산(釜山) 순으로 운영되었다.[108]

미국 북장로교 소속 첫 부산 선교사 베어드는 샌프란시스코에서 증 기선을 타고 태평양을 건넜다. 승선 인원은 약 3,500~4,000명 규모였으 며, 대부분 중국인과 일본인이 포함되어 있었고, 고국으로 귀향하는 승 객이 많았다. 베어드는 긴 항해 동안 『은자의 나라(The Hermit Nation)』를 읽으며 시간을 보냈으며, 일본에서 배를 갈아타고 부산에 도착한 후 제 물포로 이동했다.[109]

호주 선교사 제2진은 1891년 9월 5일 호주 시드니항에서 출발하여 약 40일간 항해 끝에 부산에 도착했다. 이들은 사전 준비나 연락 없이 '주님의 인도와 보호만 믿고' 내한했으며, 부산 일본인 거주지에 기거하 며 한국 선교를 시작했다.[110]

부산항 개항과 일본-부산 항로의 활성화는 초기 선교사들의 내한을 가능하게 했다. 나가사키 해안선은 약 1,025km에 달하며, 약 600여 개 의 섬과 복잡한 만, 반도를 끼고 있다. 대표적 섬으로 대마도, 이키섬, 고 토열도, 히라도 등이 있으며, 이 지역은 고대부터 왜구의 거점이자 동아 시아와 연결된 항로가 존재했다. 나가사키는 1587년부터 개항장이었으 며, 주민들은 바다와 밀접하게 생활하고 교육받았다.[111]

---

108) 여기에서 등장하는 오와리호의 정확한 한자는 찾을 수 없다. 나가사키 대학의 이영철에 따르면, 당시 외국인은 영어식 발음대로 기록하기 때문에 정확한 이름을 확인할 수 없다. 위의 책, 11.
109) 이상규, 『부산경남 기독교 전래사』 (부산: 글마다, 2001), 55.
110) 송현강, https://www.kidok.com. 「주간기독신문」 2024년 4월 23일 접속.
111) 鈴木 里惠, "境界域使の可能性 −長崎と朝鮮半島南部の地域史-," 「長崎大學教育學 部社會科論」 第70號 (2008): 38.

1876년 일본은 부산 개항 이후, 나가사키 근해에 거주하던 대마도, 이키, 고토열도 주민들을 강제로 귀국시키고, 초량왜관에는 83명만 잔류하도록 했다. 그럼에도 일본은 여전히 나가사키-부산 항로를 주요 정기항로로 사용했으며, 시모노세키-부산 항로는 1905년에야 개설되었다.[112]

1876년부터 1905년까지 일본과 조선을 왕래하는 대부분의 선박은 나가사키를 출발하여 고토와 쓰시마 이즈하라를 거쳐 부산에 도착했다. 호러스 알렌(Horace Newton Allen)의 일기에도, "나가사키에서 부산 사이 현해탄의 바람과 파도가 두려웠다"라고 기록했다.[113] 다니엘 기포드(Daniel Gifford) 역시 일본 나가사키에서 미쓰비시 유센 게이샤 증기선을 타고 부산에 첫발을 디딘 사실을 기록했다.[114]

초기 선교사들의 입국과 항로는 조선 개항의 국제적 맥락을 보여준다. 부산과 나가사키는 개항 주체가 일본 자체가 아니라 외세의 영향 아래 있었음을 의미하며, 나가사키에서 부산으로 들어오는 항로에서 처음 마주하는 조선은 오륙도와 영도 앞바다였고, 자연스럽게 용두산을 바라보며 부산 해관 앞에서 하선했다.[115]

부산을 방문한 모든 내외국인은 이후 제물포를 거쳐 서울로 이동했으며, 원산과 블라디보스톡으로 향하는 경우도 부산을 거쳐야만 했다. 그러나 개항 후 부산에서 하선하는 곳은 전통적 부산진이 아닌 일본인

---

112) 부산시, 『原도심 역사의 발자취를 찾아서』 (부산: 부산광역시문화유산과, 2020), 109-110.
113) 알렌의 조선 입국에 대해서 탁지일은 이전까지는 1884년 9월 22일 서울 도착을 기준으로 했다. 그러나 그의 부산 도착은 9월 17일이고, 민건호의 해은일록에는 9월 17일 남승호가 부산에 정박하여 인천으로 출발한 것으로 기록하고 있다. 민건호, 『해은일록 1권 부산근대역사관사료총서3』 (부산: 부산근대역사관. 2008), 65.
114) 다니엘 기포드. 심현녀 옮김. 『조선의 풍속과 선교』 (한국기독교역사연구소. 1996), 10.
115) 김정하, "개항도시 유적지의 보존과 활용에 대한 고찰-부산과 나가사키의 사례를 중심으로," 『한국해양대학교 국제해양문제연구소』 (부산: 해양대학교, 2012), 128.

거류지인 초량왜관이었으며, 외국인과 선교사들에게 부산은 일본색이 짙은 도시 풍경으로 인식되었다.[116]

〔그림 10〕 1906~1907 부산항 헤르만 산더 소장 자료 (출처: 국립민속박물관)

내한선교사 총람에 따르면 초기 조선선교 파송 선교단체는 약 10개이며, 부산선교의 주축이 되었던 미국 북장로교 선교사가 22.1%, 호주 장로교회 선교사가 5.5%를 차지한다. 부산은 스코틀랜드 성공회 성경 반포사업부터 일찍이 선교 활동이 시작된 곳이다. 이유는 부산이 일본과 가장 가까운 곳으로 개항 초기 모든 노선이 부산을 통했기 때문이다. 이와 같은 이유는 조선 말기 부산항이 조선의 관문이었다는 것을 확실히 뒷받침한다.[117]

---

116)　김정하, "개항도시 유적지의 보존과 활용에 대한 고찰-부산과 나가사키의 사례를 중심으로," 『한국해양대학교 국제해양문제연구소』 (부산: 해양대학교, 2012), 128.
117)　김승태·박혜진 엮음, 『내한 선교사 총람 1884~1984』, 204-205.

(2) 부산의 첫인상

1903년 부산에 도착한 프랑스 선교사 에밀 부르다레(Emile Bourdaret)
는 부산의 첫 인상을 "헐벗은 등성이만 보여준다"라고 기록했다. 부산의
지명 '부(釜)'는 솥뚜껑을 의미한다. '산(山)'은 산을 뜻하며, 이는 조선시
대 소금 생산 과정에서 사용된 소금가마와 땔감을 연상시키는 풍경에서
비롯된 명칭이다. 이용득은 이를 "들끓는 가마"라고 표현했다. 이는 먼
바다에서 바라본 부산의 지형과 산업적 배경을 서양인들이 민둥산과 가
마솥으로 인식했음을 보여준다.[118]

유승훈의 저서 『부산의 탄생』에서는 당시 부산 해관장 헌트(Jonathan
H. Hunt)의 부인 에피(Effie) 여사가 작성한 것으로 추정되는 '부산항 그림
지도'를 소개한다. 이 지도는 둥근 바다를 중심으로 주요 장소와 범례를
표시하고 있다. 외국인 선교사들의 거주지를 이름으로 기재하여 개항기
부산의 공간적 구조와 외국인 거주 실태를 보여주는 독특한 사료로 평
가된다. 또한 지도 뒷면에는 당시 부산의 공간적 특성과 주요 지점에 대
한 설명이 포함되어 있어, 개항기 부산의 도시적·사회적 특성을 이해하
는 데 중요한 자료가 된다.[119]

---

118) 이용득의 설명과 김대래의 설명은 비슷하다. 초기 선교사 묘지 사진을 보면 근처에 나무
가 없는 것을 볼 수 있다. 소금 만드는 가마가 많아 인근에 나무가 없었다. 김대래, 『부산
학논총 2013 - 개항기 서양인의 눈에 비친 부산』), 146~147.

119) 3개의 부산이 있다. 성벽으로 둘러싸인 구 부산, 중국인 거류지, 그리고 일본인 거류지이
다. 외국 배들이 이르는 곳은 일본인 거류지다. 이곳 거류지는 어을빈 박사 집에서 약 1마
일 정도 떨어져 있다. 일본인 마을은 한국인 마을과 비교했을 때 매우 쾌적해 보인다. 중
국인 마을 역시 그러하다. 부산의 일본인 거리는 넓고 깨끗하며, 건물들은 깔끔하다. 일본
인들은 며칠 전 전염병 병원균을 없애기 위해서 가게들을 청소했다. 유승훈, 『부산의 탄
생, 대한민국의 최전선에서 거센 물살을 마중한 도시』 (부산: 생각의 힘, 2020), 200~206

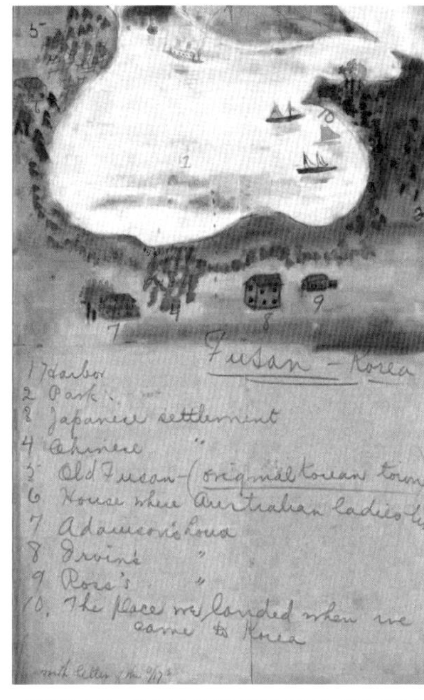

부산 – 코리아

1. 바다
2. 공원
3. 일본인 정착지
4. 중국인 정착지
5. 옛 부산 (부산진)
6. 오스트레일리아 여성들의 집
7. 아담스의 집
8. 어을빈의 집
9. 로스의 집
10. 조선의 항구

〔그림 11〕에피여사 부산항 그림지도 (출처: 부산박물관)

개항기 부산을 촬영한 서양인의 사진에서도 산은 나무 하나 없는 민둥산으로 나타났으며, 반면 일본인 주거지역은 체계적이고 일본식 건축 양식을 갖춘 구역으로 구분되어 있었다. 초기 서양인들은 부산을 '왜색의 도시' 또는 일본 항구로 인식되었다. 독일인 여행가 루돌프 차벨(Rudolf Zabel, 1879~1939)은 부산을 일본의 한 도시로 표현했다. 이와 같이 개항기 부산의 모습은 이미 일본인 거류민과 자본에 의해 지배된 공간임을 외국인 기록을 통해 확인할 수 있다.[120]

---

120) 김대래, 『부산학논총 2013 – 개항기 서양인의 눈에 비친 부산』, 157-160.

부산에 대한 서양인들의 기록

김대래는 개항기 부산을 다녀간 서양인들의 여행기와 기록을 토대로 초기 부산의 모습을 분석했다. 그의 설명에 따르면, 초기 부산에 상주한 서양인은 선교사와 해관 근무자를 제외하면 극히 적었다. 서양인들의 본격적 유입은 1883년 부산 해관 개청 이후부터 시작되었다. 당시 부산항은 일본을 경유하는 항로가 전부였다. 일본과 조선을 연결하는 배편은 부족해 군선과 목선을 제외하면 거의 이용할 수 없었다. 호러스 알렌 (Horace N. Allen)이 부산에 입항한 남승호 또한 영국 상선이었다.[121]

1894년 오스트리아인 헤세-바르텍(Ernst von Hesse-Wartegg, 1854-1918)은 당시 부산항을 관찰하며 "여행자가 보게 되는 부산항의 첫인상은 조선이 아니라 철저한 일본의 항구였다"고 기록했다. 외국인의 시각에서 본 초기 부산은 일본인이 운영하는 일본인 마을로 대표되었다. 개항 이후 부산은 동래성을 중심으로 형성된 도시에서 남포동과 초량동 일대 중심으로 생활권이 이동하며 도시의 모습이 변화하고 있었다.[122]

부산의 변화는 영어 표기에서도 확인할 수 있다. 유승훈은 부산의 변화를 알파벳으로 소개하며, 초기 서양인들은 부산을 'Fusan'으로 기록했다고 설명했다. 이상규는 부산의 시기를 F의 시대, P의 시대, B의 시

---

121) 김대래, 『부산학논총 2013 - 개항기 서양인의 눈에 비친 부산』, 137-144.

122) 오스트리아 출신의 작가이자 여행가, 1854년 오스트리아 비에서 태어나 1918년 스위스 루체른 근교에서 타계했다. 튀니지, 캐나다, 멕시코, 미국, 중국, 일본, 태국, 인도 등 여러 나라를 여행했다. 1872년 남유럽 여행에 나선 뒤로 1875년에는 서인도 제도와 중앙아메리카로 향했고, 이듬해에 뉴멕시코와 로키산맥을 거쳐 미국 동부로 갔다. 1878년 미시시피강을 탐사했다. 헤세-바르텍은 이후로 북아프리카의 여러 나라와 미국 북서부 아시아 등지를 쉬지 않고 여행했다. 귀족 출신으로 20여 종의 책을 남겼다. 에른스트폰 헤세-바르텍, 정현규 역, 『에른스트폰조선, 1894 여름』(서울: 도서출판 책과 함께, 2012), 1.

대로 구분하며, 초기 선교사들의 기록에서도 'Fusan'은 일본식 명칭, 'Pusan'은 한국식 명칭으로 구분된다고 보았다.[123)]

독일인 루돌프 차벨도(Rudolf Zabel)와 선교사 사이드보텀(Richard Henry Sidebotham)도 부산진성 일대를 '옛 부산(Old Fusa)'으로 기록하며, 시대와 서양인의 시각에 따라 다양한 표기가 사용되었음을 확인할 수 있다. 이러한 영어 표기의 다양성은 서양인들의 부산 유입과 함께 도시의 국제적 인지도가 확대되었음을 보여준다.[124)]

서양인의 유입이 본격화되면서 부산에도 해관 운영을 담당할 전문 인력이 필요하게 되었다. 개항 이전까지 해관 업무는 초량왜관에서 동래부사 아래 운영되었다. 국제무역 시대의 도래는 전문 인력의 필요성을 제기했다. 조선은 중국의 지원을 요청했다. 청나라 관리 이홍장과 연계된 묄렌도르프(Paul Georg von Möllendorff, 1847~1901)가 추천한 인력들에 의해 부산 해관이 설립되었다.[125)]

1883년 7월 25일 부산 해관이 개청되었다. 초대 해관장은 묄렌도르프의 추천을 받은 윌리엄 로바트(William Lovatt, 1838-1904)였다. 로바트는 영국 출신으로 아편전쟁과 태평천국의 난 당시 중국에 파견되었던 영국군 출신이었다. 중국 구강(九江) 해관 근무 경험을 통해 묄렌도

---

123) 유승훈, 『부산의 탄생, 대한민국의 최전선에서 거센 물살을 마중한 도시』, 220-223.
124) 유승훈, 『부산의 탄생, 대한민국의 최전선에서 거센 물살을 마중한 도시』, 220-223.
125) 1882년 5월 22일 조미수호통상조약 체결을 계기로 관세자주권을 확보할 수 있게 된 조선 정부는 해관창설을 한다. 중국 이홍장의 천거로 청국해관에 근무했던 독일인 출신 묄렌도르프를 초청했다. 조선해관의 창설은 1883년 6월 16일로, 지방에는 6월 17일 인천해관, 7월 3일 원산해관, 7월 25일 부산해관을 개청했다. 1905년 11월 30일 해관 총 세무사 브라운이 떠나고 나서 일본이 조선해관을 완전 장악했다. 그전까지 해관은 100여명의 서양인들이 근무했다. 해관의 역사는 대부분 일본인들이 기록한 문헌을 보기 때문에, 부산해관의 개청일자를 1883년 11월 3일로 기록하고 있다. 김재승, "부산해관 개청과 초대해관자 W. N. Lovatt," 『국제무역연구』 제9권 제2호, (2003): 2-3.

르프와 친분을 쌓았다. 그는 부인과 4살 딸과 함께 부산에 상주했다. 그는 가족과 함께 부산에 온 첫 번째 상주 서양인으로 기록된다. 가족과 동반한 그의 입국은 당시 외국인 사회와 부산 시민에게 이목을 끌었을 뿐만 아니라, 초기 해관 운영과 서양 문화 이해에도 중요한 의미를 갖는다.[126]

로바트가 부산 해관장으로 근무하는 동안, 외국인 직원으로는 영국인, 네덜란드인, 이탈리아인이 있었다. 모두 청국 해관 근무 경험이 있었다는 공통점이 있다. 로바트는 3년간 부산에서 근무하며 사진 기록을 남겼다. 이후 미국으로 귀환 후 중국 복주(福州)와 한구(漢口)에서 복직하여 1904년 66세로 사망했다. 그의 사진과 기록은 130년이 지난 현재 부산 역사 연구에서 중요한 자료로 평가된다.[127]

부산 해관의 3대 해관장인 조나단 헌트(Jonathan Hunt)는 1888년 7월 27일 이홍장의 추천으로 부산에 부임하여 1898년 2월까지 10년간 근무했다. 헌트는 총세무사 메릴(Henry Mereill, 1853-1935)을 수행하며 서울 총해관에서 근무하다가 부산으로 전임되었다. 그의 재임 기간은 청·일 간 통상무역을 둘러싼 갈등과 국제적 긴장이 형성되던 시기와 겹친다.[128]

김대래는 헌트를 매우 친절한 인물로 소개한다. 이상규는 헌트가 기독교 신앙을 가진 인물일 가능성이 있다고 설명한다. 헌트는 평양 방문

---

126) 윤광운·김재승, "부산해관(1883~1905)에 관한 무역사적 연구,"에서 김재승, 윤광운 등 해관 관련 연구자들이 그를 영국인으로 기술하고 있다. 그는 영국계 미국인이었다.

127) 이상규, 『기억과 추억의 역사: 부산지방에서의 초기 기독교』 (한국교회사역사 연구소, 2023), 17-19.

128) 헌트는 부임하고 제일 먼저 매축과 보세창고를 확보하는 일을 시작했다. 단독으로 부산해관 부지를 확장했다. 이것으로 보아 헌트는 추진력과 카리스마가 있었던 것으로 보인다. 이상규, "한국교회사 부산해관원 조너스 헌트"「한국기독신문」, 2018년 5월 8일.

기록을 통해 선교사들과 협력하며 영선산 일대 토지 매입과 초량 여선교사 한옥 구입 등을 지원했다. 이를 통해 영선고개 기와집에서 최초의 교회 설립이 가능했다. 또한 1897년 초에는 부산 주재 영국 명예 영사로 임명되었다. 1898년 홍콩으로 전출되면서 부산에서의 임무는 종료되었지만, 그의 딸과 조선인 남성과 관련된 일화는 현재까지 부산 역사 속 흥미로운 이야기로 전해지고 있다.[129]

초기 선교사들이 바라본 부산

조선에 들어온 첫 선교사 중 한 명인 호러스 알렌(Horace Allen, 1858-1932)은 일기에서 부산을 "완전한 왜색(倭色) 도시"로 묘사했다. 그는 도시 변두리로 가지 않고서는 조선인을 거의 찾아볼 수 없다고 기록했으며, 조선인 거리는 불결하고 흙집이 많았던 반면, 일본인 거주지는 영사관을 중심으로 우아한 백색 건물이 들어서고 환경이 깨끗했다고 전한다. 호러스 알렌이 언급한 백색 건물은 1879년 관수왜관(館守倭館)을 허물고 새로 지은 서양식 건물이었다. 즉, 개항 후 서양인들이 처음 접한 부산은 이미 일본인들이 장악한 공간이었으며, 이로 인해 부산의 첫 모습은 서양인의 기대와 크게 달랐다.[130]

---

129) 윤광운, 김재승, "부산해관(1883~1905)에 관한 무역사적 연구," 「무역학회지」 제31권, 제1호 (2006), 214. 부산시, 『2013 부산학 연구』 (부산발전연구원 부산학연구센터, 2013), 174. 이상규의 또 다른 글에서 헌트는 1885년 10월 입국하여 서울에서 근무했다. 그러던 중 부산으로 왔다. 사실 헌트는 부산이 아니라 평양을 가보고 싶어 했다.그래서 아펜젤러와 동행한 것으로 보인다. 헌트가 기독교 신자였던 것은 분명하다. 2018년 5월 25일 기독교 신문 이상규, 고신대학교

130) H.N. 알렌, 김원모 완역, 『알렌의 일기 (舊韓末 激動期 祕史)』 (단국대학교출판부, 2017), 22-23.

그럼에도 호러스 알렌과 맥켄지 같은 초기 선교사들은 부산에서 예수 그리스도를 통한 희망과 기쁨, 안식을 발견하기를 기도하며 선교적 사명을 다짐했다. 초기 선교사들은 열악한 환경과 질병, 가족의 사망 등 어려움을 겪었지만, 선교의 목적과 신앙적 동기가 이를 극복하게 했다. 예를 들어, 호주 출신 헨리 데이비스와 캐나다인 로버트 하디는 풍토병과 열악한 생활환경으로 고난을 겪었으며, 맥켄지 부인은 도착 3개월 만에 사망했고, 베어드의 딸 또한 어린 나이에 세상을 떠났다.[131]

초기 선교사 베어드는 부산의 지리적 위치를 상세히 기록하며, 한국 남동쪽에 위치하고 있으며 미국 테네시주 멤피스와 거의 같은 위도임을 언급했다. 그는 부산을 세계에서 가장 훌륭한 항구 중 하나로 평가하며, 특히 영도를 중심으로 항구가 바다로부터 자연 보호를 받는 점을 강조했다. 맥켄지는 초기 부산의 열악한 환경—돌과 진흙, 더러운 도랑, 구경꾼, 공허한 여성들의 표정에도 불구하고 부산을 "희망과 기쁨과 안식"의 도시로 기록하며 선교적 가능성을 강조했다.[132]

---

131) 유승훈 지음, 『부산의 탄생, 대한민국의 최전선에서 거센 물살을 마중한 도시』, 220-223.
      부산에 대한 첫인상은 내 기억에서 지워버릴 수가 없다. 돌과 진흙으로 만든 나지막한 담과 짚으로 엮은 지붕과 좁은 골목길은 독특했다. 그것은 낯선 사람들 눈에는 설명할 수 없을 정도로 끝도 없이 꼬불꼬불하게 돌아 구부러진 것이다. 때로는 길옆에는 더러운 도랑이 있고 한 번에 한 명씩만 갈 수밖에 없다. 길에서 멈추게 되면 누더기 걸친 지저분한 구경꾼들이 우리를 보러 몰려온다. 얼마나 불쌍하고 희망이 없고 버려진 가엾은 얼굴들인가! 희망이 없는 공허한 여성들 표정은 마음을 아프게 한다. 어서 예수그리스도 안에서 발견할 수 있는 희망과 기쁨과 안식을 말해주고 싶은 마음뿐이다. 헬렌 맥켄지 지음 김영동 옮김, 『호주선교사 맥켄지의 발자취』 (대한기독교서회, 2006), 194-195.
132) 우리가 본 최초의 한국 마을은 부산이야, 아마도 앞으로 우리가 정착할 곳으로 판단되는 곳이지. 부산은 한국의 남동지역에 있다, 위도상으로 미국 테너시주 멤피스와 거의 같은 위치에 있어 부산은 아마도 세계에서 가장 훌륭한 항구들 중 하나를 가지고 있고 아일랜드(영도)에 의해 확 트인 바다로부터 보호를 받고 있지, 이곳은 약 2~3천 명의 일본 거류민이 사는 마을인데, 그 주변에는 한국인이 사는 여러 개의 마을과 도시가 있어, 한국의 내륙 지역으로부터 부산으로 오는 도로가 있어, 그곳은 한국인들과 일본인들에게 중요한 무역항으로 급속하게 성장하고 있어, 배들이 매일 부산항으로 들어와 외국산 물건들을 들여오고 쌀, 콩, 가죽, 인삼, 금, 닭 등을 싣고 나가지, 높고 황량한 언덕들이 한국인 마을들

호러스 알렌은 장로교 의료선교사로 1883년 중국 상해로 파송되었으나, 당시 중국에서 서양인에 대한 배척이 심화되자 장로교 본부에 조선 파송을 요청했다. 조선은 종교의 자유가 보장되지 않았기 때문에 호러스 알렌을 선교사로 공식 초청할 수 없었으며, 미국은 그를 무급 의사로 내정 임명하여 조선으로 초청했다.[133]

한국교회사에 따르면, 호러스 알렌은 1884년 9월 22일 서울에 도착하여 영국 및 미국 공사관 부속 의사 신분으로 활동을 시작했으며, 처음에는 자신의 선교사 신분을 외부에 밝히지 않았다. 그러나 탁지일은 호러스 알렌이 9월 14일 부산에 도착한 날 일기에서 기록한 첫인상을 강조하며, 조선 선교의 시작을 제물포가 아닌 부산에서 보아야 한다고 주장한다. 호러스 알렌이 기록한 부산은 "훌륭한 항구이나 전기와 편의시설이 부족한 도시"이었다.[134]

서양인 선교사들에게 부산은 조선으로 들어가는 관문 역할을 했다. 일본의 첫 항구 도시 나가사키는 개항과 동시에 많은 서양 선교사와 어학당 활동이 이루어졌으며, 젊은 사무라이와 유학자들이 서양 어를 배

과 일본인 마을들의 뒤쪽에 놓여 있지만, 언덕을 넘어가면 비옥한 논들과 한국에서 가장 인구밀도가 높은 지역이 있어, 두 번째 부산을 방문했을 때, 그곳에서 내륙으로 10마일을 걸어갔던 길은 일본 군대가 여러 차례 오갔던 길로, 야산에는 전투의 흔적들이 남아 있더군, 수백만 명의 사람들이 모여 사는 이 지역 내에 개신교 선교사는 단 한 명도 없는 상태야, 내가 그곳으로 파송되면 내 사역은 주님의 이름도 모르는 민족에게 그리스도를 처음으로 전파하는 일이 될 거야. 이상규, 『부산경남 기독교 전래사』, 102.

133) 1884년 9월 22일 제물포 도착. 민경배. 『韓國基督敎敎會史』 (대한기독교출판사, 1982). 148-149.

134) 그의 9월 14일자 일기에서 부산(釜山) 산(山)을 소개하고 있다. H.N. 알렌, 김원모 완역, 『알렌의 일기 (舊韓末 激動期 祕史)』, 22-23. 조선예수교회사기(朝鮮耶蘇敎史記)에 따르면, "1893년에 장로교선교 공의회가 기독교가 아조선(我朝鮮)에 내한(來韓)한지 십년에 미만하야"로 기록하고 있다. 조선예수교 장로회사기는 기독교가 조선에 들어온 시기를 알렌의 입국에 근거하고 있다. 조선예수장로회, 『조선예수교장로회사기』 (서울: 조선기독교 창문사, 1928), 9.

우기 위해 모였다.[135) 아펜젤러는 3월 28일 나가사키 선교부 소속 Long 형제와 Kitchen 형제를 만나 조선 상황을 청취하고 고민한 후, 아내와 함께 3월 31일 부산으로 향하는 배에 올랐다. 그는 고토열도와 대마도를 거쳐 4월 2일 오전 8시 15분 부산에 도착했다.[136)

부산항에 도착한 아펜젤러는 세관장 로바트를 만나고, 약 3마일 정도 걸어서 부산 마을을 탐방하며 "언젠가 거룩한 땅"에서 쟁기질하는 농부들의 모습을 상상했다. 이후 그는 제물포를 거쳐 서울로 이동했으나, 갑신정변(甲申政變)의 후유증으로 정세가 불안정하자 잠시 나가사키로 돌아가고, 6월 20일 재입국했다. 아펜젤러는 이후 17년간 조선에서 교육 선교와 성경 번역에 헌신하였으며, 목포로 향하던 중 군산 앞바다 충돌 사고에서 구출 활동 중 탈출하지 못하고 사망했다. 이만열은 아펜젤러를 "한 선교사이자 기독교 지도자로서 가장 깨끗한 이름을 남긴 인물"로 평가했다.[137)

---

135) 다나카 게이스케(田中 啓介)는 "長崎における幕末·明治初期のアメリカ人宣教師(나가사키 막부말기, 메이지 초기 미국인 선교사)"를 통해 나가사키는 쇄국의 시대 때부터 중국어, 네덜란드어, 영어 등을 배우기 위해 모이는 사람이 많았다. 나가사키는 개항과 동시에 서양인과 서양인 선교사들이 많았다. 田中 啓介, "長崎における幕末·明治初期のアメリカ人宣教師," 『ヴァーベックとスタウトー日本英学史研究』 巻15号 (1984): 47-56.

136) 앞쪽으로 남쪽에는 작은 한국 마을이 있다. 집의 벽돌은 진흙으로 높이가 8자 정도이고, 지붕은 이엉으로 엮여져 있다. 집집마다 모두 지붕과 똑같이 짚으로 덮여 있는 담이 둘러싸고 있는데, 집 모양이나 색깔이 땅과 흡사해서 처음에는 마을을 알아볼 수 없었고 마을이 얼마나 큰지도 헤아릴 수 없었다. 조금 뒤 오른쪽에는 다른 마을이 있는데, 헐벗은 산의 경사를 따라붙어 있는 것이 사람이 사는 집이라기보다는 오히려 큰 벌집처럼 보였다. 마을을 발견 한데 힘입어서 계속 살펴보니 북쪽 해안을 따라 두 개의 마을을 더 찾아낼 수 있었다. 이만열, 『아펜젤러-한국에 온 첫 선교사-(특집-한국을 사랑한 서양인)』 (연세대학교 출판부, 1985), 14-15.

137) 이제 막 결혼한 신혼에게 갑신정변 이후의 조선은 큰 부담이 되었던 것 같다. 그들은 어쩔 수 없이 4월 10일 나가사키로 돌아갔다가 6월 20일 다시 돌아왔다. 위의 책, 14-15.

[3] 부산의 초기 상주 선교사들

조선에 처음 들어온 선교사가 호러스 알렌(Horace Allen)이라면, 부산에 상주한 첫 개신교 선교사는 1889년 7월 부산에 도착한 캐나다인 제임스 게일(James Gale, 1863-1937)이다. 게일은 1891년 봄 미국 북장로교 선교부로 이적하기 전까지 부산에서 사역했다. 그는 은퇴 후 부산에서 있었던 초기 사역 경험을 회고하며, 당시 부산 선교의 현실과 어려움을 기록했다.[138]

게일에 이어 부산에 상주한 선교사는 로버트 하디(Robert Hardie, 1865-1949)였다. 하디는 부산에 도착한 최초의 의료선교사로, 본래 목적은 게일과 함께 사역하는 것이었다. 그러나 하디가 부산에 도착했을 때 게일은 이미 부산을 떠난 상태였다. 하디는 독립선교사로 부산에 남기로 결심하며, 초기에는 해관장 헌트의 도움으로 가족과 함께 영도 피병원에서 거주했다. 이후 환경이 열악하고 재정적 문제가 심각해 초량 일본인 가옥으로 이사하며 생활 기반을 마련했다.[139]

하디가 영도에 머물던 시기에, 호주 빅토리아장로교(Presbyterian Church of Victoria, PCV) 소속 제임스 맥카이(James H. Mackay) 목사 부부와 장로교 여선교회 연합회에서 파송한 세 명의 미혼 여성 선교사들이 부산에 도착했다. 이들은 헨리 데이비스의 사망 이후 2년 만에 호주에서 파송된

---

138) 나는 1889년 8월 부산으로 가서 1890년 6월까지 그곳에 머물러 있었다. 부산에 있는 동안 대구와 경주를 방문했다. 호주 출신 데이비스가 나와 합류하기 위하여 1890년 4월 부산으로 왔다. 그는 여행 중에 천연두에 감염되어 부산도착 다음날 사망했다. 1890년 6월에는 부산에 있는 세관장 J.H 헌트의 딸을 치료하기 위해 당시 국왕의 주치의인 헤론이 부산으로 왔는데, 서울로 돌아가자는 그의 극진하고 간절한 초청을 받고 나는 1890년 6월 서울로 돌아갔다. 이상규, 『기억과 추억의 역사: 부산지방에서의 초기 기독교』, 59.

139) 이상규, 『부산지방 기독교 전래사』, 37-43.

선교사들이었으며, 초기에는 거처가 없어 하디의 집을 임시 거처로 사용하며 함께 생활했다.[140]

비슷한 시기 미국 북장로교 선교부 소속 베어드도 부산에 도착했다. 이들은 해관장 헌트의 도움으로 일부는 영선고개에 토지를 매입하고 주거지를 마련하였으며, 호주 여성 선교사들은 부산진에 한옥을 구입하여 본격적인 사역을 시작했다. 이를 통해 부산에 외국인 거주지와 선교 기반이 형성되었고, 초기 개신교 선교사들의 사역은 체계적인 주거와 협력을 바탕으로 진행될 수 있었다.[141]

부산의 첫 선교사들

이상규는 부산에 기독교 선교사가 처음 도착한 것을 1592년 임진왜란 시기로 보고 있다. 이때 조선을 찾은 예수회 신부 세스페데스(Gregorio de Cespedes, 1551~1611)를 부산에 온 최초의 선교사로 설명한다. 세스페데스는 일본 선교를 담당하던 예수회 소속으로, 조선에 오기 전부터 이미 조선에 대한 정보를 접하고 있었다. 일본에 복음이 전해진 1549년 이후 조선 소식은 로마까지 알려져 있었으며, 세스페데스의 조선 방문은 그로부터 약 40년 뒤 이루어진 것이었다. 그러나 그의 방문은 전쟁 상황에 따른 일시적 파견이었고, 조선에서 지속적인 선교 활동으로 이어지지는 못했다.[142]

---

140) 이상규, 『부산지방 기독교 전래사』, 61-63.
141) 류대영, 『초기 미국 선교사 연구』 (서울; 한국기독교역사연구소, 2013), 27.
142) 이상규, 『기억과 추억의 역사: 부산지방에서의 초기 기독교』, 17-21.

근세기 부산·경남 지역에서 복음 전도의 첫 시도는 스코틀랜드 성서공회가 추진한 성경 반포 사업이었다. 요코하마 주재 총무 톰슨(J. A. Thomson)은 1884년 4월 부산과 원산 등을 순회 답사한 후, 조선 성경보급소 설치를 목적으로 부산에 입국했다. 이 사역에는 일본인 미우라(三浦)와 스가노(菅野) 부부가 동참하였고, 성경 보급 사업은 비교적 성공적으로 진행되었다. 이로써 스코틀랜드 성서공회 나가사키 지부는 부산 지역에 복음을 전한 최초의 기독교 기관이 되었다.[143]

영국 성공회 소속 존 월푸(John R. Wolfe, 1832~1915)는 53년간 중국에서 활동한 탁월한 선교사였다. 그는 건강상의 이유로 휴양 차 일본 나가사키를 방문하였고, 1884년 10월 24일 부산에 잠시 머물렀다. 이후 그는 호주 CMS(Church Mission Society)의 부분적 지원을 받아 1885년 중국인 전도자 두 명과 함께 다시 부산을 찾았다. 월푸의 부산 방문은 호주 선교사 헨리 데이비스(Henry Davies, 1856~1890)의 파송을 촉구하는 계기가 되었다.[144]

호주 빅토리아장로교회(PCV)는 부산과 경남 지역 선교를 위해 헨리 데이비스를 파송했다. 그는 누이 메리 데이비스(Mary T. Davies, 1853~1891)와 함께 조선을 향했으며, 전도의 목적은 단순하고 분명했다. "만나는 사람들에게 복음을 전하는 것"이었다. 데이비스는 1889년 10월 2일 부산항에 도착하여 잠시 머문 뒤 서울로 올라가 언어 훈련을 받았다. 그러나 1890년 3월, 복음을 전하며 육로로 부산에 내려오던 길에 무리한 여정으로 천연두에 걸렸고, 부산 도착 다음 날 순직했다. 그는 부산을 처음

---

143)　이상규, 『부산지방 기독교 전래사』, 24-29.
144)　이상규, 『부산지방 기독교 전래사』, 30-34.

부터 전략적 선교지로 선택한 최초의 선교사였으나, 사역의 뜻을 이루지 못한 채 생을 마쳤다.[145]

부산에 처음 상주한 개신교 선교사는 1889년 7월 도착한 캐나다 출신 제임스 게일(James Gale, 1863~1937)이었다. 그는 서울에서 활동하던 중 선교사들 간의 갈등, 이른바 "내부의 내란(Civil War)"을 피하기 위해 부산으로 내려왔다. 게일은 당시 상황을 "침례교의 폭탄, 감리교의 지뢰, 장로교의 총알과 포탄"이라는 전쟁 용어로 묘사하며 교단 간의 첨예한 대립을 비판했다. 그의 사역 방향은 현지화에 있었으며, 조선의 언어와 역사를 존중했다. 그러나 헨리 데이비스의 죽음을 경험한 후 사역의 한계를 절감했고, 때마침 세관장 헌트(Jonathan Hunt)의 딸이 콜레라에 걸리자 이를 돕기 위해 내려온 펜윅(Malcolm Fenwick)의 권유로 서울로 돌아갔다가 원산으로 이동하게 되었다. 이로써 게일의 부산 체류는 짧게 끝나게 되었다.[146]

게일이 부산을 떠난 후, 또 다른 캐나다인 선교사 로버트 하디(Robert Hardie, 1865~1949)가 부산에 도착했다. 하디는 미국 부흥운동의 영향 아래 선교에 헌신하였으며, 1890년 내한 당시 제중원 공백을 메우며 6개월

---

145) 데이비스의 죽음은 호주교회로 하여금 한국선교에 대한 새로운 인식을 심어 주었다. 그래서 더욱 한국선교를 후원하기로 하고, 다시 맥케이(James H. Mackay, 맥목사)목사 부부와 3명의 미혼 여선교사, 곧 멘지스(Belle Menzies, 민지사), 페리(Jean Perry), 퍼셋(Mary Fawcett, 맥부인) 등 모두 5명의 2진 선교사를 파송했다. 하지만 그 3개월 후인 1892년 1월 맥케이 선교사의 부인 사라(Sara)가 폐렴을 이기지 못하고 세상을 떠났다. 호주장로교회의 두 번째 희생이었다. 사라의 유해는 부산 앞바다가 굽어보이는 복병산 데이비스 무덤 옆에 안장되었다. 이상규의 글을 인용한 기독신문 송현강의 기사이다. 송현강, 「주간기독신문」 https://www.kidok.com. 2024년 4월 23일 접속.
146) 유영식, 『착한목자 게일의 삶과 선교 2』, 304-311. 이상규는 당시 베어드가 봤던 언더우드와 마펫(Samuel A. Maffett, 1864-1939) 선교사의 성격에 대해서 다음과 같이 묘사 했다. "언더우드가 자신의 혈기와 열정에 덧붙여 마펫처럼 진실된 마음과 균형 잡힌 사고방식을 가진다면 정말 좋겠는데" 이상규, 『부산지방 기독교 전래사』, 184.

간 의료 활동을 수행했다. 이후 부산으로 내려온 그는 독립선교사로 활동했으나, 생활비는 연간 750달러에 불과하여 재정적으로 어려웠다. 그나마 해관원 헌트의 도움으로 영도의 피병원에서 거주할 수 있었으나, 여건이 열악해 초량 일본인 가옥으로 이주했다.[147]

하디는 의료 활동과 복음 전도를 병행했으나, 초기에는 생계유지를 위한 검역관 업무가 중심이었다. 그럼에도 불구하고 그의 부산 생활은 훗날 원산 사역과 1903년 원산 부흥, 1907년 평양 대부흥운동의 불씨를 준비하는 과정이 되었다. 탁지일은 "부산에 내려온 하디의 삶이 결코 쉽지 않았을 것"이라고 평가했다. 독립선교사로서 다른 선교사들에 비해 경제적 지원비가 넉넉하지 못했다. 경제적인 부분에서는 1891년 부산에온 영국인 해관원 헌트(Jonathan Hunt)의 도움으로 지금의 영도에 있던 피병원에서 일시 기거할 수 있었다. 그의 부산에서의 고난은 한국교회 부흥운동을 여는 인내와 끈기의 기반이 되었다.[148]

미국 북장로교 역시 서울 외에 부산을 중요한 거점으로 보았다. 당시 대부분의 선교사가 서울과 평양에 집중되어 있었기 때문에, 선교부는 부산 선교를 담당할 인물로 베어드(William M. Baird, 1862~1931)를 파송했다. 그는 호러스 알렌과 헌트의 도움으로 1891년 영선고개에 약 100야드의 토지를 매입하고 선교관을 세운 뒤 본격적인 순회 전도를

---

147) 이덕주, 『영의 사람 로버트 하디』, 58.
148) 에디스커·조지 앤더슨, 양명득, 『호주장로교 한국선교역사 1889~1941(호주빅토리아장로교회 한국선교 공식 보고서)』(동연, 2017), 50. 하디는 부산에서의 활동보다 원산에서의 선교 활동에 대해서 매우 긍정적이었다. 자연 환경적으로는 자신의 고향과 유사했다. 무엇보다 같은 지역 출신의 선교사들 간의 관계가 그에게 가장 큰 위로가 되었다. 그의 보고에도 하디는 부산에서와 같이 선교사들끼리 '경쟁'하지 않아서 좋았다고 했다. 맥길(McGill, William. 1859-1918)은 시약소를 함께 쓰자고 선뜻 내주겠다고 했다. 부산에서 하디가 얼마나 어려운 형편에 있었는지 다시 한 번 볼 수 있는 내용이다. 위의 책, 115.

시작했다.[149)]

베어드는 미국 서부 개척의 경험을 바탕으로 선교를 전개하였고, 1896년 보고에 따르면 영선고개를 거점으로 279일 동안 8차례에 걸쳐 약 1,000마일을 순회하며 김해, 진주, 동래, 울산, 밀양, 대구, 상주, 안동, 경주 등 경상도와 전주, 목포 등 전라도 지역까지 복음을 전했다. 그의 사역은 결국 대구 지부 설립으로 이어졌다.[150)]

부산의 초기 개신교 선교는 임진왜란 시기 예수회의 일시적 방문에서 비롯되었으나, 19세기 후반 스코틀랜드 성서공회의 성경 보급 사업과 영국·호주·캐나다·미국 선교사들의 파송을 통해 본격화되었다. 데이비스의 순직, 게일의 체류와 이탈, 하디의 고난 속 인내, 베어드의 순회 전도는 모두 부산 선교사의 형성과 확산에 중요한 전환점이 되었다. 이러한 초기 선교사들의 경험과 헌신은 부산을 거점으로 한 한국 개신교 확산의 기초가 되었다.

부산선교와 선교지역 분담 정책

부산은 조선 후기 개항과 함께 동아시아의 중요한 교통·무역 거점으로 부상했다. 특히 일본과 가장 가까운 지역적 특성은 부산을 조선의 대표적 국제항으로 자리매김하게 했다. 이러한 부산항의 지리적·전략적

---

149) 1892년 5월 6일 편지에서 "지금은 5월인데, 우리는 아직 이사를 완전히 하지 못한 상태"라고 기록하고 있다. 조선에서 새로운 개척지를 시작하는 그들의 첫발이 쉽지 않았다는 것을 볼 수 있다. 이상규, 『부산경남 기독교 전래사』, 130-136.

150) 이상규는 베어드가 1895년까지 만 4년간 부산에서 일하고 대구지부로 이동하였고, 후에는 서울지부를 거쳐 평양으로 이사했다. 그러나 베어드의 편지를 보면 1896년 2월까지의 편지가 부산에서 기록한다. 대구에 새롭게 거점을 형성할 때까지 가족과 함께 부산에 왕래했던 것으로 보인다. 위의 책, 137-141.

중요성은 초기 개신교 선교사들에게도 크게 주목되었다. 미국북장로교는 부산을 "조선의 관문"이자 "조선 선교의 교두보"로 인식하였고, 이에 따라 부산은 서울과 평양에 이어 중요한 선교지로 선정되었다.[151]

미국 북장로교는 1891년부터 1914년까지 약 23년간 부산 지역에 21명의 선교사를 파송했다. 이들 중 베어드(W. M. Baird)는 부산과 경상도 전역을 순회하며 교회를 개척하고 사랑방을 거점으로 복음을 전파했다. 그의 순회전도는 "현지 탐사와 전도 여행"으로 불리며, 지역 주민과 직접 접촉하여 생활과 정서를 이해하는 데 기여했다.[152]

북장로교는 선교의 중요한 축으로 교육을 강조했다. 미션스쿨 설립은 복음의 토착화를 위한 전략이었으며, 조선인 지도자 양성을 목표로 했다. 이러한 교육 선교 정책은 훗날 부산과 경남지역 기독교 공동체의 성장에 큰 기여를 했다.[153]

북장로교는 의료선교에 또 다른 한 축을 강조했다.1891년 부산에 도착한 휴 브라운(Hugh Brown)은 최초의 의료 선교사였으나, 결핵으로 귀국 후 1898년 뉴욕에서 사망했다. 뒤이어 1894년 도착한 어을빈(Charles H. Irvin, 1869~1933)은 1911년까지 부산에서 활동하며 정킨병원을 설립했다. 병원 운영은 기도로 시작되었고, 약 포장지와 의료용품에는 성경구절이 인쇄되어 간접 복음 전파의 도구로 활용되었다.[154]

---

151) 베어드가 1891년 2월 9일 서울에서 있는 존에게 보내는 편지에 언더우드와 함께한다. 김인수, 『언더우드 목사의 선교편지』 (장로회신학대학교 출판부, 2002), 212.
152) 정병준 "한호선교 120주년 기념 학술세미나", 「부·경교회사 연구」 제24호 (2010): 25.
153) 박창식, "미국 북장로 교회의 대구·경북 지방 초기 선교," 「부경교회사연구」 제8호 (2007): 66.
154) 어을빈은 선교사직을 사임하고 동광5가 영선고개에 '어을빈 의원'을 개원하고 만병통치약인 '만병수'를 개발하여 의사로서 명성을 얻었으나 여러 기행을 세인의 뒷담화가 되었다. 이상규, 『기억과 추억의 역사: 부산지방에서의 초기 기독교』, 190.

1903년 이후 북장로교는 감리교 및 남장로교와의 협의를 거쳐 선교지 분할 정책을 시행했다. 이에 따라 1914년 부산과 낙동강이남 지역은 호주장로교에 이관되었으며, 북장로교 선교사들은 서울과 경상북도 지역으로 이동했다. 이로써 부산 지역의 북장로교 선교는 일단락되었다.[155]

호주빅토리아장로교회의 첫 파송 선교사 헨리 데이비스(Henry Davies)는 1890년 부산으로 향하던 중 병으로 사망했다. 그의 죽음은 오히려 호주 교회를 자극하여 제2진 선교사 5명을 추가 파송하게 만들었다. 이들은 1891년 부산에 도착하여 본격적인 사역을 시작했다.[156]

초기 호주 선교사들은 대부분 여성이었기에 사역의 초점은 고아원, 여성 교육, 복지에 맞추어졌다. 그들은 조선인 마을에 거주하며 친근한 관계를 형성했다. 1895년 부산 최초의 여성 교육기관인 일신여학교를 설립했다. 일신여학교는 근대식 여성 전문학교의 기초가 되었으며, 이후 3·1운동의 발상지가 되었다.[157]

호주 선교회에 유일한 남성 선교사였던 맥켄지(James Mackenzie, 1865~1956)는 목회자이자 의사로서 나병환자들을 돌보는 사역을 펼쳤다. 그의 두 딸 또한 한국전쟁 시기 부산으로 돌아와 의료 봉사를 이어갔다. 전후 좌천동에 일신기독교병원을 세워 지역 의료 선교의 전통을 이어갔

---

155) 호주선교회가 선교분담을 받을 당시 그 지역에 101개의 교회와 모임이 있었으며, 1,887명의 성인 세례자와 3,816명의 신자들이 있었다. 에디스커·조지 앤더슨 지음, 양명득 편역, 『호주장로교 한국선교 역사 1889-1941 "호주빅토리아장로교회 한국선교 공식보고서"』(동연, 2017), 53.
156) 이상규. 『부산지방 기독교 전래사』, 61-63.
157) 11892년 호주의 개척적인 여성 선교사 멘지스와 페리는 교육의 씨앗을 심었는데 이것이 나중에 부산의 첫 여자들을 위한 학교가 된다. 에디스 커, 조지 앤더슨 지음, 양명득 편역, 『호주장로교 한국선교 역사 1889-1941 "호주빅토리아장로교회 한국선교 공식보고서"』, 79-81.

다. 이는 부산에 남은 중요한 기독교 유산으로 평가된다.[158]

언어 능력이 뛰어났던 엥겔(Gelson Engel, 1864~1939) 선교사는 복음을 전하며 교회를 설립했다. 후에는 평양신학교 교수로 봉직하며 신학 교육에 기여했다. 호주장로교는 해방 이후까지 약 78명의 선교사를 부산·경남 지역에 파송하여 교육, 의료, 전도 사역을 활발히 전개했다. 거창 지역에서는 어린이 선교, 주일학교, 여름성경학교 등을 통해 지역 교회의 성장을 도왔다.[159]

부산은 미국북장로교와 호주장로교 모두에게 조선 선교의 전략적 요충지였다. 북장로교는 23년간 순회전도, 교육, 의료 선교를 통해 선교의 기초를 마련했다. 선교지 분할 정책 이후 그 사역은 호주장로교로 이관되었다. 호주 선교사들은 여성 교육과 의료 사역에 주력하여 지역 사회의 변화를 이끌었다. 일신여학교와 일신기독교병원은 그 대표적 성과라 할 수 있다.

이처럼 초기 선교사들의 활동은 단순한 복음 전파를 넘어 부산과 경남 지역 사회의 교육, 의료, 복지 체계를 형성하는 데 기여했다. 특히 여성과 아동, 사회적 약자에 대한 관심은 한국 기독교 선교의 인도주의적 전통을 확립하는 계기가 되었다. 따라서 부산은 한국 기독교 선교사 연구에서 반드시 주목해야 할 중요한 지역이라 할 수 있다.[160]

---

158) 정춘숙, 『맥켄지가의 딸들 매혜란·매혜영 선교사를 기리며』 (일신기독병원 총동문회, 2012), 68-70.
159) 정춘숙, 『맥켄지가의 딸들 매혜란·매혜영 선교사를 기리며』 (일신기독병원 총동문회, 2012), 68-70.
160) 이상규, 『부산지방 기독교 전래사』, 83-91.

<표 3> 호주선교회 5개 선교지부

선교지부	설치	관할지역
부산진	1891	부산, 초량, 동래, 울산, 언양, 양산, 김해, 밀양, 창녕, 기장, 울릉도
진주	1905	진주, 사천, 곤양, 하동, 남해, 삼가, 산청, 의령
마산	1911	마산, 함안, 칠원, 창원
통영	1913	통영, 거제, 고성, 진해, 용남(통영군)
거창	1913	거창, 안의, 함양, 합천, 초계

〔그림 12〕호주선교회 5개 선교지부 영역

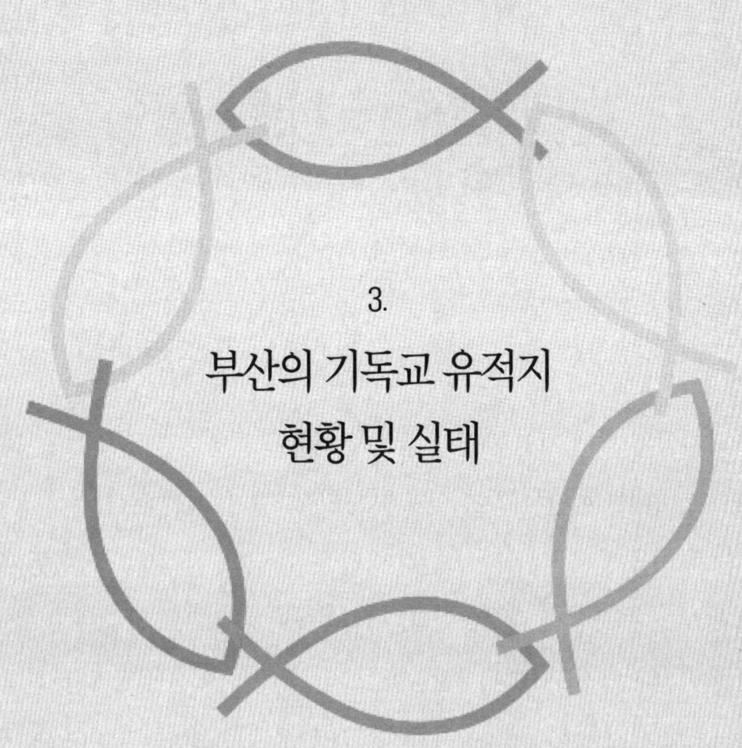

3.
부산의 기독교 유적지 현황 및 실태

부산의 기독교 유적지 현황 및 실태

탁지일은 "부산지역 개신교 유적지 개발과 활용은 가톨릭보다 상대적으로 미미한 형편"이라고 설명한다. 그렇다면 이러한 현실 속에서 우리는 무엇을 할 수 있을까 고민하지 않을 수 없다. 김대래가 말했듯, 개항기 부산은 조선의 관문이었다. 서양인들이 처음으로 만나는 조선의 얼굴이었다. 탁지일 또한 부산항을 초기 선교사들이 서울을 비롯한 타지역으로 가기 위해 반드시 거쳐야 하는 경유지로 설명한다. 이는 곧 모든 서양인들과 선교사들이 이유여하를 막론하고 부산을 통과해야 했음을 의미한다. 이처럼 부산은 근대 역동의 역사를 품은 항구도시였다. 이곳에서 첫 선교의 흔적과 열매를 찾는 일은 매우 의미 있는 작업이라 할 수 있다.[161]

헨리 데이비스(Henry Davies, 1856-1890)가 부산을 선교지로 삼은 이유 중 하나는 일본과의 지리적 근접성이었다. 월푸 선교사의 보고서에는 "부산 사람들이 정중하게 받아주었다", "부산에서도 조급하지 않고 인내하면서 주님께서 일하실 것을 기대해야 한다.", "부산 인근 지역은 인

---

161) 김대래, 『부산학논총 2013 - 개항기 서양인의 눈에 비친 부산』 (부산발전연구원 부산학연구센터, 2013), 146-147.

구가 밀집된 지역이므로 호주 교회가 독자적인 선교사를 파송하여 사역을 시작할 수 있는 주요 거점”이라는 기록이 남아 있다.

부산은 일본과 가까운 지리적 특성 때문에 임진왜란 이전부터 수탈과 침략의 표적이 되어 왔다. 개항기에도 일본은 부산 어민들의 어업권을 빼앗고 자갈치를 조성했다. 초량왜관에 제일은행을 세워 경제적 침탈을 본격화했다. 나아가 동양척식주식회사를 설립하여 조선의 문화와 곡식, 심지어 사람까지 수탈했다. 기독교 유적지를 연구하며 가장 안타까운 점은 이야기는 남아 있으나 정작 그 장소와 건물은 대부분 사라졌다는 사실이다. 우리의 아픈 역사를 지우는 것이 아니라, 오히려 보존하고 되새겨야 할 이유가 여기에 있다.[162]

한국 기독교 초기 역사 역시 제물포와 서울 중심으로 기록되어 있다. 그러나 이제는 지역 교회 중심의 역사로 확장시킬 필요가 있다. 이미 광주와 대구는 이러한 시도를 시작했고, 광주는 호남신학대학교를 중심으로 양림동을 호남 기독교 발상지로 자리매김 시켰다. 대구 역시 지역 교회사를 기반으로 기독교 역사 보존에 힘쓰고 있다. 이러한 사례는 부산 기독교 유적지 개발에 좋은 모델이 될 수 있다.

이상규는 헨리 데이비스 사후 부산을 찾은 제2진 호주 선교사들, 특히 여성 선교사들의 활동을 주목한다. 은둔의 나라 조선에 여성의 몸으로 들어왔다는 사실은 당시로서는 놀라운 헌신이었다. 부산에는 이처럼 선교사들의 이야기가 담긴 장소가 많이 있으나, 탁지일의 지적처럼 역사적 의미에 비해 개발은 여전히 미미하다.

---

162) 구 부산세관건물과 부산역은 지금 소실되고 없다. 송정숙, “개항장으로서의 부산항과 기록”, 『한국기록관리학회지』, 273-297.

선교 초기 부산에서 사망한 선교사들의 가족은 복병산에 묻혔으나 지금은 그 흔적조차 찾기 어렵다. 미국 북장로교와 일부 호주 선교사들이 영선고개를 중심으로 외국인 거류지를 형성했다. 오늘날 영선고개 어디에서도 그 흔적을 볼 수 없다. 선교사들이 임시로 거주했던 영도의 피병원 역시 주소만 남아 있을 뿐, 정확한 위치조차 알 수 없다. 결국 많은 기독교 유적지가 사람들의 기억 속에서 사라지고 만 것이다.

부산은 격동의 근현대사 속에 자리한 도시였다. 개항과 동시에 일제의 수탈을 경험했다. 해방 후에는 한국전쟁으로 분단의 아픔을 겪었다. 6·25전쟁은 수많은 이산가족을 만들었다. 그 상징적 장소로 지금도 40계단이 남아 있다. 동광동 주민센터 5층 박물관에 그 흔적이 보존되어 있다. 세상은 이렇게 장소와 사건을 기억하고 기록하지만, 기독교는 여전히 보존과 개발이 미미한 상태에 머물러 있다.[163]

초기에는 미국 북장로교 선교사들이 활동했으나, 이후 선교지 분담 정책으로 부산과 경남은 호주 선교회가 담당했다. 미국 북장로교는 부산을 철수하기 전까지 약 101개의 교회와 기도처를 세웠다. 6·25전쟁 당시에도 부산에는 수많은 교회가 세워졌고, 부산진교회와 초량교회는 초기 부산 기독교 역사와 함께하며 피난민들을 도왔다. 당시 교회의 구호 활동은 일신기독병원 설립으로 이어졌다. 병원은 지금도 선교적 가치와 기독교 유적지로서의 의미와 가치를 갖고 있다.

부산은 불교와 유교가 강세를 보인 지역이어서 사찰과 서원이 많다. 인구 대비 불교 신자는 30% 이상인 반면, 기독교 인구는 10~20%에 머

---

163) 탁지일, "부산지역 개신교 유적지 개발 및 활용방안 연구," 「한국기독교신학논총」 제76집, (2011): 77-95.

94

문다. 이러한 종교적 환경 탓에 기독교 역사 보존과 개발이 더디게 진행된 측면도 있다. 그러나 일본의 경우, 기독교 인구가 적음에도 불구하고 기독교 역사를 자국 역사 안에 편입시켜 가치를 높여왔다.[164]

부산 초기 선교를 담당했던 호주 선교회는 해방 전까지 78명, 해방 이후까지 포함하면 총 128명의 선교사를 파송했다. 그들이 남긴 교회, 학교, 병원은 근대 부산을 열어간 중요한 흔적이었다. 그러나 지금은 그들의 사진 한 장조차 보려면 창원에 있는 호주 선교사 120주년 기념관까지 가야 한다. 탁지일이 안타까워한 대로, 초기 기독교 역사가 부산을 단지 '경유지'로만 기억하고 있는 것은 심각한 문제다. 기착지이든 경유지이든 부산은 서양인들과 선교사들이 조선을 만난 첫 번째 현장이었다. 따라서 우리는 그들의 지나간 흔적을 의미 있게 보존하고 활용해야 한다. 한국 교회가 기억하지 않으면, 누구도 그들을 기억하지 않기 때문이다.[165]

(1) 선교의 흔적들

중구 광복동 1가에는 선교사들의 첫 기착지를 알리는 표지석(標識石)이 세워져 있다. 그러나 주말에 그곳을 찾아가 보면, 시민들의 쉼터가 되기보다 노숙인들의 쉼터로 방치되어 있는 경우가 많다. 교회는 단지 역사를 남기는 데서 그쳐서는 안 된다. 교회의 역사를 지키고 관리하는 일

---

164) 목회데이터연구소, "2023 한국인의 종교 현황" 기독교 통계(224호).
　　　http://www.mhdata.or.kr. 2024년 04월 26일 접속.
165) 탁지일, "부산지역 개신교 유적지 개발 및 활용방안 연구," 77-80.

또한 교회의 중요한 의무이다. 우리가 우리의 유산을 지키지 않는다면, 누구도 우리를 위해 그 자리를 보존해주지 않을 것이다.

초량교회 기념관 벽에는 과거 베어드 선교사 사택이 있었던 자리와 초량교회가 시작된 영선고개 외국인 마을 사진이 남아 있다. 1893년, 호주 제2진 선교사 맥켄지(McKenzie)는 영선고개 초량마을(외국인 마을)에 네 칸짜리 목조 가옥을 지었다. 그곳은 후에 예배당으로 사용되었다. 그러나 지금은 그 흔적조차 찾아볼 수 없다.[166]

또한 오늘날 한국교회가 거의 잊고 있는 중요한 흔적 중 하나가 바로 첫 선교사 헨리 데이비스의 무덤이다. 그 자리는 한때 호주 제2진 선교사 맥켄지 부인의 묘지와 베어드의 딸, 그리고 어을빈(Irvin) 선교사의 무덤이 있던 곳이었다. 그러나 지금은 정확한 위치조차 알 수 없다. 이상규와 탁지일은 그 장소를 현재의 남성여자고등학교 교정 부근으로 추정하고 있다.

하디(Robert Hardie)와 피병원(避病院)

선교사들이 부산에 들어왔던 시절, 영도에는 아직 다리가 놓여 있지 않았다. 그럼에도 불구하고 이곳 영도는 학생신앙운동(Student For Christ, SFC)이 시작된 발원지가 되었다. 한국 학생신앙운동의 출발점이 된 제1영도교회 앞에 작은 표지석(標識石) 하나라도 세워야 한다. 영도는 또한 평양대부흥의 기폭제가 되었던 로버트 하디(Robert Hardie)가 부산에서 거

---

166) 부산일보. "부산 최초로 설립된 초량교회". 2015년 6월 30일. 초량교회 120년사에서는 아담슨 선교사가 선교구역 분담정책으로 마산으로 옮기면서 교회는 1911년 폐쇄하고 교인들은 영선현교회로 병합했다고 기록했다. 후에 영선현교회는 영주동으로 이전하면서 교회 이름을 영주교회라고 정했다. 대한예수교장로회 초량교회, 『초량교회120약사 1892~2012』(대한예수교장로회 초량교회), 26.

주하며 머물렀던 피병원이 있던 곳이다. 그러나 지금은 그 위치조차 정확히 알 수 없다.

부산 최초의 근대식 병원인 재생병원과 정킨병원 역시 마찬가지다. 오늘날 그 역사적 장소들이 어디에 있었는지 조차 관심을 받고 있지 못한다. 이제 우리는 이 같은 유적들을 찾아내고, 적어도 작은 표지석(標識石) 세우기 운동부터 시작해야 한다. 더 나아가 단순히 "초기 기독교의 자리가 있었다."는 추상적 차원에 머무르지 말고, 그 흔적들을 연결하여 도보 순례길로 조성할 필요가 있다. 그렇게 한다면 단순한 기념을 넘어, 신앙 교육과 지역 문화유산으로 활용할 수 있는 귀중한 자산이 될 것이다.

부산은 한국 기독교 역사에서 결코 주변부가 아니었다. 부산이 품고 있는 선교의 발자취와 신앙의 흔적들을 찾아내고, 이를 "부산 신앙유산길"로 발전시켜 보존하는 일은 지금 우리에게 맡겨진 과제이다.

〔그림 13〕 한국 기독교역사의 출발점 표지석 광복동 (출처: 주간기독신문)

데이비스(Henry Davies)와 복병산

조선에 도착한 데이비스는 서울에서 머물며 사역 준비했다. 이상규는 언더우드가 데이비스의 성품을 매우 칭찬했다고 기록하고 있다. 서울에서 약 5~6개월을 머문 후, 1890년 3월 14일 그는 일부 문서와 약품을 준비하여 서울을 떠났다. 당시 3월의 추위 속에서 그는 수원과 경기도, 충남 공주, 충청도 일부 지역을 거쳐 경상도 남해안으로 이동하며 약 300마일의 내륙 여정을 진행했다. 이상규는 이 20일간의 도보 여행이 조선인 전도 경험을 위해 의도된 여정이었다고 설명한다.[167]

그러나 데이비스는 부산에서의 소망을 이루지 못했다. 1890년 4월 5일, 그는 폐렴으로 사망했다. 당시 그의 병은 천연두와 폐렴이 겹친 상태였다. 부산에 도착한 데이비스를 위해 제임스 게일(J. Gale)은 이창직과 함께 밤새 교대로 돌보았다. 게일은 1890년 5월 6일, 데이비스 누이에게 보낸 편지에서 그날 밤의 상황을 상세히 전했다.[168]

이상규에 따르면, 당시 부산에 체류하고 있던 캐나다 선교사 게일은 데이비스를 복병산(伏兵山)에 매장했다. 그는 데이비스의 죽음을 맞이하며, "건강하든지 병이 들든지, 살든지 죽든지 오직 하나님께 영광이 되게 하소서"라는 기도를 드렸다. 조선이라는 낯선 땅에서 오직 복음을 위

---

167) 이상규, 『부산지방 기독교 전래사』, 243-246.
168) 1890년 5월 7일 호주해외 선교위원회 회의록을 '발췌(拔萃)'한 내용은 다음과 같다. "생활 그리고 타인에 대한 자석과 같은 관계는 새로운 선교에 대한 성공의 희망을 가져왔다. 우리 주님은 데이비스를 스데반과 같이 일찍 부르셔서 쉬게 하고 상급을 주셨으며 그리고 우리는 희망을 표현하기를 다른 많은 이들도 이 사건으로 인하여 마음이 동요되어 성령을 체험하고 그의 노력을 본받아 먼저 떠난 형제에게 주어진 같은 영광의 관을 얻기를 소망한다." 에디스커, 조지 앤더슨 지음, 양명득, 『호주장로교 한국선교역사 1889~1941(호주 빅토리아장로교회 한국 선교 공식 보고서)』, 43-46.

해 헌신한 선교사들의 마음을 느낄 수 있는 장면이다.[169]

데이비스는 부산 복병산에 묻힌 첫 외국인 선교사가 되었다. 이후 복병산은 외국인 선교사 묘지로 사용되어 여러 선교사가 매장되었다. 1892년 1월 30일, 윌리엄 베어드(William Baird)의 편지에는 27일 소천한 맥케이(Mrs. Mackay) 여사의 사망 소식이 전해진다. 그녀는 조선 도착 3개월 만에 사망했고, 이로써 부산에는 두 개의 선교사 묘지가 형성되었다. 이후 복병산에는 호주 선교사 헨리 데이비스를 포함하여 총 9명의 외국인이 묻혔으며, 기록상으로는 4명의 선교사 가족만 신원이 확인된다.[170]

〔그림 14〕 호주 출신 데이비스 목사 등 서양선교사와 그 가족의 묘 9기가 있던 대청동 복병산 기슭. 돌보는 사람이 없어 폐허가 됐고 현재 남성여고 주차장이 들어섰다. "기독교 박물관을 부산에" (출처: 부산일보)

---

169) 이상규, 『부산지방 기독교 전래사』, 247.
170) 이 날짜의 편지에는 본인 부산으로 오는 것이 결정되었다는 내용도 함께 기록되어 있다. 김용진 옮김, 『윌리엄 베어드 편지 Ⅰ(1885~1897)』 (숭실대학교 한국기독교박물관, 2021), 113-114.

1894년 5월, 미국 북장로교 부산 개척자 베어드는 두 살 난 딸을 복병산에 묻었다. 1895년 11월, 호주 선교사 아담슨(Andrew Adamson, 1860~1915)의 부인 엘리자(Eliza Adamson, 1861~1895)는 내한 1년 6개월 만에 심장병으로 사망했다. 1935년에는 미국 북장로교 선교사 어을빈(Irvin Charles, 1869~1933)도 복병산에 묻혔다. 그러나 안타깝게도 1930년대 복병산 일대 개발로 묘역이 유실되었고, 현재는 그 흔적을 찾을 수 없다.

이상규에 따르면, 일제 강점기 복병산 일대가 개발되면서 선교사 묘지는 호주 선교부가 관리하던 좌천동 공동묘지로 이장되었다. 이후에도 좌천동 역시 도시 개발 과정에서 사라졌으며, 결국 선교사들의 묘지는 진주시 평거동으로 이장되면서 원래의 묘지 흔적은 완전히 사라졌다.[171]

(2) 선교의 열매들

이상규는 미국북장로교의 첫 부산 파송 선교사 베어드의 선교활동을 네 가지로 설명하고 있다. 그 첫 번째는 기독교 신자 가정을 찾아 이들을 보호하고 후원했다. 두 번째는 사랑방을 통해 지역 주민과 접촉한다. 셋째는 성경과 기독교 문서 복음을 통해서 문맹을 퇴치한다. 네 번째는 경상도 지역의 순회 전도여행을 통해서 지역 주민들과 광범위하게 접촉한다는 것이다. 이상규는 이 안에서 베어드의 순회 전도와 사랑방 전도를 큰 키워드를 삼고, 그의 활동 결과로 초량교회가 설립되었음을

---

171) 이상규, "복병산에 묻힌 사람들 부산에 묻힌 선교사와 그 자녀들," 「부·경교회사 연구」 제 24호 (2010): 60.

설명했다.[172]

특히 이상규는 사랑방 전도를 설명하면서 김해교회 설립자 배성두를 1893년 9월 11일자 일기에서 소개했다. 당시 베어드는 배성두를 만나 복음을 전하며 몇 권의 책을 전달했는데, 그중 한 권이 마태복음이었다. 배성두는 베어드를 만나 김해에서 스스로 교회를 개척했다. 당시 부산과 경남 지역은 여전히 유교 사상이 강한 곳으로, 서양 종교 문화를 받아들이기 어려운 시기였기에 배성두의 교회 개척은 매우 큰 도전이었다.[173]

베어드의 선교 전략은 사랑방 전도와 순회 전도에 집중되어 있었다. 그는 조선인들의 집 구조에서 사랑방을 파악하고, 그 안에 사람들을 모아 복음을 전했다. 그러나 그는 사랑방에만 머물지 않았다. 부산, 밀양, 대구까지 직접 걸어서 순회 전도를 진행하며, 복음을 널리 전했다. 초량교회를 개척한 후에도 사랑방 전도는 계속되었으며, 맥킨지의 집도 후에 교회로 활용되었다.

베어드에 이어 부산에 온 선교사들의 활동도 이어졌다. 아담슨(Andrew Adamson)은 아미동에서 예배를 시작했고, 사이드보텀(Richard Henry Sidebotham)은 김치몽이 시작한 제일영도교회와 항서교회를 돌보았다. 1900년 10월 29일 부산에 도착한 엥겔(Gelson Engel, 1868~1939) 선교사는 좌천동 여선교사들이 거주하던 집에서 조선 선교를 시작했다. 이후 어을빈(Irvin Charles)을 통해 부산에서 본격적인 의료선교가 시작되

---

172) 이상규. "북장로교 부산선교의 개척자 윌리엄 베어드(William M. Baird)," 「부·경 교회사 연구」 제3호 (2006): 58-71.
173) 이상규는 『부산지방 기독교 전래사』에서 배성두로 알려진 사람이 김해지방의 시원이 되었으며, 그가 김해지방 전도자로 김해지방의 첫 교회를 설립하게 된다. 이상규. 『부산지방 기독교 전래사』, 119.

었고, 현대식 병원 설립으로 이어졌다.[174]

호주 여성 선교사들은 고아와 과부 사역을 시작하고, 여성 교육기관인 일신여학교를 설립했다. 일신여학교 바로 앞에는 부산진교회가 있으며, 현재 건물은 1985년 신축되어 약 800평 규모를 자랑한다. 부산진교회는 2007년 왕길지기념관을 세웠으며, 1931년 교회 창립 40주년을 기념해 세워진 설립자 멘지스(Isabella Menzies, 1856~1935)의 기념비도 보존되어 있다. 멘지스는 1891년 부산진교회와 일신여학교를 시작한 미혼 여성 선교사로, 1924년까지 30여 년간 전도와 교육 사업에 헌신했다. 그녀는 호주 선교사들 사이에서 '호주의 어머니' 혹은 '대부'로 불릴 정도로 존경받았다.[175]

호주 선교사들의 열매는 한국전쟁 이후에도 이어졌다. 맥킨지의 딸들이 전쟁 후 부산에 돌아와, 여성 전문병원인 일신기독병원을 설립했다. 한국전쟁으로 부산은 피난민으로 인구가 급증했다. 1951년 부산 인구는 844,134명으로 전쟁 전보다 약 2배 증가했으며, 1955년에는 100만 명을 돌파했다. 피난민 대다수는 이북 출신이었으며, 교회사적으로 이들은 부산 지역 교회의 중요한 구성원이 되었다.[176]

전쟁 전 부산에는 초량교회, 부산진교회, 광복교회 등 약 36개의 교회가 있었다. 이 교회들은 이북 피난민들의 영적 바람막이 역할을 했다. 전쟁이 끝나면 고향으로 돌아갈 계획이었으나, 1953년 7월 27일 휴전으

---

174) 이상규. "한국에서 교회사를 가르친 첫 선교사 왕길지(G. Engel)," 「부·경 교회사 연구」 제12호 (2008): 50-56.
175) 이사멜라 멘지스(Belle Menzies)는 한국에 파송된 첫 호주 여선교사였다. 그는 1891년 부산에 도착하여 미오라 고아원을 시작으로 1895년 일신여학교를 설립했다. 구근 아이들을 위한 구제와 가르치는 일에 힘을 쏟았다. 탁지일, 『부산노회여전회연합회 100년사』 (부산노회여전도회연합회, 2015), 33.
176) 부산소개, "부산의 오늘, 기본현황" https://www.busan.go.kr. 「부산시청」 2024년 4월 17일 접속.

로 임시 삼팔선이 설정되면서 그들의 희망은 사라졌다. 그러나 일부는 포기하지 않고 서울로 올라가거나 통일을 기다리며 부산에 남아 새로운 교회를 설립하기 시작했다.[177]

부산진교회와 초량교회

부산지역의 첫 선교 열매는 헨리 데이비스(Henry Davies)의 고귀한 죽음에서 시작되었다. 그러나 그의 죽음은 복병산에서 멈추지 않았다. 데이비스의 죽음 이후, 호주선교부는 큰 충격에 빠졌지만 곧 새로운 선교회를 조직하고, 데이비스를 이어줄 제2진 선교사를 파송했다. 이들은 1891년 10월 부산에 도착했다. 당시 부산은 외국인 선교사들이 상주하기 쉽지 않은 환경이었다.

부산진교회사에 따르면, 제2진 선교사들이 도착했을 당시 허름한 흙벽 토담집에 머물렀으며, 바람이 세차게 불면 집 안까지 찬바람이 스며들 정도였다. 더욱 힘든 것은 도착 3개월 후인 1891년 1월 27일, 맥케이 목사 부인 사라가 32세로 세상을 떠났다는 사실이었다. 이렇게 부산에 정착한 호주 제2진 선교사들의 삶은 쉽지 않았다.[178]

부산진교회는 호주 제2진 선교사들이 내한한 1891년 10월 12일 설립되었다. 멘지스 선교사가 1916년 '조선선교 25주년 기념축하식'을 기준으로 삼아 교회 설립을 기념한 것이다. 그러나 『조선예수교 장로회 사

---

177) 북한출신 목회자들을 '북한 기독교 신도대표회'를 만들어 피난민과 친목 관계를 유지하도록 했다. 각 지구에 연락소를 설치했다. 휴전 이후에도 피난민이 모인 피난교회는 계속 세워질 수 있었다. 이종민, 『6.25전쟁기 부산지역 기독교의 공존과 갈등, 1950~1953』(한국기독교역사연구소. 2023). 216-217.
178) 부산진교회, 『동행:부산진교회 130년사(1891~2021)』(멘지북스, 2023), 45.

기 상권』에는 부산진교회 설립을 1901년으로 기록하고 있다. 이상규는 『부산지방 기독교 전래사』에서, 표상장 수여 일인 1891년 1월 15일을 근거로 교회 설립을 1891년으로 보기도 한다.[179]

이러한 주장에 따르면 부산진교회는 부산뿐 아니라 영남지역 최초 교회가 된다. 그러나 당시 호주 제2진 선교사들의 보고서, 편지, 일기에는 1891년 1월 교회 설립과 관련된 기록이 없어, 1891년 설립 주장에는 근거가 부족하다는 의견도 있다. 또한 부산진교회 130년사에서도, 호주 제2진 선교사들이 조선에 오기 전이므로 표상장 수여 일을 설립일로 보는 것은 무리가 있다는 지적이 있다.[180]

초량교회 120년 약사(1892~2012) 첫 페이지에는 '영선현 선교사 마을' 사진이 있다. 사진 속 중앙에는 선교사 베어드의 사택이 있으며, 주변으로 서양식 가옥이 자리한다. 이용득은 『부산항 이야기: 부산항의 오래된 미래를 만나다』에서 당시 영선고개에 대해 다음과 같이 설명한다. 현재 영선고개는 사라졌지만, 그 길은 여전히 남아 옛 정취를 떠올리게 한다.[181]

본래 영선산은 중부경찰서와 건너편 소방서 일대에 있던 해발 약 40m 두 개 봉우리를 가진 산이었다. 영선산을 지나 본격적으로 길이 개척된 것은 1670년대 이후다. 일본의 요구로 두모진 왜관을 용두산 쪽으로 옮기고 초량왜관을 신축하면서, 목재와 인력을 운반하는 주요 통로가 영선고갯길이 되었다. 일부 목재는 영선산에서 채취하여 공급되었으며, 산 이름은 '집을 새로 짓거나 수리한다.'는 뜻에서 유래했다.

---

179) 이상규, 『부산지방 기독교 전래사』, 108-111.
180) 부산진교회, 『동행:부산진교회 130년사(1891~2021)』, 46.
181) 이용득, 『부산항 이야기 부산항의 오래된 미래를 만나다』, 52-55.

일제강점기가 시작되면서 일본은 동래 쪽으로 세력을 확장하기 위해 영선산을 깎아 바다를 매립했다. 대신 광활한 새마당이 조성되었고, 오늘날 영선고갯길은 영주동 영주시장과 대청동을 연결하는 약 1.4km 길로 남아 있다. 차량과 사람 통행은 적지만, 부산 역사가 숨 쉬는 공간으로 남아 있다. 『초량교회 120년 약사』에 따르면, 베어드는 1892년 미완성된 선교사 사택에 입주해 사랑방 형식 전도를 시작했다. 이 전도 활동은 1892년 11월 영선현교회로 발전하며, 한강 이남에서 최초로 설립된 초량교회의 모태가 되었다. 부산노회『부산 복음의 증인들』에는 부산교회, 영도교회, 초량교회 관련 기록이 있으며, 1889~1941년 호주선교회의 선교 보고서 내용과 일치한다.[182]

〔그림 15〕 영선고개 외국인 마을 (출처: 부산광역시립박물관)

---

182) 부산노회, 『부산 복음의 증인들』 (부산: 대한예수교장로회 부산노회, 2010), 112-113.

부산진교회와 초량교회의 설립 의미는 호주 선교사들의 첫 열매로 볼 수 있다. 부산에 온 선교사들은 순회 전도, 어린이 전도, 여성 전도를 통해 부산·경남 지역 교회의 기초를 마련했다. 이들의 노력과 헌신 덕분에 부산진교회는 멘지스 선교사의 영향을 받았고, 1900년 10월 엥겔 선교사가 교회의 기반을 다지면서 지역 내 많은 교회의 모태가 되었다. 또한 영선현교회에서 시작한 초량교회는 부산에 상주한 첫 선교사들의 결실과 열매로 자리매김했다.

부산진일신여학교

일신여학교의 설립은 호주 선교사들의 선교 정책과 함께 시작되었다. 이상규는 호주선교부가 1892년 부산진 좌천동에 자리를 잡으면서 부산복음화의 연원지 또는 근원지를 조성했다고 설명한다. 호주 여선교사들은 한옥을 매입하여 1894년 12월까지 거주하였고, 이후 기와를 올린 벽돌집을 건축하여 최초의 호주선교부 건물을 세웠다. 이곳에서 10명의 고아들과 함께 교육을 시작했으며, 현재 이 터에는 일신기독교병원이 자리하고 있다.[183]

부산지역은 예로부터 보수적인 성향이 강했다. 호주 여성 선교사들은 당시 사회적 약자인 여성들에게 특별한 관심을 기울였다. 목회자로 온 맥케이 선교사의 정책은 한국인 마을 한가운데에 선교회 건물을 세우는 것이었다. 류대영의 『초기 미국선교사 연구』에 따르면, 미국 선교사들은 한

---

183) 이상규, "부산진 일신여학교 교사는 언제 세워졌을까?," 「부·경 교회사 연구」 제22호 (2009): 59.

국에서 선교 구역을 건설하고, 그 안에서 중산층적 생활을 유지하며 한국
인들과 분리된 '사막 안의 오아시스' 같은 삶을 살았다. 이와 달리 호주 선
교사들은 처음부터 가난한 서민들과 함께하는 선교 정책을 시행했다.[184]

호주 선교회는 초기부터 재정적으로 넉넉하지 못했다. 이상규는 어
느 날 멘지스 선교사 집 앞에 버려진 한 아이가 있었고, 호주 여성 선교
사들이 그 아이를 양육하면서 보육원을 시작했다고 기록한다. 이러한
배경 속에서 호주 선교부의 교육 정책은 버려진 아이들로부터 시작되었
으며, 1893년에는 미우라보육원(Myoora orphanage)을 설립했다.[185]

1895년에는 보육원 아동이 13명으로 늘어났고, 같은 해 10월 15일 부산
최초의 여학교를 설립했다. 학교의 첫 이름은 "제인 하퍼 기념학교"였다. 호
주 선교부가 설립한 이 여학교는 부산·경남 지역의 근대 여성교육의 시초
가 되었으며, 1909년 8월 동래여고의 전신으로 발전했다. 최초 인가는 4년
과정이었으며, 고등과정을 병설했다. 1925년 고등과를 동래구 복천동으로
이전하며 학교 이름을 동래일신여학교로 변경했다. 이후 이름은 '날마다 새
로워진다(Daily New)'는 뜻의 일신(日新)으로 불리게 되었다.

호주 여선교사들은 처음부터 소외계층과 여성 교육에 집중했다. 일
신여학교의 초기 교육은 성경과 기독교 신앙을 중심으로 이루어졌으며,
한글과 한문, 산수, 체조 등 일반 과목도 병행했다. 첫 교장 멘지스 재임
기간 동안 재학생 수는 50명까지 늘어났다. 1905년 4월 15일에는 동구

---

184) 김병주, 『호주 장로회 선교사들의 신학사상과 한국선교 1889~1942』(한국기독교역사연
구소, 2007), 27.

185) 이 고아원 이름을 '미오라'라고 한 것은 당시 멜버른의 투락에 있던 하퍼 부인(Mrs. Harper)의
큰 저택의 이름을 따서 명명한 것인데 하퍼부인은 장로교 여선교회장으로 34년간 봉사했을 뿐
만 아니라 한국선교를 위해 크게 기여 했고, 그의 재정지원이 고아원 경영에 큰 보탬을 주었으
므로 그녀의 봉사를 기리기 위해 '미오라 고아원'이라고 명명한 것이다. '미오라'라는 말은 호
주 원주민어로 '휴식처', '야영지'라는 의미가 있다. 이상규, 『부산지방 기독교 전래사』, 187.

좌천동에 신축 교사를 건립하여 교육 시설을 확충했다. 이상규는 이를 『부산지방 기독교 전래사』에서 자세히 기록했다.

1915년 8월 7일에는 학칙이 개정되어 일반 과정은 3년, 고등 과정은 4년으로 편성되었다. 1925년에는 고등과를 동래읍 복천동 신축 교사로 이전하며, 학교 이름을 동래일신여학교로 변경했다. 부산노회가 발간한 『부산 복음의 증인들』에서도 일신여학교의 변천과 위치를 자세히 설명하고 있다.

학교의 성장은 일제강점기 시기에 시련을 맞았다. 호주 선교부는 신사참배 거부로 인해 1939년 7월 31일 폐쇄 명령을 받았고, 1940년에 학교는 폐교되었다. 이후 경영권은 구산학원으로 넘어갔으며, 현재는 동래여자중·고등학교로 이어지고 있다.[186]

오늘날 부산진 일신여학교는 역사적으로 세 가지 중요한 의미를 가진다. 첫째, 건축학적 의미로 부산에서 가장 오래된 서양식 건물이다. 둘째, 근대 여성교육의 요람으로서 교육적 가치가 높다. 셋째, 부산지역 최초의 3.1 독립 만세운동이 일어난 곳이다. 현재 동구 좌천동의 일신여학교 건물은 2003년 5월 2일 부산광역시 기념물 제55호로 지정되었다.

호주 선교부는 미래를 위해 어머니와 여성들이 먼저 교육을 받아야 한다고 판단했다. 부산 일신여학교의 교육은 민족교육을 실천하는 동시에, 소외 계층과 여성 교육을 위한 기관으로 자리매김했다. 부산시는 이 건물을 부산시 기념물로 지정하고, 건물과 교육 시설의 역사적 가치를 안내하고 있다.[187]

---

186) 2017년 1월 18일 부산광역시 부산이야기, "박차정, 양한나, 박순천, 부산 여성인재 양성 산실", 「부산이라좋다」 2024년 4월 25일 접속.
187) 탁지일, "부산지역 개신교 유적지 개발 및 활용방안 연구," 83.

부산진 일신여학교는 1895년 좌천동 초가에서 시작하여, 호주장로
교선교회의 설립과 운영을 통해 근대 여성교육의 중심지가 되었으며,
1905년 건축된 서양식 교사는 원형을 잘 보존하여 부산·경남 지역에서
호주선교부 건축물로는 거의 유일한 현존 건물로 평가된다. 이상규는
이를 근거로 일신여학교의 건축사적, 교회사적, 교육사적 가치를 강조
하며, 건축 연도를 1905년이 아닌 1909년으로 정정했다.[188]

(3) 한국전쟁과 교회

부산지역은 해방 당시 36개의 교회가 존재하였으며, 해방 이후부터
한국전쟁 발발 전까지 약 5년 동안 30개의 교회가 새롭게 설립되었다.
이 내용은 이종민의 연구『한국전쟁기 부산지역 기독교의 공존과 갈등
1950~1953』에서 〈표 4〉와 〈표 5〉로 정리되어 있으며, 본 연구에서는
이 자료를 직접 인용했다. 이는 향후 기독교 유적지 개발 시, 해방 전과
해방 후 설립된 교회들을 구분하여 교회군으로 정리할 수 있는 근거를
제공하기 위함이다. 또한 한국전쟁 이전과 이후 교회의 구분을 토대로
교회군 순례 도보 길을 개발할 가능성을 염두에 두고 있다.[189]

---

188) 이상규는 이 부분에서 부산시가 동래학원의 기록을 답습한 것으로 설명한다.『동래학원
　　　100년사』에서는 1905년 4월 15일로 보고 있다. 일신여학교는 1905년 46명의 학생에서
　　　1909년 이전 80명으로 늘어난 학생들을 위한 새로운 교사가 필요했다. 이에 1909년 3월
　　　지금의 일신여학교 교사가 되었고, 1931년 2층 건물로 증축한다. 이상규, "부산진 일신여
　　　학교 교사는 언제 세워졌을까." 「부·경 교회사 연구」 제22호 (2009): 59-64.
189) 이종민, 『6.25 전쟁기 부산지역 기독교의 공존과 갈등 1950~1953』, 91-96. 이 내용에 대해서
　　　이상규는 기독청년면려회 경남연합회, 〈경남노회소속 교회명부〉의 1949년 6월의 기록을 바
　　　탕으로 1949년 당시 경남지방의 교회 수를 294개로, 경남 노회 안에 목사수를 66명으로 설
　　　명한다. 이상규, "해방정국과 부산지방 기독교," 「부·경 교회사 연구」 제41호 (2013): 21.

〈표 4〉 해방 전 부산지역 교회 현황

순번	교회명	설립	교파	비고
01	부산진교회	1891	장로교	1907년 영남지역 최초 경상노회 조직 개최
02	초량교회	1892	장로교	배위량 선교사 영선현교회로 시작
03	제1영도교회	1896	장로교	김치몽 가정에서 시작
04	대청교회	1903	성공회	1903년 가정예배로 시작
05	엄궁교회	1904	장로교	8월 사상면 엄궁리에서 예배 시작
06	하단교회	1904	장로교	김정숙과 이달자가 예배드림
07	공항제일교회	1905	장로교	예원배 선교사 "소도교회"로 시작
08	금성교회	1905	장로교	1905년 설립
09	수안교회	1905	장로교	왕길지 선교사 등이 예드림으로 시작
10	구포교회	1905	장로교	3월 1일 김문익 가정에서 시작
11	항서교회	1905	장로교	2월 김공원 가정에 모여 예배드림
12	가덕교회	1906	장로교	맹호은 선교사 복음 전파로 교회 설립
13	대지교회	1907	장로교	설립자 이병수, 초대 당회장 예원배
14	생곡교회	1907	장로교	배성우 가정에 모여 첫 예배
15	천성교회	1907	장로교	정대인 선교사에 의해 설립
16	대연교회	1907	장로교	부산진교회 출석하던 교인들 기도소로 모임
17	부산평강교회	1908	장로교	박인호·이병수 영수 등이 "소덕교회" 설립
18	상애교회	1909	장로교	한센병원 "상애원" 설립
19	사상교회	1909	장로교	10월 1일 사상(덕포)교회 설립
20	초읍교회	1909	장로교	부산진교회의 기도소로 인가
21	송정교회	1909	장로교	왕길지 선교사 전도로 교회 시작
22	가락교회	1910	장로교	1910년 5월 4일 교회 설립
23	수정동성결교회	1918	성결교	일본인 가옥을 임대하여 "부산교회"로 시작
24	온천중앙교회	1918	성결교	박제원 전도사 중심으로 설립
25	화명교회	1918	장로교	박차순 중심으로 개척교회 세움
26	수영교회	1919	장로교	경남노회 여전도회에서 예배드림으로 시작
27	도도교회	1920	장로교	박순일·정삼용 등의 개척으로 교회 시작
28	다대교회	1923	장로교	다대실용학교 건물 예배처소로 시작
29	부전교회	1932	장로교	3월 5일 부산진교회 서면기도소로 시작
30	구세군부산중앙교회	1935	구세군	6월 26일 안봉윤 사관이 개척
31	항남교회	1936	장로교	5월 10일 "남부민정교회"로 설립 예배
32	녹산중앙교회	1937	장로교	생곡교회 박도명 영수 등이 "미음교회" 설립
33	감천교회	1937	장로교	5월 구회의 전도사가 예배드림으로 시작
34	해운대교회	1937	장로교	9월 1일 예원배 선교사 기념예배당 시작
35	가락남교회	1938	장로교	김치용 부부가 둔치에 이주함으로 시작
36	부산충일교회	1943	장로교	3월 15일 교회 설립

〈표 5〉 해방 후부터 한국전쟁 전까지 부산지역 교회 설립 현황

순번	교회명	설립	교파	비고
01	광복교회	1945	장로교	일본인 교회 인수하여 교회 시작
02	동광성결교회	1945	성결교	"기독교조선성결교회 부산역전교회"로 시작
03	부산중앙교회	1945	장로교	12월 2일 일본인 교회를 인수하여 시작
04	재건해운대교회	1945	장로교	최덕지 전도사 가정에서 교회 시작
05	새부산진교회	1946	장로교	재건교회 성도 20명 "은혜교회"로 교회 시작
06	재건부산교회	1946	장로교	10월 초량동에서 첫 예배를 드리다.
07	대저중앙교회	1947	장로교	김주호 집사 사랑채에서 기도처를 세움
08	성산교회	1947	장로교	부산진교회에서 나온 성도 75명으로 시작
09	거성교회	1947	장로교	7월 1일 박찬빈 장로가 기도소 설립
10	재건서면교회	1947	장로교	부전2동 516~14, 이기봉 가정에서 시작
11	부산대사교회	1948	성결교	4월 8일 김봉이 집사 교회 설립
12	부산제일교회	1948	감리교	김석태 장로 가정에서 예배드림으로 시작
13	거제교회	1948	장로교	기도소 개척 후 1954년 "거제교회"로 변경
14	온천교회	1948	장로교	신사참배 문제로 동래수안교회에서 분리
15	신평로교회	1948	장로교	미국 선교사 해밀턴(Floyd E. Hamilton, 함일돈), 말스베리(Dwight Ro-mayne Malsbary. 마두원) 목사로부터 시작
16	대신동교회	1948	장로교	10월 13일 동대신1가 보육원에서 교회 설립
17	아미동교회	1948	장로교	5월 26일 서덕봉 장로 가정에서 예배드림
18	항도교회	1948	장로교	8월 15일 김주찬 장로 가정에서 예배드림
19	용호교회	1948	장로교	구회의 장로의 학원 교실에서 첫 예배
20	부산성산교회	1949	장로교	7월 3일 부사진교회에서 분리하여 예배드림
21	서광교회	1949	장로교	5월 16일 "예수교재건 부산진교회"로 시작
22	부산남교회	1949	장로교	고려신학교에 모여 "부산전도교회"로 시작
23	부민교회	1949	장로교	고려고등성경학교 강당에서 첫 예배드림
24	서부교회	1949	장로교	3월 손이현 목사 설립
25	부영교회	1949	장로교	8월 7일 첫 예배드림
26	제2영도교회	1949	장로교	8월 7일 영선동 2가 정복희 가정에서 시작
27	제3영도교회	1949	장로교	제1영도교회서 4개 교회를 분리 설립키로 함
28	재건부산중앙교회	1950	장로교	1950년 4월 교회설립
29	부산충무교회	1950	장로교	5월 14일 가칭 "완월동교회" 설립
30	서문교회	1950	장로교	5월 29일 정해동 목사가 천막치고 시작

탁지일에 따르면, 전국적으로 100년 이상 된 교회는 2014년 기준 1,000개에 달한다. 교단별로는 장로교 기장 측 309개, 고신 227개, 예장 통합 224개, 예장합동 107개, 감리교 65개, 침례교 26개, 성결교는 기성 측 24개, 예성 측 15개, 성공회 2개, 구세군 1개로 조사되었다. 이러한 통계는 부산뿐 아니라 전국적으로 장기적 교회 유산이 풍부하게 존재함을 보여 준다.

부산지역 교회의 특수성은 해방 이후 일본으로부터 이전받은 교회와, 한국전쟁 이후 피난민에 의해 설립된 교회가 혼재한다는 점이다. 따라서 이들 교회의 이름과 역사를 통합하여 지역 역사 안에 포함시키는 작업이 필요하다. 특히 많은 교회를 하나의 체계로 묶어 도보 순례지로 만들 수 있는 가능성을 고려해야 한다. 이를 위해서는 각 교회의 위치, 거리, 주변 환경 및 접근성 등을 면밀히 검토하여, 누구라도 걷기 편한 동선을 설계하는 것이 중요하다.

이와 같이 체계적으로 동선을 설계한다면, 부산지역에서 교회 순례 군 또는 교회 올레길과 같은 역사적·문화적 관광 자원을 개발할 수 있을 것이다. 이는 단순한 종교적 의미를 넘어, 지역 사회와 관광, 역사 교육적 가치까지 포괄하는 다층적 활용 가능성을 제공한다.

피난교회의 형성과 성장

부산지역 피난교회의 형성과 성장을 이해하기 위해서는 해방 전 한반도 기독교의 분포와 한국전쟁으로 변화한 기독교 지형을 함께 살펴볼 필요가 있다. 1940년 기준, 미국 북장로교 관할 하의 이북지역 장로교 교인 수는 평남 49,585명, 평북 81,975명, 황해도 40,894명으로 집계되었다. 이를 비율로 환산하면 이북지역 교인 약 83%가 미국 북장로교회의 영향 아래 있었음을 알 수 있다.

그러나 해방 이후 소련의 후원을 기반으로 한 새로운 공산정권에서 기독교는 걸림돌로 간주되었고, 특히 평안도를 중심으로 활발하게 선교활동을 수행했던 지역의 교회들은 큰 위협을 받았다. 이 지역은 선교사들의 이름과 교육기관, 여성을 위한 교육계몽 활동이 활발했던 곳으로, 미국 선교사들의 영향력이 강하게 미친 지역이었다.[190]

해방 직후 이북의 교회는 총 여섯 개 노회로 편성되어 있었다. 이는 평동, 평북, 용천, 의산, 산서, 삼산으로 구분되었으며, 당시 전국 50만 성도 중 약 10만 명이 평안도 지역에 집중되어 있었다. 해방 후 한반도는 이념적으로 남북으로 분리되었으며, 이북은 소련의 공산주의, 이남은 미국의 민주주의 영향을 받았다. 공산당은 기독교를 지주, 자본가와 함께 3대 적으로 규정하였으며, 그 이유는 기독교가 친미적 성향을 지녔기 때문이다.[191]

이북 기독교 지도자들은 공산당 주최 행사 참여를 거부하였고, 해방 후 첫 3.1운동 기념행사에서도 대립이 시작되었다. 공산당은 이를 주일에 진행하려 했으나, 교회는 독자적으로 2월 21일 서문밖에서 논의한

---

190) 김광수, 『한국기독교연구사』 (한국기독교역사연구소, 1996), 344-345.

191) 탁지일 외, 『6.25전쟁과 한국교회』 (CLC, 2020), 93-95. 당시 5도 연합을 소개하면서 내용에 북한의 2천 교회, 30만 기독교 신도들이 있다. 위의 책, 344-345. 탁지일은 1938년에는 한국교회 교인 50만 명 중 35만 명이 장로교이었고 그중 5분의 4가 평양남도에 거주한 사실은, 평안북도와 황해도 교인의 수를 참작한다면, 당시 한국기독교의 중심이 서북지역에 있었음을 의심할 여지가 없음을 설명한다. 탁지일은 이와 같은 내용을 민경배의 연구 "기 서울지방 교회에 대한 한 분석적 고찰," 『신학연구』 22 (1980): 735.에서 인용했다. 탁지일, "한국전쟁 시기의 부산지역 교회" 「부·경교회사 연구」 제41호 (2013): 39.

후, 25일 마포삼열기념관에서 다시 모임을 갖고 26일에는 참석한 목사들이 강제 연행되었다. 이후 1946년 3월 13일 강양욱 목사 집에 수류탄이 투척되는 사건 등으로 공산당과 교회 간의 갈등이 본격화되었다.

이어 1946년 4월 황해도 동맹휴학 사건, 1946년 9월 인민위원회 반대, 1946년 10월 조선민주당 충돌, 1947년 백기옥 전단지 작성, 1947년 오산학교 데모, 1948년 황주교회 등사판 사건 등으로 기독교는 지속적인 탄압을 받았다. 이러한 과정에서 조선민주당 청년단체와의 충돌은 한국전쟁 시기 반공주의 저항으로 이어졌다.

공산당은 강양욱을 중심으로 한 기독교연맹을 결성하여 교회 내부 분열을 유도했다. 그러나 실제로 연맹에 참여한 인물은 소수에 불과했다. 연맹은 산동 선교사 박상순 목사와 김익두 목사를 설득하여 5도 연합 결의문을 발표했으나, 교회 내부 다수는 결국 "순교의 길"을 선택할 수밖에 없었다.

한국전쟁 직전까지 공산당은 기독교연맹에 가입하지 않은 목회자를 강제 연행하고, 미국 선교사들이 건립한 교회를 탈취하며, 평양신학교를 재판소로 활용했다. 이 시기 수백 명의 목회자가 강제 연행되거나 순교, 실종되었으며, 한국전쟁과 함께 이북 기독교는 분열되었다. 자유와 인권, 평등을 상실한 교회는 남하하여 부산으로 피난할 수밖에 없었다.[192]

부산에서 시작된 이북교회 재건은 두 가지 유형으로 나타난다. 첫째, 한국전쟁 이전에 월남한 이북 출신 교회, 둘째, 1.4 후퇴 이후 남하한 이

---

192) 첫째, 우리는 김일성 정부를 절대 지지한다. 둘째, 우리는 남한 정권을 인정하지 않는다. 셋째, 교회는 민중의 지도자가 될 것을 공약한다. 넷째, 그러므로 교회는 선거에 솔선 참여한다. 그러나 평안북도 교회들은 순교를 각오하고 총선거 참여를 거부했다. 박용규, 『평양노회사』, 313-316.

북 출신 교회이다. 부산 평양교회 설립자인 김세진, 김윤찬 목사는 1950년 12월 10일 평양에서 장은봉 집사의 도움으로 먼저 서울에 도착했다. 이후 아담스(James Edward Adams) 선교사의 지원으로 12월 16일 부산으로 이동하여 초량교회에 머물렀고, 김세진 목사는 잠시 제주도로 이동했다.[193]

1951년 5월, 김윤찬 목사를 중심으로 이북 출신 성도 약 100~150명이 보수동 송림에서 3주간 노천예배를 드렸다. 이후 김세진 목사에게 편지를 보내 함께 부산에서 교회 설립에 참여할 것을 요청했고, 김세진 목사는 6월 초 부산에 도착했다. 1951년 6월 10일 김윤찬 목사와 김세진 목사는 부산 평양교회를 공동 창립했다.

창립 과정에서 헤롤드 보켈(Harold Voelkel, 1898-1984) 목사로부터 트럭 6대 분량의 널빤지를 지원받아, 보수산 송림 숲에 나무판자 교회를 건립했다. 평양교회의 창립은 월남민 교인들에게 큰 도전과 영향을 주었으며, 동시에 청년 면려회원들은 광복교회에 모여 예배하고 새로운 조직을 재건했다.[194]

월남민이 교회를 창립한 주요 목적은 목사 후보생들의 안수를 위한 신학교 역할이었다. 당시 지역을 상실한 평양노회와 황해노회는 각 비방 노회와 대립할 수밖에 없었고, 남한 지역의 신사참배 문제 및 신학적 진보·보수 갈등으로 복잡한 상황이었다. 이러한 이유로 이북 출신 교회는 지역 노회 가입 권유를 받았지만, 문화적 차이와 지역 갈등으로 인해

---

193) 탁지일 외, 『6.25전쟁과 한국교회』, 115-116.
194) 탁지일 외, 『6.25전쟁과 한국교회』, 118-121.

주로 이북 출신 교인들끼리 교회 재건을 시작했다.[195]

38선 설정과 전쟁 휴전 이후, 부산에서 창립된 이북교회는 휴전선 인근으로 이동하는 그룹과 지역에 남는 그룹으로 나뉘었다. 전쟁으로 지역을 상실한 이북교회는 출신별로 모여 무지역노회를 재건했다. 이 과정에서 세 가지 필요성이 있었다. 첫째, 피난지 부산에서 설립되는 교회는 노회 조직 및 정식 회원 자격이 없었다. 둘째, 평양과 이북에서 내려온 목회자들은 노회가 없어 치리를 받을 수 없었다. 셋째, 노회 산하 신학생들의 추천 기관이 필요했다.

무지역노회 설립은 1951년 5월 둘째 주 화요일, 부산 평양교회에서 김윤찬 목사를 중심으로 시작되었다. 이날 소집된 목사 20명, 장로 20명 중 회장에는 채필근 목사, 부회장에는 김윤찬 목사가 선출되었으나, 채필근 목사가 친일파 목사라는 이유로 김윤찬 목사가 실질적인 노회장 역할을 수행했다. 이후 1952년 9월, 김윤찬 목사는 대구 서문교회에서 총회장 명신홍 목사 주재로 평양노회의 노회 인준 안건을 논의하였고, 총회는 이를 '비상조치법'으로 승인했다.[196]

이로써 이북 노회는 부산을 중심으로 재건되었으며, 교회도 점차 확장되기 시작했다. 한국전쟁으로 낳은 지도자를 상실하고 고향을 잃은 피난 노회와 교회는 전국 각지로 흩어져 교회를 재건하며, 무지역노회로 오늘날까지 성장했다. 2013년 기준으로 약 256개 교회, 10,797명의 세례교인과 151,070명의 등록교인을 보유하고 있으며, 이북 출신 교인들은 여전히 통일 한국의 날을 기다리며, 신앙의 뿌리를 찾아 평양에서

---

195)　탁지일 외, 『6.25전쟁과 한국교회』, 117-118.
196)　박용규, 『평양노회사』, 333.

교회 재건의 희망을 품고 기도하고 있다.[197]

구호 활동과 의료선교

6·25전쟁은 한반도 전체를 뒤흔들었다. 전쟁으로 인해 군인뿐만 아니라 민간인 피해도 상당했다. 이중근은 『한국전쟁 1,129일』에서 1950년 6월 25일부터 1953년 7월 27일까지 총 1,129일간의 전쟁을 기록했다. 저자는 한국전쟁의 발발을 1949년 미군 철수와 관련지어 설명하며, 북한은 남한을 침공할 기회를 얻었다고 판단했다고 기록했다.

북한은 이 기회를 이용해 1950년 6월 25일 새벽 4시, '폭풍' 작전이라는 이름으로 남침을 시작했다. 당시 남한은 6월 24일 자정에 유지해 오던 비상 경계령을 해제하고, 모내기철을 맞아 농촌을 돕도록 사병들에게 명령했다. 대한민국 국군은 2주간 휴가를 허락받은 상태였다. 이러한 상황에서 북한은 소련의 지원을 받는 탱크를 앞세워 휴전선을 넘어 남침하였고, 남한은 속수무책으로 위기에 직면했다.[198]

이에 미국은 긴급히 유엔 안전보장이사회를 소집하여 한국 문제를 논의하고, 북한군의 즉각적인 전투 행위 중지와 38선 이북으로의 철수를 요구하는 결의안을 채택했다. 이어 7월 7일 유엔은 사령부를 설치하고 미국을 비롯한 16개국 군대를 편성했다. 유엔군의 초기 참전은 어려움을 겪었으나, 맥아더 장군이 주도한 9월 15일 인천상륙작전의 성공으로 낙동강 전선에서 반격을 시작했다. 전세는 국군과 유엔군 측으로 점차

---

197) 임희국·이치만, 『떠나온 평양 다가온 평화통일: 평양노회사 100년사』, 285.
198) 이중근, 『1950.6.25.~1953.7.27. 6·25 전쟁 1129일[요약본]』, 13-23.

유리하게 기울였으나, 중공군의 개입으로 다시 전세가 역전되었다.[199]

　6·25전쟁의 가장 큰 전세 변화는 중공군의 개입에 있었다. 북진하던 미군은 장진호에서 중공군에 의해 고립되었다가 어렵게 탈출하여 함흥에서 대대적인 철수를 감행했다. 함흥 철수는 10만 명 이상의 군병력, 9만 1,000명의 피난민, 1만 7,500대의 각종 무기, 35만 톤의 물자를 이동시킨 대규모 작전이었다. 마지막으로 출항한 메러디스 빅토리(Meredith Victory, 1945~1993)는 무기와 물자를 버리고 정원의 230배가 넘는 1만 4,000명의 피난민을 태워 거제도에 도착했다.[200]

　전쟁 중 사회적으로 가장 큰 문제는 식량을 이용해 사리사욕을 부리는 자들이었다. 정부는 7월 5일 양곡 매점 행위를 단속하고 엄중히 처벌하기 시작했다. 이는 당시 식량 불법 거래가 상당했음을 보여준다. 또한 은행권 문제와 피난민 구호 문제도 지속적으로 발생했다. 7월 24일 정부는 사회부 장관 이윤영을 통해 피난민 현황과 구호 상황에 대한 기자 간담회를 열었다.[201]

　유엔 안전보장이사회는 1950년 7월 31일 결의에서 한국에서 발생한 이재민 구호 및 지원 절차를 총사령부에 수립하도록 요구했다. 동시에 회원국과 민간 기구에 전쟁 피해자 구호 지원을 요청했다. 8월, 유엔

---

199)　위의 책, 13-14. 6.25전쟁이 발발하자 1950년 7월 9일부터 토론토에서 개최된 제3차 세계교회협의회 중앙위원회는 의제에 있던 6.25전쟁 문제를 다루면서 "한국 상황과 세계질서에 대한 성명"(Statement on the Korean situation and World order)을 발표했다. 이 성명에서 한국에서 발발한 전쟁을 북한의 남침으로 규정하고 유엔안전보장 이사회의 결정을 지지하는 성명을 발표했다. 이점에 대한 논의는 김흥수, "6.25전쟁과 세계교회협의회, 1950-1953,"『한국기독교와 역사』제14호 (2001). 107번 각주 재인용하고, 이상규의 글에서 추가 정리했다.이상규, 『해방 전후 한국장로교회의 역사와 신학』(한국기독교역사연구소, 2015), 186-187.
200)　위의 책, 15-16.
201)　위의 책, 25-36.

군 총사령관은 한국 구호활동을 책임질 기관으로 총사령부 보건복지처(Public Health and Welfare Section)를 지정했다. 이어 12월에는 모든 민간 원조 활동을 관리하기 위해 주한국제연합민간원조처(United Nations Civil Assistance Command, Korea: UNCACK)를 설치했다.[202]

미국 민주주의와 소련 공산주의로 갈라진 남북한 상황과 전쟁은 한국교회에도 큰 영향을 미쳤다. 한국전쟁은 한국교회의 지형과 교회 분포를 근본적으로 변화시켰다. 전쟁 전 이북 지역에 집중되어 있던 교회와 성도들은 대부분 남한으로 피신하였고, 월남한 이북 노회 소속 교회와 성도들은 고향과 뿌리 내렸던 신앙의 터를 상실했다. 고향을 잃은 이북 노회는 목회자 후보생들의 안수를 위한 명분으로 무지역노회를 구성하였으며, 1952년 총회에 무지역노회 총대를 파송했다.

피난민 교회는 노회뿐만 아니라 삶의 터전까지 상실당했다. 전쟁으로 인해 가장 큰 고통은 굶주림과 배고픔이었다. 그럼에도 피난민들은 예배와 기도를 멈추지 않았다. 예배와 집회 중 쓰러지는 성도도 많았으며, 일본으로 피난 간 선교사들이 UNCACK(United Nations Civilian Assistance Corps Korea)의 지원을 받아 옷가지 50상자와 밀가루 80포를 긴급히 가져왔다.[203]

선교사들은 부산 내 다섯 곳에 급식소를 설치하여 밀과 보리를 하루 5,000명에게 배급했다. 경안노회는 후생부를 구성하여 선교부와 미국 구호 단체를 통해 의식주를 제공하고, 생존 위협에 처한 사람들을 지원했다. 또한 경안신육원을 설립하여 106명의 전쟁고아에게 신앙 훈련

---

202)　김흥수, "한국전쟁 시기 기독교 외원단체의 구호활동," 100.
203)　임희국, 『기다림과 서두름과 한국장로교회 130년 역사』, 213-219.

과 양육, 직업훈련을 제공하였으며, 미망인을 위한 기독자매원도 운영했다.[204]

　1월 4일, 이른바 1.4 후퇴 이후 구호 상황은 더욱 심각해졌다. 정부는 1월 22일 상이군인 의료대책위원회를 설치하고, 양곡 배급 문제를 구체화했다. 1월 25일에는 전재민구호대책위원회를 해체하고 전시 원호 대책 위원회를 새로 구성했다. 이는 국내에서 더 이상 양곡을 조달할 수 없고, 유엔의 지원에 의존할 수밖에 없음을 의미한다. 여기에 전염병까지 발생하며 정부는 1월 28일부터 전염병 대책을 수립했다.[205]

　김흥수는 "한국전쟁 시기 기독교 외원단체의 구호활동"에서 1.4 후퇴 이후 대규모 가족 해체와 전염병 발생을 언급했다. 이에 따라 세계 구호 책임자들이 한국을 방문하였고, 1951년 2월 가톨릭 구제위원회 대표 스완스트롬(Edward Swanstrom) 신부와 기독교 세계봉사회 초대 총무 헨리 D. 아펜젤러(Henry D. Appenzeller) 목사가 부산에 도착하여 원조 활동을 감독했다. 이들의 활동은 전쟁으로 중단되었다가 1951년 7월부터 장로교, 감리교, 구세군, 성결교에서 재개되었다. 주요 사역 분야는 아동 복지, 미망인 지원, 대부 사업, 가축 지원, 결핵 치료, 인력 지원 등 6개 분야였다.

　이 시기 부산에 온 선교사 중에는 초기 부산에서 사역했던 제임스 맥켄지(James Mackenzie, 1865~1956) 선교사의 두 딸도 포함되어 있었다. 이들은 1952년 전쟁 말기 본국으로 돌아가지 않고 부산진 일신기독병원을 설립했다. 해방 직후부터 부산으로 돌아오고자 했으나, 여성이라는

---

204)　위의 책, 218-220.
205)　이중근, 『1950.6.25.~1953.7.27. 6·25 전쟁 1129일[요약본]』, 25-36.

이유로 입국이 거부되었다. 전쟁과 유엔 지원, 중공군 개입으로 상황이 악화되자 결국 한국에 들어와 보건사회부 위생부에서 활동했다.[206]

이들은 부산에서 전라도, 서울, 수원, 거제도 등지를 오가며 의료봉사를 수행했다. 당시 호주 선교부는 예산과 물자가 부족했으며, 전쟁 후 시민 보건소에는 부녀자와 어린이 병동을 담당할 인력이 부족했다. 이들은 전쟁 후에도 본국으로 돌아가지 않고, 1952년 부산진교회 유치원 건물에서 의료 활동을 시작했다.[207]

사회복지부가 정한 구호 대상자의 우선순위는 첫째 노인, 13세 이하 아동, 임산부와 신체장애인, 둘째 재난으로 긴급구호가 필요한 이재민, 셋째 궁핍한 피난민 순이었다. 이 두 자매는 이러한 구호 대상자들을 위해 부산에 남아 병원을 운영했다. 현재 일신기독병원은 부인병원과 아동·청소년 전문병원으로 자리 잡았으며, 전쟁으로 시작된 의료 구호사업이 오늘날까지 이어지고 있다. 병원 내에는 아버지 맥켄지가 설립한 한센병원 기념비도 이전되어 자리하고 있다.[208]

---

206) 김흥수, "한국전쟁 시기 기독교 외원단체의 구호활동," 103-112.
207) 정춘숙, 『맥켄지가의 딸들 매혜란, 매혜영 선교사를 기리며』, 139-145.
208) 정춘숙, 『맥켄지가의 딸들 매혜란, 매혜영 선교사를 기리며』, 139-145.

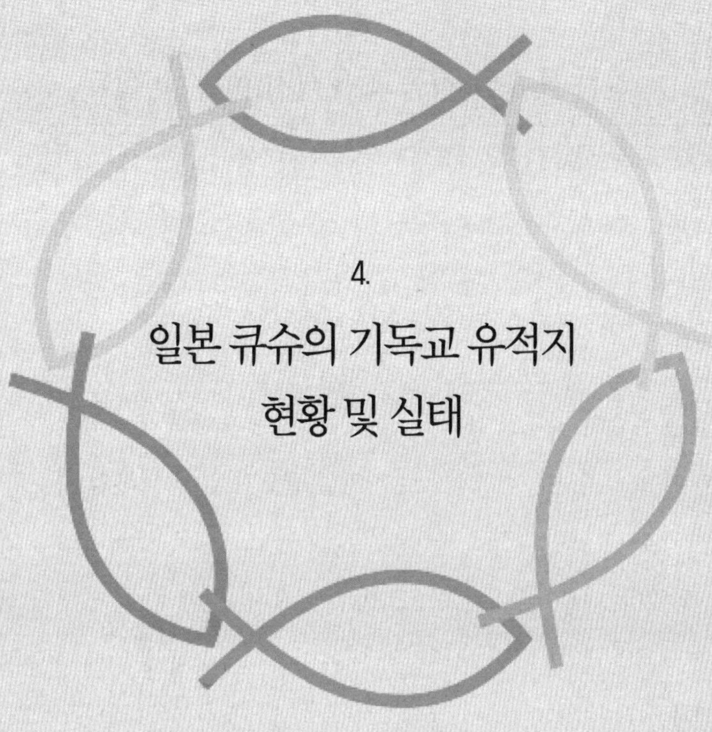

4.

일본 큐슈의 기독교 유적지 현황 및 실태

4.
일본 큐슈의 기독교 유적지 현황 및 실태

　　일본 큐슈의 기독교 유적지 현황과 실태를 이해하기 위해서는 먼저 일본 기독교 역사를 전체적으로 파악할 필요가 있다. 일본의 기독교 역사는 1549년 프란치스코 자비에르(Saint Francis Xavier, 1506~1552)에 의해 시작되었다. 이후 1587년 도요토미 히데요시(豊臣 秀吉)에 의해 금교령이 선포되었고, 1613년 도쿠가와 이에미쓰(德川 家光)에 의해 대대적인 박해가 시작되었다.

　　당시 기독교인이 가장 많이 분포했던 큐슈(九州)의 아마쿠사(天草) 지역과 시마바라(島原) 지역에서는 반란이 발생하였으며, 결국 1637~1638년 사이 시마바라 남쪽 하라성(原城) 전투에서 모두 전멸하게 되었다. 이후 많은 기독교인들은 산과 바나, 섬으로 숨어 은둔하며 생활하게 되었다. 이러한 역사적 배경 속에서 등장한 것이 일본어로 "카쿠레 키리시탄(カクレキリシタン)", 곧 "은둔형 기독교"이다.[209]

　　카쿠레 키리시탄은 에도(江戸) 시대 약 250년 동안 은둔과 변화를 겪으며 살아갔다. 박해 이전에는 기독교로 신앙생활을 시작하였으나, 박

---

209) 임석윤, 『일본 그리스도교회사 전편 일본가톨릭사(키리시탄)』 (대한예수교장로회총회출판국, 2011), 182-185.

해 이후에는 불교와 신도의 형태를 일부 수용하면서도 신앙을 유지했다. 그러다 1873년 종교의 자유가 회복되면서 금교시대가 종료되었다. 일본 국내에서는 다시 기독교 포교가 시작되었으며, 가톨릭의 이름으로 포교가 이루어졌다. 초기 가톨릭 포교자들은 수백 년간 잠복하여 신앙을 지켜온 신자들을 찾아야 했다. 다행히 이들은 복음의 자유와 함께 대부분 지역 가톨릭교회에 합류하기 시작했다.

그러나 일부는 기존 신앙 형태를 유지하며 교회에 돌아오지 않고 은둔 신앙을 지속했다. 초기에는 이들을 부르는 특별한 명칭이 없었으며, 지역마다 서로 다른 명칭을 사용했다. 가톨릭교회에서는 이들을 정통 가톨릭과 구분할 필요가 있었으며, 처음에는 일본어로 '로오부(老部)'라는 명칭과 함께 구교와 신교라는 이름으로 구분했다. 이후 '카쿠레 키리시탄(かくれキリシタン)', 즉 "숨은 혹은 은둔형 기독교"라는 명칭이 일반화되었다.[210]

카쿠레 키리시탄에 대한 본격적인 연구는 1948~1952년 사이에 시작된 것으로 알려져 있다. '카쿠레'라는 명칭이 처음 사용된 시점도 이 시기로, 최초 사용자는 타키타 고요에(滝田 こよえ)이다. 그는 이들의 신앙과 삶의 형태를 '은둔하다', '숨다'라는 의미와 가장 근접한 것으로 파악하고, '隱れ(카쿠레)'를 사용했다. 이후 '카쿠레'라는 단어 뒤에 그리스도교를 뜻하는 '키리시탄(キリシタン)'을 붙여 현재의 명칭을 만들었다. 이 명칭은 이후 학계에서 널리 사용되었으며, 현지인들도 자연스럽게 자신들

---

210)　平戸市生月町轉物館·島の館, 『生月島のかくれキリシタン』(生月町歷史研究会, 2017), 3-4.

을 그렇게 부르고 있다.[211]

새로운 카쿠레 키리시탄은 250년간 은둔하며 신앙을 지켜온 구 가톨릭 신자들 중, 정상적인 기독교 교회로 돌아오지 않고 은둔 당시의 형태를 유지하며 토착화된 신앙 모양을 보존한 집단을 말한다. 이들은 현재도 주로 히라도의 네시코와 이키츠키, 나가사키의 소토메와 고토열도에 분포하고 있다. 이 지역들을 살펴보는 것은 우리 지역 기독교 유적지를 발굴하고 활용하는 과정에서 좋은 모델이 될 수 있다. 일본은 카쿠레 키리시탄의 250년간 숨은 역사와 신앙을 문화적·역사적 가치로 인정하고, 이를 기반으로 세계문화유산 등재에 성공했다.[212]

2018년 7월 일본은 큐슈 지역의 카쿠레 키리시탄 유적지 12곳을 세계문화유산으로 등록했다. 일본 정부는 카쿠레 키리시탄의 역사와 세계문화유산 등재 과정을 소책자로 발간하고, 그들의 성과를 기념했다. 대표적인 장소는 성도 발견지로 유명한 오우라 천주당이다. 오우라 천주당은 250년간 숨어 있던 기독교인들이 세상에 드러난 장소로, 일본 기독교 역사에서 중요한 의미를 갖는다. 이 사건을 계기로 새로운 카쿠레 키리시탄 신앙 집단이 탄생했다.[213]

---

211) 위의 책, 19.
212) 平戸市のホームページ https://www.city.hirado.nagasaki.jp 2023년 11월 20일 접속.
213) 2007년부터 2018년까지 모든 과정을 기록한 책을 내었다. 天草市文化課, 『天草の坂津集落 世界文化遺産登録』(熊日出版, 2020), 15-37.

[1] 카쿠레 키리시탄[かくれキリスタン]의 수난

 "카쿠레 키리시탄"이라는 명칭을 다시 살펴볼 필요가 있다. 이들의 '카쿠레(カクレ)'라는 단어는 일본어 '隠れ'에서 유래하며, 그 뜻은 '숨다'이다. 명사형으로는 '숨음'이라는 의미를 갖는다. 한편, 'キリシタン'은 포르투갈어 'cristão'에서 비롯된 말로, '그리스도인'을 의미한다. 따라서 카쿠레 키리시탄은 '은둔형 그리스도인' 혹은 '잠복 키리시탄'이라고도 불린다. 이들은 생존을 위해 불교나 신도의 형식을 받아들일 수밖에 없었다.[214]

 현재 이키츠키 향토 박물관 학예원으로 활동하고 있는 나가조노 시게오(中園 成生)는 해당 지역에서 태어나 지역의 역사를 연구하고 있다. 그는 카쿠레 키리시탄의 역사를 세 시기로 나누어 설명했다. 첫째, 1549년부터 1586년까지는 '성장기' 혹은 '크리스천 시대'로 불리며, 일본 기독교가 도입되어 자리 잡기 시작한 시기이다. 둘째, 1587년부터 1873년까지는 '잠복기'로 구분되며, 도요토미 히데요시(豊臣 秀吉) 시대에서 도쿠가와 이에야스(德川 家康) 시대를 거쳐 에도 시대 절정기에 이르는 기간이다. 이 시기에는 기독교에 대한 대대적인 박해가 시작되었으며, 나가조노는 이를 '금교의 시대(禁教の時代)'로 명명했다. 마지막으로, 1873년부터 현재까지는 '부활의 시대(復活の時代)'로 구분된다.[215]

 일본의 가톨릭 선교는 15세기 남만무역과 함께 프란치스코 자비에르 및 예수회 선교사들의 활동으로 본격적으로 시작되었다. 그러나 일

---

214) 위의 책, 230.
215) 中園 成生, 『かくれキリシタンの起源ー信仰と信者の実相』(弦書房, 2018), 4.

본 기독교의 역사는 300년 이상에 걸쳐 매우 복잡하므로, 본 연구에서는 전체 역사를 두 부분으로 나누어 다룰 예정이다. 먼저는 일본 기독교 역사를 포괄적으로 설명하고, 그 다음 기독교 박해로 인해 변질된 일본 기독교의 양상을 중심으로 다시 분석할 것이다.[216]

카쿠레 키리시탄(隱れ切支丹)의 신앙과 삶

일본의 기독교를 이해하기 위해서는 먼저 카쿠레 키리시탄(隱れ切支丹)에 대한 이해가 필요하다. 현재 일본 국내에서 카쿠레 키리시탄의 후손이 가장 많이 남아 있는 지역은 히라도(平戸)와 이키츠키(生月)가 대표적이다. 이들 지역에 대한 연구는 대부분 지역 향토 사학자들에 의해 수행되었다. 최근에는 나카조노 시게오(中園 成生)가 『카쿠레 キリスタンとは何か?』라는 리포트 형식의 저서를 발간하고, 이어서 『オラショを巡る旅』라는 제목으로 연구과제를 발표했다. 본 연구에서는 큐슈 지역의 은둔형 기독교를 가장 활발하게 연구한 대표적인 학자로서 나카조노 시게오(中園 成生)의 연구를 자주 인용할 수밖에 없다.[217]

카쿠레 키리시탄(隱れ切支丹)연구의 내표석 학자로는 미야자키 켄타로(宮崎 賢太郎)가 있다. 그는 카쿠레 키리시탄(隱れ切支丹)에 대한 연구를 가장 활발하게 수행하며 많은 자료를 남겼다. 실제로 카쿠레 키리시탄(隱れ切支丹)이 집단 촌락 지역에 남긴 역사적 유적이나 박물관 자료를

---

216) 루이스 프로이스, 장원철, 『프로이스의 『일본사』를 통해 다시 보는 임진왜란과 도요토미 히데요시』 (국립진주박물관, 2003), 132-139.
217) 中園 成生, 『かくれキリシタンの起源―信仰と信者の実相』, 4.

조사하면, 대부분의 기록이 '그렇게 전해 오고 있다'는 형태의 구전(口傳)에 의존하고 있음을 알 수 있다. 즉, 카쿠레 키리시탄(隠れ切支丹)의 기록은 지역 사회에서 전승되어 내려온 구전 자료를 바탕으로 정리된 것이 많다.[218]

카쿠레 키리시탄(隠れ切支丹)은 예배의 시작을 알리는 기도를 '오라쇼(オラショ, oratorio)'라고 부른다. 그 기원의 정확한 언어적 근거는 알 수 없으나, 카쿠레 키리시탄이 존재하는 모든 지역에서 오라쇼(オラショ)를 행했다. 미야자키 켄타로(宮崎 賢太郎)는 오라쇼(オラショ)의 기원을 라틴어 미사(Missa)에서 유래한 것으로 보았다. 일본어는 겸양어와 존경어의 특성이 있어, 명사 앞에 '오(お)' 또는 '고(ゴ)'를 붙이는 경우가 많다. 따라서 라틴어 미사(Missa)에 일본어 겸양어인 '고(ゴ)'를 붙여 '고메이상(ゴメイサン)'으로 기록하였다고 설명된다.[219]

카쿠레 키리시탄(隠れ切支丹)은 350년 이상 숨어서 신앙을 지켜왔다. 고메이상(コメイサン) 또는 오라쇼는 350년 동안 이어진 카쿠레 키리시탄(隠れ切支丹)의 예배 시작 기도문으로, 단속을 피하기 위해 글로 기록하지 않고 조상으로부터 구전으로 전승되어 왔다. 오라쇼(オラショ, oratorio)는 예배 시작 후 약 40분 동안 진행되었다. 참석자는 기도문을 암기하여 입으로 전했다.[220]

오라쇼(オラショ)와 고메이상(コメイサン)을 근세기까지 지켜온 지역은 일본 서부의 히라도(平戸)와 이키츠키(生月)이다. 이곳은 카쿠레 키리시

---

218) 宮崎 賢太郎, 『カクレキリシタンの実像、日本人のキリスト教理解と受容』(関連書誌, 2014), 86.
219) 宮崎 賢太郎, 『生月島の隠れキリシタン』(長崎新聞社, 2001), 86.
220) 혹자는 글로 남기지 않으려는 방법이었다고도 한다. 이후 19세기가 들어 잠복 기간이 끝날 때 그들의 언어를 받아 적어 기록했다는 이야기가 있다. 위의 책, 87.

탄의 변질되지 않은 예배 형태가 현존하는 유일한 지역으로, 각 촌락마다 오라쇼(オラショ)가 통일되지 않은 특징을 보인다. 이는 박해 시대에 지역 간 교류가 없었고, 자신들이 기독교인임을 드러낼 수 없었기 때문으로 설명된다. 따라서 카쿠레 키리시탄(隱れ切支丹)의 흔적이 남아 있는 촌락이라 할지라도 하나로 통일된 오라쇼(オラショ) 기도문은 존재하지 않는다.[221]

히라도(平戶)에서는 이러한 카쿠레·키리시탄(隱れ切支丹)의 예배 형태를 '행사(行事)'라고 부르며, 행사 안에는 기원(祈願), 직회(直会), 연회(宴会)의 순서가 포함된다. 잠복시대(潛伏時代)를 지나면서 본래 목적은 사라지고, 현재는 형태와 형식만 남아 있다. 행사 전승이 지금까지 유지될 수 있었던 이유는 일본적 신주(神主) 사상과 유사한 행위 형식 때문이라고 설명된다.

행사는 다음과 같이 세 단계로 구성된다. 첫째, 기원(祈願) 단계에서는 참가자들이 회당에 모여 의례의 일부로 차를 올린 뒤, 오늘의 행사와 목적을 하나님께 올린다. 이후 회당에 음식과 술, 비린내가 나는 음식을 올리고 오라쇼(オラショ)를 부른다. 이 과정은 약 40분 동안 진행되며, 참석자는 정사세를 유지해야 한다. 둘째, 직회(直会) 단계에서는 참석자 전원이 하나님께 예물을 올리고, 올려진 예물에 대한 말씀을 전한다.[222]

이어 생물의 피를 손으로 받아 예물로 올리며, 이후 예물을 참석자들과 나누어 하나님과 인간이 하나 되는 식사 시간을 갖는다. 과거에는 고

---

221) 나카조노 시게오(中園 成生)는 조상들로부터 입에서 입으로 전달되었기 때문에 각 지역마다 다를 수 있다는 것이다. 中園 成生, 『かくれキリシタンとは何か≪のオラショを巡る旅≫』, 44-47.

222) 宮崎 賢太郎, 『生月島の隠れキリシタン』(長崎新聞社, 2001), 100.

래 고기를 예물로 사용하였으며, 현재는 고급 생선으로 대체된다. 셋째, 연회(宴会) 단계에서는 새로운 제단 앞에 두 가지 음식을 올리고, 연회장으로 자리를 옮겨 일정 순서에 따라 의식을 진행한다. 이후 서로 물물교환과 대화를 나누며, 마지막에는 의례 예식을 거행하고 차를 마시며 행사를 마무리한다.[223]

고노이 타가시(五野井 隆)에 따르면, 예수회는 박해에 대응하여 조직을 재편하고 신앙을 강화할 계획을 세웠다. 그들은 조직을 '마리아조(マルチリヨの組)', '성부 이그나시오조(聖父イグナシオの組)', '예수조(ゼススの組)', '성령조(聖霊の組)' 등으로 명명했다. 각 소조직은 약 50명, 대조직은 소조직 10배 규모인 약 500~600명으로 구성되었다. 조직 내에는 강론자와 전도자 1~2명, 대조직에는 성사를 집례할 수 있는 '오야지(親父)' 1명을 두었다. 이러한 조직은 가족과 마을 단위로 집단적으로 운영되어야 유지될 수 있었다.[224]

미야자키 켄타로(宮崎 賢太郎)는 이키츠키 섬의 카쿠레 키리시탄(隠れ切支丹)조직을 '츠모토(津本)'와 '카키우치(垣内)'라고 명명했다. 각 조직은 2~30가구 또는 4~50가구로 구성되며, 한 집락 안에는 3~9개의 조직이 존재한다. 현재 히라도(平戸)의 가스카가(春日) 집락이 세계문화유산으로 등록되었다. 소조직은 다시 코쿠미(コクミ)와 콘빠야(コンパニャ)로 나누어 약 4~5가구로 구성되며, 우두머리인 '오야지구(親父ク)'와 신부(神父), 역인(役員)이 세례와 오라쇼 전파를 담당했다. 히라도가 강성을 띤

---

223) 宮崎 賢太郎, 『生月島の隠れキリシタン』(長崎新聞社, 2001), 99.
224) 五野井 隆, "イエズス会士によるキリスト教の宣教と慈悲の組,"『日本学士院紀要』第七十二巻, 特別号 (2018): 267.

이유는 최초 복음 전파지이자 숨어 살기 적합한 장소였기 때문이다.[225]

이러한 조직은 히라도(平戸), 이키츠키(生月), 네시코(根獅子)등에 존재하고 있다. 전체를 대표하는 한 사람과 직책, 세례를 집행하는 7명의 '물의 역할' 직책이 존재했으며, 이키츠키(生月)에서는 큰 조직이 없고 중간 규모의 조직인 '자비의 조직'과 '소조직'으로 운영되었고, 네시코에는 더 큰 조직이 있었다.[226]

세계문화유산으로 등재된 일본의 기독교 유산은, 250년 동안 신앙을 숨긴 채 끝까지 지켜 온 순수한 믿음의 가치를 세계가 인정한 결과이다. 선교사 부재중에도 전승된 신앙과 조상들이 드린 예배 방식을 지켜온 노력 자체가 중요한 '가치(価値)'로 평가되었다. 카쿠레 키리시탄(隠れ切支丹)은 이러한 가치를 바탕으로 신앙 공동체 및 집락을 형성하며 생활했다.[227]

---

225) 카스가 집락(春日集落)은 나가사키(長崎県) 히라도(平戸島) 서안에 있는 인구 약 70명의 작은 집락이다. 금교시대 카스가 집락(春日集落) 사람들은 나카노에섬(中江ノ島) 순교지를 예배드리면서 기독교 전래 이전부터 산악신앙 대상이었던 안만암(安満岳) 등을 함께 예배하는 삶을 살았다. 카스가 집락(春日集落) 잠복 크리스챤(潜伏キリシタン)은 19세기 기독교 금교령 해지 후 가톨릭으로 복귀하지 않고, 은둔신앙을 계속 이어왔기 때문에 카스가 집락(春日集落)지역에는 교회가 없다. 현재는 가톨릭 전승 신앙과 단절되어 있다. 2018년4월 1일에 오픈한 카스가 집락(春日集落) 거점지 시설에 「카타리나」를 만들었고, 현재는 카스기 집락(春日集落) 주민늘이 해설사로 상주하고 있다. 방문 할 때 차와 직접 만든 짱아치 등을 대접받을 수 있고, 그 외에 마을 이야기를 들을 수 있다. (春日集落は長崎県平戸島の西岸にある人口70人ほどの小さな集落である。禁教期、春日集落の人々は中江ノ島を殉教地として拝みながら、キリスト教が伝わる以前から山岳信仰の対象であった安満岳なども併せて拝むことで信仰を実践した。春日集落の潜伏キリシタンは、19世紀のキリスト教の解禁後もカトリックには復帰せず、かくれキリシタン信仰を継続したため、集落に教会堂は存在しない。現在では、カクレキリシタンの組織は解散しており信仰は途絶えているものの、2018（平成30）年4月1日にオープンした春日集落拠点施設「かたりな」には春日集落の住民の方が語り部として常駐しており、お茶や手作り漬物などのおもてなしの他、集落の話を聞くことができる。). https://www.hirado-net.com/ 2025년 05월 13일 접속
226) 中園 成生, 『かくれキリシタンのとは何か≪オラショを巡る旅≫』, 23-29.
227) 長崎県世界遺産課, 『世界文化遺産の長崎と天草地方の潜伏キリシタン関連遺産』 (長崎県世界遺産課, 2022), 5-6.

카쿠레 키리시탄(隱れ切支丹)은 17~18세기 일본에서 기독교가 금지된 상황에서도 사회적으로 평범하게 생활하며, 은밀하게 조상으로부터 전해진 신앙을 지켰다. 이러한 형태는 학술적으로 "잠복 키리시탄(潛伏キリシタン)"이라고 불린다. 이들은 불교, 유교, 민속신, 자연신 등 다양한 대상을 숭상하는 등 여러 형태를 통해 신앙을 지키고 실천했다. 또한, 은밀한 활동을 위해 산 깊은 곳이나 바닷가 인근 섬 지역을 선택하는 등 공동체 유지를 위한 노력을 기울였다.

기독교 금교령이 폐지된 19세기 후반 이후에도 잠복 키리시탄은 신앙과 예배 형태를 지속적으로 유지했다. 이들은 자신들을 키리시탄(切支丹)이라 부르는 명칭을 변함없이 사용하며, 과거 예배 형태를 지닌 신앙을 '잠복 키리시탄(潛伏切支丹)'이라는 명칭으로 재인식했다.[228] 잠복 키리시탄의 중요한 특징은 산과 해안 깊은 곳에 은둔하여 신앙을 유지해야 했다는 점이다. 1614년 이후에는 강력한 박해와 단속을 피하기 위해 신앙 형태를 불교화하거나 토속신·민속신앙과 유사하게 변형되었다. 그들은 기독교 성인이나 하나님을 벽장 속에 보관하며 '난도카미(納戶神)'라고 불렀고, 이러한 은둔과 변형된 예배 형태가 현재 세계문화유산으로 등재된 것이다.[229]

이키츠키 고래박물관에서는 히라도 지역 옛 주민 가정을 1:1 비율로

---

228) 長崎世界文化遺産課, "日本獨自の宗教的伝統," 『長崎: 世界文化遺産課』 (2022): 2.
229) 집의 벽장에 성구(聖具)(숨어 지내던 기독교인들이 모신 성체상 등의 교회 용품)를 모시고 탄압의 시대에도 신앙을 계속 지켰다. 平戶市, 『역사와 낭만의 섬: 대항해 시대의 성읍도시』 (나가사키현 히라도시), 8.

재현한 모습을 확인할 수 있다. 에도 시대 250년 동안 선교사 부재에도 불구하고, 카쿠레 키리시탄은 신앙 계승을 위해 은밀히 모임을 가지며 조상들의 기도와 교의를 '오라쇼(オラショ)'라는 기도로 이어왔다. 잠복 시대에는 오라쇼(オラショ)가 불경화 되어 주문과 노래 형태로 암기되어 오늘날까지 전해지고 있다. 오라쇼(オラショ)는 지역별로 독자적으로 변화되었고, 일부 지역에서는 목소리를 내지 않고 수행되었으며, 선교사 부재로 인해 교의나 기도문이 단순 암기와 구전으로 계승되면서 본래의 교의 내용이 변질되었다. 다만, 가톨릭 예배에서 사용되는 라틴어 발음이 일부 남아 있어 그 흔적을 확인할 수 있었다.[230]

〔그림 16〕 오라쇼(좌)와 옛 키리시탄 말씀(우) (출처: 이키츠키 고래박물관)

---

230) 이런 암기 표에 대해서는 나가조노 시게오(中園 成生)가 잘 정리했다. 그의 책 『かくれ キリシタンの起源ー信仰と信者の実相(운둔형기독교의 기원-신앙과 성도의 실상)』, 449~469. 에 잘 정리를 했다. 中園 成生, 『かくれキリシタンの起源ー信仰と信者の実相』, 449-469.

134

당시 마을 간 통신과 교류가 제한적이었고, 은둔 상태에서 신앙을 유지해야 했기 때문에 각 지역, 집락별로 독자적인 신앙 형태가 발달할 수밖에 없었다. 부모에서 자녀로 신앙이 끊이지 않도록 전승하는 노력은 1873년 기독교 금지령 철폐 때까지 이어졌다. 이에 따라 잠복 키리시탄(潛伏 切支丹)은 약 250년간 은밀하게 신앙을 유지하며 오늘날까지 계승되었다.[231)]

2017년 다마 대학(多摩大学) 공동연구에 따르면, 도요토미 히데요시(豊臣秀吉)의 금교령(禁教令)은 전국 통일의 방해 요소를 차단하기 위한 정책으로 해석된다. 연구에 따르면 일본에서 기독교는 1549년 처음 포교된 이후 1570년까지 세례교인이 약 3만 명을 넘었고, 큐슈 기우치(機內) 지방에는 약 40개의 교회가 설립되었다. 1579년까지 기독교 신자는 약 10만 명으로 성장했다. 그러나 예수회 선교회의 포교 활동에는 군사적 문제도 함께 존재했다.

오다 노부나가(織田信長)는 예수회와 남만 무역(南蛮貿易)을 적극 지원하였으나, 도요토미 히데요시(豊臣秀吉)는 1587년 선교사 추방령을 내렸다. 일본 국내 통일을 완료한 후 해외 진출을 준비하던 도요토미 히데요시(豊臣秀吉)는 기독교가 정복 전쟁에 협력하지 않는다는 판단 아래, 큐슈 지역 영주들에게 강제 개종을 요구하고 선교사 추방령을 시행했다.[232)]

1596년 스페인 선박 산펠리페호(サン・フェリペ号)가 태풍으로 도사 우

---

231) 宮崎 賢太郎, 『生月島のかくれキりすタン』, 86.
232) 임석윤, 『日本キリスト教史 : 前編日本カトリック史(キリシタン)』, 147.

라도(土佐浦戸)에 표류하는 사건이 발생했다. 현지 영주 쵸소가베시(長宗我部)는 선박과 화물을 압수하고 히데요시에게 보고했다. 이에 파견된 마시다 나가모리(増田長盛)가 스페인 항해사 란디아에게 조사한 결과, 선교사 파견과 군사 정복이 연계되어 있다는 사실이 보고되었다. 이 사건으로 일본 최초 순교자 26명이 발생하였으며, 루이스 프로이스(Luís Fróis, 1532~1597)는 당시 도요토미 히데요시(豊臣秀吉)의 야심이 중국과 조선 침략에 있었다고 기록했다.[233]

　　도쿠가와 이에야스(德川家康) 막부가 정권을 장악한 후, '바테란 추방령(バテラン追放令)'을 전국에 시행하며 도요토미 히데요시(豊臣秀吉)보다 강도 높은 가톨릭 박해를 시작했다. 1614년 금교 정책으로 아마쿠사(天草)와 시마바라(島原) 지역에서 가톨릭이 박해되었으며, 시마바라 난(島原の乱)으로 약 3만여 명의 지역민이 봉기했다. 에도 막부는 이후 지속적으로 기독교인을 탄압하였고, 대표적인 방법이 '후미에(踏み絵)'로, 성화를 밟아 신앙을 배교하도록 강요했다.[234]

---

233) "바테란"이라는 단어는 라틴어 "pater"에서 유래된 신부를 지칭하는 단어이다. 바테란 추방령은 선교사 추방령과 같은 의미로 해석된다. 위의 책, 145~163.
234) 위의 책, 182~193.

<표 6> 에도막부(江戶幕府)의 금교정책

정책	내용
슈몽아라다메 (宗門改)	호적을 통해서 기독교인이 되는 것을 방지
테라우케 제도 (寺請制度)	사찰을 통해서 신분증을 만들어 출생, 사망, 결혼, 여행 등을 절을 통해서 통제하도록 했다.이 일로 불교식 장례가 아직도 일본 사회에 남게 되었다.
후미에 (踏み絵)	예수님의 초상화를 밟게 하여 신앙의 유무를 확인했다.정원에 진행하고, 공무원들이 감시자가 되었다.
고니구미렌자세이 (五人組連座制)	1621년부터 시행한 오인조 제도로 상호감시를 하게 했다.5인제라고 하지만 7호 8호 10호 등으로 연좌했다.
키리시탄(キリシタン) 루이조쿠아라다메 (類族改)	키리시탄을 발견하면 5대까지 키리시탄으로 기준하여 감시하는 제도
루이조쿠가이쪼 (類族改帳)	남자 7세 여자 4세까지 친족이 키리시탄으로 처형되면 감시하는 제도로 5대까지 명부를 작성하여 친족의 사망, 출산, 결혼, 양자결연, 출가, 개명, 이혼과 개종까지 단속했다.
슈몬아라타메야규쇼 (宗門改め役所) 설치	키리시탄을 감시하기 위한 단속청과 집행관을 세웠다. 주로 1만석 이상의 영주가 있는 곳에 설치하도록 했다.
미즈고구 호쇼세이(密告褒賞制)	선교사는 1급, 이루만(수도사)는 2급, 성도의 등급으로 나누어 밀고하면 포상금을 주었다. 포상금은 지역과 시대마다 조금씩 차이가 있었다.
고로비 쇼모쯔 (轉向 書物)	배교자가 다시 돌아가지 않겠다고 일본의 신에게 서약하는 문서로 어겼을 경우 저주를 받는다는 서약서로 알려졌다.
쇄국완성 (鎖國完成)	쇄국정책으로 모든 일본인 출입국 금지, 기독교 금지, 사무역 감시. 쇄국으로 일본은 화란(네덜란드)과 314년간 무역을 독점했다.
데지마(出島) 격리소 설치	나가사키와 히라도에 살고 있는 모든 서양인을 수용하도록 만든 곳이다. 그곳에는 혼혈 어린이도 격리했다.
에도(江戶) 키리시탄 야시키 (キリシタン屋敷)	전국에 적발된 키리시탄들을 모아서, 에도에 감금시켜 배교하거나 순교했다. 일명 가택연금 제도로 대부분의 키리시탄들이 순교했다. 막부말기까지 시행되었다.

에도 막부 3대 쇼군 도쿠가와 이에미츠(德川家光)는 기독교 탄압을 더욱 강화하며 "순교자를 만드는 것이 아니라 배교자를 만들라"라고 지시했다. 기독교인들은 체포 시 혹독한 고문을 받았으며, 배교를 강요받았다. 당시 고문과 처형의 흔적은 26인 순교관과 히라도 네시코 키리시탄 자료관 등 키리시탄(切支丹) 자료관 등에서 확인할 수 있었다. 순교자들

은 "인간에게 순종하는 것이 아니라 하나님께 순종할 것이다" 라는 신앙

고백으로 모든 고문을 견디고 순교하거나 불구가 되어 추방 되었다.[235]

〈표 7〉 에도막부(江戸幕府)의 고문과 처형[236]

고문과 처형	내용
참수형 (斬首刑)	초기에 가장 많이 사용하는 처형으로 피가 많이 나서 주로 물가에서 했다. 대부분의 키리시탄들이 교수형을 두려워하지 않아 이후에는 사무라이들의 진검 연습으로 난도질을 하는 처형으로 변형되었다는 설도 있다.
화형(火刑)	1) 일반화형 : 십자가형에 매달아 죽이는 형을 말한다.
	2) 형 : 젖은 나무로 천천히 태워 죽이는 처형으로 생선을 굽듯이 하여 배교하도록 유도 했다.
	3) 이마에 화인 : 쇠를 불에 달구어 이마에 화인하는 고문이다.
신체상해 (身体傷害)	1) 산기고문 : 다리 사이에 소나무 5개를 끼워 넣어 무릎 위에 무거운 모래 자루를 얻어서 정강이뼈가 부러지도록 한다.
	2) 대나무 톱 또는 톱으로 자르는 형 : 기둥에 묶어 칼로 상처를 내고, 상처 부위를 대나무로 톱질하는 처형이다.
	3) 수족을 자르거나 귀나 코를 베는 고문 : 신체 분위를 잘라 기어 다니면서 빌어먹게 한다.
	4) 빙판고문 : 얼음물에 던져 기절하면 뜨거운 물로 깨어 죽을 때까지 반복한다.
	5) 포승형 : 사람을 곡식 포대에 넣어 꽁꽁 묶어 굴리며 배교하라! 배교하라! 굴리기도 하고 곡식 쌓아 올리듯이 쌓아 올리는 고문이다.
	6) 미즈세메 : 물고문으로 거꾸로 매달아 밀물과 썰물의 차이로 숨 쉴 수 없게 하여 죽게 한다. 대략 8일 정도면 죽었다고 한다.
	7) 온천 고문 : 운젠에서 행해진 고문으로 등을 째고 거기에 뜨거운 온천을 부서 피부가 벗겨지는 고문이다. 운젠지옥에 내려오는 온천고문은 다양하다.
	8) 슨뿌, 쿠치노쯔 고문 : 쓴뿌가 창안한 고문으로 두 손과 두 발을 묶어 배를 아래로 가게 하여 나무에 매달아 등에 무기운 돌을 잎어 고통늘 주다가 기절하면 물로 깨워 다시 시작했다.
	9) 아나츠리 : 곡식 포대에 사람을 넣어 움직이지 못하게 묶어 거꾸로 매달아 2미터 정도의 구덩이에 머리만을 넣고 판자로 가려 빛을 보지 못하게 했다. 관자 옆을 칼로 상처를 내고 피가 머리에 쏠려 고통스럽게 죽게 했다. 중간에 오물을 부어 공포감을 더 주었다. 배교할 때까지 방치했다.

---

235) 위의 책, 193-194.
236) 위의 책, 194-200.

고문과 처형이 집중된 지역은 아마쿠사와 시마바라였으며, 나가사키 지역에도 다수 발생했다. 연구자가 직접 탐방한 결과, 운젠지옥(雲仙地獄)과 같은 박해 유적지는 오늘날에도 관광객이 방문하며, 박해의 역사적 흔적을 확인할 수 있다. 또한 큐슈 사가현 우레시노(嬉野) 지역에는 산속 은신처와 처형 장소가 표지목으로 남아 있다.

대표적 장소로는 카타나아라이(刀洗い)와 바바유키고야시키유적(馬場之子屋敷跡)이 있다. 이곳에는 어린아이까지 화형당한 장소와 기록이 남아 있다. 산언덕에는 부모들이 화형 현장을 숨어 지켜보던 은신처 터에 노조에 사적(野添史跡)이라는 표지판도 설치되어 있다. 이를 통해 금교시대 일본 전역에서 기독교인에 대한 박해와 처형이 있었다는 사실을 확인할 수 있다.[237]

[2] 카쿠레 키리시탄 신앙공동체의 형성

일본의 종교는 역사적으로 외부로부터 많은 영향을 받았다. 특히 6세기 이후 한반도로부터 불교가 유입되었고, 8~9세기에는 대양을 통한 화폐경제가 전래되었다. 12세기 이후에는 본격적인 불교 형태인 선종(禪宗)이 일본에 도입되었다. 큐슈 북부 지방은 남만인(南蠻人)이 들어오기 이전부터 동아시아 여러 나라와 교역을 수행한 일본의 외곽 지역이

---

237) 우레시노지역의 기독교 사적은 대부분 지역민에 의해서 구전되어 내려오는 곳과 구전에 의해서 오래전부터 그 장소에서 기념하는 행사를 했었다고 한다. 현재 우레시노는 우레시노 침례교회 담임목사님께서 방문하는 사람들에게 한 번씩 기독교 유적지에 대한 소개하고 있다. 2023년 8월 21~8월 28일 현장 답사를 통해 추가 참고했다. 結城 了悟, 『雲仙の殉教者』(日本二十六聖人記念館, 1984), 35-36.

었다. 그러나 1549년 프란시스코 자비에르(Francisco Xavier)에 의한 기독교 복음 전파는 남부 카고시마에서 시작되었다. 1550년 이후에는 북부 히라도를 중심으로 남만 무역과 함께 초기 선교사들의 유입이 이루어졌다. 현재의 나가사키 개항은 1571년부터 시작되었다.[238]

　일본은 섬나라라는 지리적 특성으로 인해 본토에서 멀리 떨어진 외부 문화의 영향을 받는 경우가 많았다. 또한 지진, 태풍 등 자연재해가 빈번하여 자연 숭배와 조상 숭배 등 토착 신앙이 발달할 수밖에 없었다. 이와 같은 환경적 요인으로 일본은 외래 종교가 유입될 때 토착 문화와 융합되는 경향을 보였으며, 그 대표적인 사례가 기독교에서 변질된 '카쿠레 키리시탄(隱れ切支丹)'이다. 카쿠레 키리시탄은 초기 선교사들이 전한 기독교 형태와 예배를 기반으로 하지만, 박해기를 거치면서 외형은 불교화 된 독자적 신흥종교로 변모했다.[239]

　1550년 북부 히라도에서 본격적인 개항이 시작되었다. 일본 정부는 서양 문화와 기술 발전을 관찰하며 적극적인 개항 정책을 추진했다. 개항과 함께 기독교가 전해졌으며, 1630년대 초반까지 약 80여 년간 세례 교인 수가 추정치로 약 76만 명에 달했다. 당시 기독교인은 포르투갈어 "christão"에서 유래한 일본어 발음으로 '키리시탄(キリシタン)'이라 불렸다. 고노이 타카시(五野井隆史)에 따르면 당시 선교사 수가 부족하여, 선교사들과 나눈 대화식 교리서 '도치리나 키리시탄(ドチリナ·キリシタン)'이 인쇄 및 유포되었으며, 이는 키리시탄이라는 명칭이 정착하는 계기가

---

238)　위의 책, 202.
239)　위의 책, 202.

된 것이다.[240]

　큐슈를 중심으로 급속히 증가한 키리시탄은 에도 시대 일본의 지방 통치 구조와도 밀접한 관련이 있었다. 당시 지방 통치는 다이묘(大名)가 '번(藩)'을 다스리는 체계로 이루어졌다. 번은 영주가 다스리고, 영주는 쇼군이 임명했다. 영민은 번주에게 절대 복종하는 상하 관계에 놓였기 때문에, 영주가 기독교로 개종하면 그 지역 전체가 집단적으로 개종하는 현상이 나타났다. 히라도, 나가사키, 오오무라 등 남만인 무역항에서는 이러한 집단 개종이 활발하게 이루어졌다.

　중앙정부는 급속도로 증가하는 기독교 신자에 대해 경계심을 가졌다. 특히 1600년대, 큐슈 대부분 지역의 가신과 다이묘가 히데요시의 세력 출신이었기 때문에 중앙정부는 세키가하라 전투 이후 큐슈 각 지역에 새로운 영주를 파견했다.[241]

　새로운 영주들은 중앙정부의 감시를 의식할 수밖에 없었으며, 1614년 1월 금교령 시행 당시 전국의 세례교인은 약 37만 명으로 추정된다. 이는 당시 인구 약 1,700만 명의 2.2%에 해당하는 수치이다. 금교령과 함께 대대적인 선교사 추방령이 시행되었으며, 99명의 선교사가 해외로 떠나고, 남은 약 45명이 박해 중인 신도들을 돌보았다.

　소수 선교사들은 흩어진 지역 신자들을 관리하기 위해 소규모 조직을 구성했다. 고노이 타카시에 따르면, 이 조직의 명칭은 '자비의 조(慈悲の組)'로, 그 아래 '콘빠냐(コンパニャ)'라는 소조직을 두었다. 조직의 조장은 선교사가 시행했던 예배와 예전을 유지하는 책임을 맡았다. 금교와

---

240)　五野井 隆史, "イエズス会士によるキリスト教の宣教と慈悲の組," 261-263.
241)　위의 논문, 192-200.

박해를 피해 숨어 신앙을 유지한 사람들의 형태와 예배 방식은 이전보다 더욱 은밀하게 진행되었으며, 이러한 과정에서 '카쿠레 키리시탄'이 형성되었다.[242]

이키츠키와 히라도

1550년 히라도(平戸島) 개항 이후, 바로 인접한 이키츠키 섬(生月)에서도 다수의 도민이 기독교 신자가 되었다. 이후 신자 수는 약 800명으로 증가하였으며, 섬 중앙에는 아름다운 십자가가 세워졌다. 당시 성도들은 밤마다 십자가 아래에서 찬양을 부르고 종교적 연극을 진행하는 등 공동체 신앙생활을 이어갔다.

그러나 1600년대 이후 도쿠가와 이에야스(德川家康)의 금교령이 강화되고, 새로운 다이묘(大名)인 마츠우라 시즈노부(松浦久信, 1571~1602)가 부임하면서, 이키츠키와 히라도 지역에 대한 기독교 박해가 본격화되었다. 이에 따라 약 800여 명의 신자들은 이키츠키를 탈출하여, 고쿠라 호세가와(小倉輔瀬川)의 영접을 받아 그곳에서 정착하게 되었다.[243]

이키츠키 섬은 히라도에서 자동차로 약 30분 거리에 위치한, 나가사키현 최서단의 작은 섬으로, 일본에서 다리를 통해 접근 가능한 서쪽 끝의 섬이다. 남만무역과 함께 16세기 중엽 복음이 전해진 이후, 섬 내 성도 수는 약 1,300여 명에 달했다. 또한 이 섬은 가스파르 니시겐가(ガスパル西玄可)를 통해 일본 최초의 서양식 음악이 전해진 장소이기도 하다.

---

242) 위의 논문, 261.
243) 平戸市生月町轉物館·島の館, 『生月島のかくれキリシタン』, 3-4.

1587년 도요토미 히데요시(豊臣 秀吉)의 가톨릭 금교령으로 박해가 시작되자, 1599년 코테다 일가(小手多一家)는 신자 600명을 이끌고 나가사키로 망명했다. 코테다 가문의 남은 가신들은 '마츠우라가의 서쪽 문'이라 불리는 서해안의 이키츠키, 시시코(獅子), 네시코(根獅子)에 정착하여 마을을 이루고 살았다. 현재도 이 지역 주민 중 상당수는 은밀히 가톨릭 신앙을 유지한 카쿠레 키리시탄 집락지(隠れ切支丹 集落地) 출신이다.[244]

이키츠키 섬 내에는 많은 순교지가 존재하며, 잠복기를 거치면서 일부 지역은 마을의 수호신이나 신사로 변형되었다. 특히, 현재에도 약 200여 명의 카쿠레 키리시탄(隠れ切支丹)이 섬에 남아 있다. 이들은 공식 가톨릭교회로 돌아가지 않고, 잠복 시대의 신앙생활을 그대로 유지하고 있다. 그 결과, 오늘날의 가톨릭 전례나 수계 생활(修禊生活)과는 다른 독자적이고 변질된 신앙 형태가 계승되고 있다.

이키츠키 대교를 건너 좌측에는 고래박물관이 위치하며, 이곳에서는 카쿠레 키리시탄들의 생활상을 엿볼 수 있는 자료와, 유네스코 문화유산 후보지였던 야마다교회(山田教会)의 모습도 확인할 수 있다. 지역 주민들의 증언에 따르면, 약 400명의 신자가 여전히 남아 있으나, 대부분 성인이 되어 타지로 이동하면 불교 등으로 개종하는 사례가 많다.[245]

---

244) 위의 책, 3-4.
245) 2018년 이키츠키 고래박물관과 네시코 지역 주민과의 인터뷰. 平戸市生月町轉物館·島の館, 『生月島のかくれキリシタン』, 3.

나가사키와 고토열도

1576년 나가사키항(長崎港)이 개항할 당시, 해당 지역은 오오무라(大村)의 지배하에 있었다. 개항과 동시에 나가사키는 포르투갈과 스페인 등 남만인(南蛮人)이 왕래하는 국제도시로 발전했다. 그러나 1587년 토요토미 히데요시(豊臣 秀吉)는 선교사 추방령을 내림과 동시에, 당시 나가사키 영주였던 오오무라 스미타다(大村純忠, 1533~1587)가 가톨릭교회에 헌납한 나가사키를 몰수했다. 이어 1597년에는 일본 최초의 순교자 26명이 나가사키에서 처형되었다.

1873년 기독교 금교령이 해지되기 전인 1865년, 나가사키에는 일본 최초의 근대식 건물인 오우라 천주당(大浦天主堂)이 건설되었다. 에도의 쇄국정책이 종료되고 서구 열강이 나가사키에 다시 입국하면서, 초기 입국한 서양인들은 26인 순교자들의 이야기를 전하며 그들을 위한 기념 교회를 건축했다. 또한 서양인들을 위한 예배당도 마련되었다. 오우라 천주당 입당 예배당일, 당시 잠복 키리시탄(潜伏キリシタン)들이 나가사키 우라카미(浦上)와 고토열도(五島列島)에서 방문하였는데, 이들은 1614년 나가사키 금교령 이후 250년 동안 은밀하게 신앙을 이어온 사람들이다.[246]

1570년 남만 무역이 활발히 이루어질 당시, 시마바라(島原), 히라도(平戸), 오오무라(大村), 요코에우라(横え浦), 호카우라(他浦), 분치(聞知) 등은 일본 기독교 복음의 관문이자 무역항으로 기능했다. 이 지역은 과거 나가사키를 중심으로 6개 도시의 작은 로마라고 불렸으며, 많은 교회와 복

---

246) 임석윤, 「일본 그리스도교회사 전편 일본가톨릭사(키리시탄사)」, 253-254.

지시설, 병원이 설립되었다. 이러한 선교 중심에는 예수회가 있었다.

1612년 도쿠가와 막부(德川幕府)의 금교령 직전, 나가사키는 정부 직할지가 되었으며, 당시 인구 약 2만5천 명 중 상당수가 천주교도였다. 1614년 대대적인 박해가 시작되면서, 나가사키에 있던 다수의 교회는 손실되거나 몰수되었다.[247]

1634년부터 일본은 본격적인 쇄국 시대에 돌입하였으며, 에도정부는 인공섬 데지마(出島)를 건설하여 나가사키에 있던 포르투갈인을 한곳에 모았다. 또한 기독교 포교를 막기 위해 높은 망대를 설치했다. 1637년 시마바라의 난(島原の亂)을 계기로, 에도정부는 기독교 금교를 이전보다 더욱 강화하였으며, 1639년에는 포르투갈과의 교역을 완전히 단절했다. 이때 네덜란드가 무역을 독점하였고, 히라도에 상관을 설치하여 본격적인 무역을 시작했다.

네덜란드는 일본과의 무역 상권을 확보하기 위해 풍설서(風説書)라는 해외정세정보 보고서를 작성했다.[248] 17~18세기 동안 에도 막부는 이 보고서를 조건으로 네덜란드에 무역 독점권을 부여했다. 포르투갈과 스페인은 가톨릭 국가로서 무역과 포교를 함께 추진했지만, 네덜란드는 오로지 무역에만 관심이 있었다.[249]

1614년 금교령 이후, 가장 많은 카쿠레 키리시탄(隠れ切支丹)이 살았던 곳은 고토열도(五島列島)였다. 이 지역은 나가사키에서 떨어진 섬으로, 고대 견당사선이 기착했던 곳으로 일본과 중국 대륙을 연결하는 중

---

247) 위의 책, 255-258.
248) 越田 辰宏·山口夏実, "長崎拓いたアジアとヨーロッパの交流," 17.
249) 木村 直樹, "多摩大学·寺島実郎学長主催インターゼミ, 長崎が拓いたアジアとヨーロッパの交流." 21.

요한 무역 거점이었다.[250] 12세기 이후 고토열도는 타이라노 키요모리 (田平の淸盛)로부터 이어진 일송무역을 통해 대중국 무역에 참여했다.[251] 후쿠에섬(福江) 남부의 오하카 유적(大兵遺跡)에서는 송나라 시대 도자기 가 발견되었다.

14세기에는 왜구가 동지나해 주변에서 활동하였으나, 15세기 아시 카가 요시미쓰(足利義満)의 감합(勘合) 무역제도 시행 이후 왜구 세력은 종식되었다. 이후 고토는 명나라와의 무역이 활발히 이루어진 중요한 기항지가 되었다.[252] 1540년 명나라 상인 왕직(王直)은 후쿠에섬에 내항 하여 에가와성(衛河城)에 거점을 마련하였으며, 1543년에는 포르투갈인 을 통해 총포가 전래되었다. 이러한 사무역 상인들의 해상 네트워크는 대항해시대 일본 상인들의 국제 해상 활동 기반이 되었다.[253]

1566년, 선교사 루이스 데 알메다(Luis Y. Almeida, 1525~1583)와 로렌소 (Lorenzo Ruiz, 1600~1637)가 후쿠에섬(福江島)을 방문하여 의료와 약을 전하 며 고토 영주의 병을 치유했다. 이 사건을 계기로 고토에 복음 전파가 가 능해졌다.[254]

1614년 금교령과 1637년 시마바라의 난 이후, 박해를 피해 도망친 키리시탄들은 고토열도로 들어왔다. 그러나 고토의 환경은 열악하였고,

---

250)　중국의 무역선
251)　日宋 : 일본과 송나라
252)　加藤 久雄, 『五島キリシタン史伝来と信仰の歩み』(五島市世界遺産登録推進協 議会. 2013), 2. 일본 무로마치 막부의 3대 쇼군이다. 봉호는 일본국왕(日本國王). 부 친은 2대 쇼군 아시카가 요시아키라(足利義詮), 모친은 기노 요시코(紀良子)이다. 아 시카가 요시미쓰는 명나라 황제에게 일본국왕 원도의(日本国王源道義にほんこく おうげんどうぎ라는 봉호로 일본국왕에 책봉되었고, 그 후 이 명칭은 아시카가 막부 쇼군의 외교 칭호로 사용되었다.
　　https://ko.wikipedia.org/wiki 2025년05월14일 접속
253)　위의 책, 3.
254)　일본 최초의 서양식 병원을 세운 상인이자 의사인 루이스 데 알메다.

146

현지 주민들에게는 '떠돌이'라는 천대를 받았다. 나가사키 지역 연구자 나가노 히로시(中野廣)에 따르면, 잠복 키리시탄들은 생존과 신앙 유지를 위해 이러한 열악한 환경을 감수했다.[255]

1853년 오우라 천주당 건립 이후 일부 잠복 키리시탄은 서양인 신부를 만나기 위해 나가사키로 갔으나, 당시 여전히 기독교 금교령이 시행 중이어서 체포되었다. 이로 인해 고토열도 전체에 걸쳐 고토 박해(五島の迫害)가 시작되었다. 이 박해는 몇 년간 지속되다가, 1873년 기독교 금교령이 철거되면서 종교의 자유가 회복되었다. 이후 잠복 키리시탄들은 조상들의 고향인 소토메(外海)와 우라카미(浦上)로 돌아왔으나, 이미 이전의 삶의 터전은 상실된 상태였다.[256]

---

255) "고토로 모두 가고 싶어 했다. 고토는 극락인가 하고 가보니 지옥, 두 번 다시 가고 싶지 않은 고토섬" 이라고 이주 생활을 이야기한 노래가 전해진다고 한다. 中野 廣, 『旅する長崎学 : 天主教文化の旅長崎への探訪』(長崎県: 長崎文献社, 2007), 73.
256) 위의 책, 73.

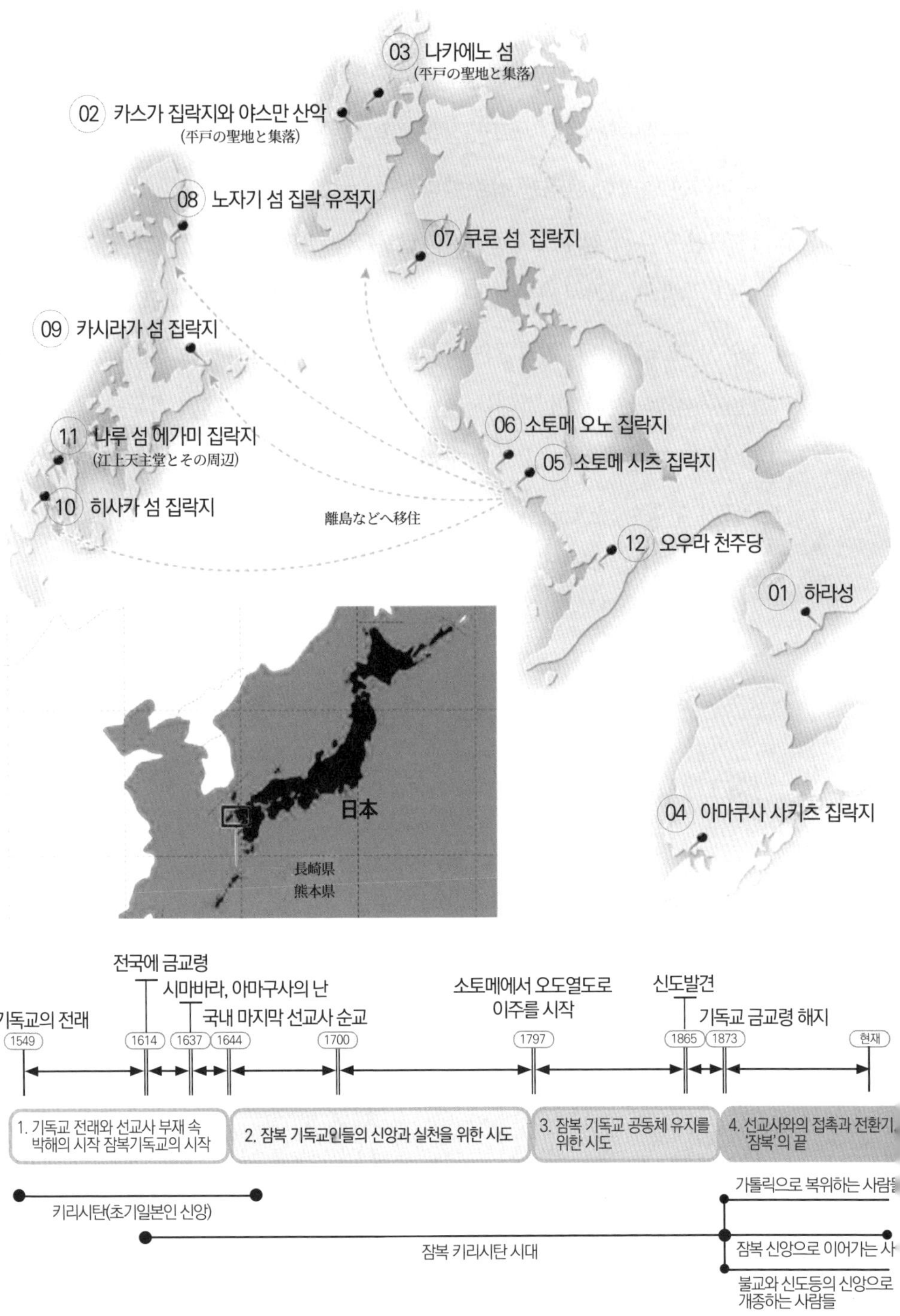

〔그림 17〕 박해에서 잠복의 시대로, ①박해 원인(시마바라의 난), ②~⑥신앙의 실천, ⑦~⑫공동체 유지 (출처: 일본세계문화유산 나가사키 홈페이지)

[3] 큐슈 지역 기독교의 재건

금교의 시대는 쉽게 종결되지 않았다. 나가사키(長崎)와 아마쿠사(天草)의 기독교 관련 역사문화 유산군(遺産群) 웹사이트 '오라쇼'에 따르면, 개화기 잠복 기독교의 해방은 다음과 같이 기록된다.[257]

"1884년 일본은 미국의 강력한 요구로 개국하였고, 1859년부터 하코다테, 카나가와, 나가사키 항이 개방되었다. 1862년, 로마 교황청은 1597년 나가사키에서 순교한 26인을 시성했다. 이후 1864년 12월, 나가사키를 방문한 선교사들의 지도 아래 오우라 천주당이 건축되었다. 1865년 3월 17일, 우라카미(浦上) 마을의 잠복 키리시탄 십여 명이 오우라 천주당을 방문하여, 교회에 있던 푸티찬 신부에게 신앙 고백을 했다. 약 2세기 반 동안 금교와 탄압 속에서도 일어난 극적인 사건으로, 이를 '신도발견(信徒発見)'이라 부른다. 유럽 선교사들에게 이 사건은, 일본의 성도가 탄압 속에서도 사라지지 않았음을 보여주는 강력한 충격이었다."

---

257)　1854年、日本はアメリカの強い要求により開国し、1859年には函館（はこだて）、神奈川、長崎の港が開かれた。1862年、ローマ教皇は1597年に長崎で殉教した26人を列聖し、長崎に来た宣教師たちによって1864年12月、大浦天主堂（正式名／日本二十六聖殉教者聖堂）が建設された。1865年3月17日、浦上村の潜伏キリシタン十数名が大浦天主堂を訪れ、堂内にいたプティジャン神父に信仰を告白した。約2世紀半にわたる禁教、弾圧下に起きたこの劇的な事件は「信徒発見」と呼ばれ、弾圧によって日本に信徒がいなくなったと考えていたヨーロッパの人々に強い衝撃を与えた。1873年、明治政府はキリスト教禁止の高札を撤廃。潜伏していた信徒たちがカトリックに復帰する一方、各地の集落では日本と西洋の技術と材料を組み合わせた多様なデザインの教会堂が建築された。多くの潜伏キリシタンがカトリックへと復帰したが、カトリックに復帰せず、潜伏時代の独自の信仰儀礼を守り伝える人々が長崎地方に今なお存在しており、彼らは「かくれキリシタン」と呼ばれている。

　로마 교황청은 1614년 이후 일본 기독교가 완전히 소멸했다고 인식했다. 나가사키 26인 순교기념관에도 당시 기록을 바탕으로 18세기 일본 기독교가 완전히 사라졌다는 보고가 전시되어 있다. 이러한 인식의 이유는, 일본의 장기간 박해와 고문에 기인한다. 일본에서는 이 무너진 기독교를 '쿠즈레(くずれ)'라고 불렀는데, 이는 '무너졌다'는 의미이다. 각 지역마다 마을 이름을 붙여, '코리무라 쿠즈레', '분코 쿠즈레', '오노 쿠즈레', '아마쿠사 쿠즈레', '우라카미 쿠즈레'라고 불렀다. 잠복 키리시탄(潛伏 切支丹)들은 쇄국이 끝나고 기독교의 자유가 회복되기 전까지, 이러한 '쿠즈레' 속에서도 은둔하며 자신들만의 방식으로 신앙을 유지했다.[258]

　금교의 시대 이후 일본에 가톨릭이 다시 전해진 계기는 1858년 체결된 불일수호통상조약(佛日修好通商條約)이다. 이 조약에는 프랑스인들이 자국의 종교를 자유롭게 신봉할 수 있다는 조항이 포함되었지만, 일본인에게는 적용되지 않았다. 이후 1864년 나가사키에는 푸티찬 신부가 파견되었다. 그는 26인의 순교자 이야기를 듣고, 1865년 오우라 천주당을 26인 순교자 기념교회로 건축했다.[259]

　정리하면, 일본은 에도 막부(江戶幕府)의 쇄국 정책이 끝나고 1854년 개항 이후, 나가사키에 입국한 외국인 선교사들에 의해 오우라 천주당이 건축되었다. 초기 교회당 건축의 목적은 개항 후 나가사키에 거주한 외국인들의 예배를 위한 것이었다. 그러나 1865년 오우라 천주당 신부와 우라카미 마을 잠복 키리시탄의 만남으로, 약 2세기 반 동안 은둔해

---

258)　위의 책, 253-254.
259)　위의 책.

있던 신도들이 신앙을 고백하게 되었다. 이 사건은 '신도발견 사건'이라 불리며, 일본 기독교 역사에서 극적인 전환점이 되었다.

서구 열강은 에도 막부의 기독교 탄압에 대해 강력히 항의했다. 이에 일본 정부는 1873년 기독교 금교령을 철회했다. 1614년 이후 약 259년 만에 일본 기독교는 자유를 회복했다. 로마 교황청은 선교사를 급파하였고, 잠복 키리시탄들은 선교사 지도 아래 점차 가톨릭교회로 복귀했다. 그러나 일부 잠복 키리시탄은 금교 시대의 모습 그대로 독자적인 신앙을 유지하기도 하였으며, 일부는 신도나 불교로 개종했다.[260]

교회로 복귀한 취락에서는 소박한 예배당을 세워 새롭게 예배를 진행했다. 대표적인 복원 교회로 에가미 천주당(江上天主堂)이 있으며, 이는 이주 지역의 풍토에 맞게 설계된 전통 건축 기술로 건립되었다. 에가미 천주당(江上天主堂)은 잠복 기독교 시대의 종결과 일본 기독교 복원의 상징적 예배당으로 평가된다.

오우라 천주당

나가사키에 정착한 서양인들은 교회 건립의 필요성을 절실히 느꼈다. 프랑스는 본국에서 푸티찬 선교사를 파견하였고, 그는 나가사키 오우라(大浦)에 천주당(大浦天主堂)을 건설했다. 1865년 2월, 천주당 헌당식이 거행되었다. 일부 기록에 따르면 헌당식 당일 일본인들이 방문했다는 이야기도 전해진다.

---

260) 히구라시 유이치·이케다 쓰토무, 『세계문화유산 나가사키와 아마쿠사 지방의 잠복 기리시탄 관련』 (나가사키현: 세계문화유산과, 2018), 5-8.

본 연구에서는 오우라 천주당에서 제공하는 안내지 플랫폼을 참고했다. 안내지의 내용에 따르면, 헌당식이 거행된 다음 달인 3월, 남녀 십여 명의 일본인 신도들이 은밀히 천주당을 방문했다. 그들은 조상들의 신앙 고백이 담긴 오라쇼(Orasho)와 함께 마리아 상 앞에 무릎을 꿇고, "여기 있는 우리는 모두 당신들과 같은 마음입니다."라고 고백했다. 또한, 산타 마리아 상의 위치를 물었다는 기록이 있다.

푸티찬 신부는 이들이 과거 키리시탄의 후예임을 확신하고, 그들을 교회로 인도했다. 이들은 나가사키 우라카미(浦上) 지역 주민들이었으며, 이 사건은 일본에서 259년 만에 처음으로 키리시탄이 발견된 사건으로 기록된다. 따라서 오우라 천주당은 '신도발견지'라고 불리게 되었다. 신도 발견 이후에도 키리시탄에 대한 탄압은 지속되었으나, 서구 열강의 압력으로 인해 1873년 에도 막부는 기독교 금교령을 철회했다. 이에 잠복 키리시탄(潛伏切支丹)들은 다시 세상으로 나오고 현재의 교회로 복귀하게 된다.[261]

잠복 키리시탄이 250년 이상 신앙을 유지할 수 있었던 배경에는, 소토메(外海)와 우라카미(浦上)에 전해지는 '바스천(バスチアン)'의 네 개 전설이 있었다. 바스천은 17세기 전반, 나가사키(長崎) 누노마키(布巻き) 출신의 실존 인물로, 박해 시기 소토메에서 은둔하며 생활하다가 나가사키 니시자카(西坂)에서 처형되었다.[262]

---

261) 임석윤, 『日本キリスト教史 : 日本カトリック史(キリシタン)』, 253-254.
262) 中野 廣, 『旅する長崎学 : 天主教文化の旅長崎への探訪』 (長崎県: 長崎文献社, 2007), 65.

바스천의 처형 이후, 남은 신도들은 예배 때마다 그가 남긴 네 가지 전설을 기억하며 신앙을 지속했다. 첫째, 신도들은 7대까지 자녀로 인정 되지만, 그 이후에는 구원이 어려워질 것이라는 예언이었다. 둘째, 고해 성사를 집행할 신부들이 다시 큰 배를 타고 일본에 올 것이라는 예언이 었다. 셋째, 신도들은 어디에서나 큰 소리로 찬양을 부르며 걸을 수 있는 시대가 올 것이라는 예언이었다. 넷째, 길에서 이교도를 만나면 길을 비 켜주게 될 것이라는 예언이었다. 잠복 키리시탄들은 바스천의 예언을 기다리며, 이러한 믿음과 지침을 바탕으로 신앙을 유지할 수 있었다.[263]

〔그림 18〕 오우라 천주당(좌) 신도발견 부조(우) (출처: 오우라 천주당)

___

263)　위의 책.

새로운 카쿠레 키리시탄

1873년 2월, 일본에 다시 복음의 자유가 찾아왔다. 약 250년 동안 은밀히 숨어 지내던 잠복 키리시탄(潜伏 切支丹)들은 마침내 세상으로 나올 수 있었다. 프랑스 외방선교회는 즉시 선교사들을 급파하였고, 예수회 또한 일본에 선교사를 파견했다. 고토(五島) 열도, 히라도(平戸), 나가사키(長崎)의 여러 지역에 흩어져 있던 잠복 키리시탄들은 신앙의 자유를 맞이하여 다시 교회를 재건하기 시작했다.

대표적인 재건 교회로는 에카미(江上), 타비라(田平), 이키츠키(生月)의 야마다(山田), 나가사키의 우라카미(浦上) 교회 등이 있었다. 그러나 오랜 박해 속에서 살아남은 신앙 공동체는 이미 심각한 토속화 과정을 거친 상태였다. 이들 집단은 박해 시대를 견디며 자신들만의 독자적인 신을 만들어 섬겼다. 그중에서도 이키츠키와 히라도 지역에서는 '난도카미(納戸神)', 즉 '벽장 속의 하나님'이 널리 알려졌다. 이는 하늘에 계신 하나님을 벽장 속에 가두어 숭배한 것으로, 잠복 신앙의 상징적인 형태였다.[264]

기독교 금교령이 철폐되고 자유의 문이 열렸음에도 불구하고, 상당수 잠복 키리시탄들은 가톨릭으로 복귀하지 못했다. 이들은 점차 '카쿠레 키리시탄(隠れキリシタン)'이라 불리는 새로운 형태의 종교 집단으로 남게 되었다. 다시 말해, 잠복 키리시탄은 변질된 기독교 신앙 형태로 자리 잡았다. 본 연구자가 과거에 진행한 인터뷰에 따르면, 한 70대 노인은 더 이상 벽장 안에 들어가 예배하지 않는다고 하면서 현재는 불교를

---

264)　田平地域も含めっています。타비라역도 포함하고 있다.

신앙한다고 증언했다. 이처럼 잠복 신앙은 세대를 거치며 다른 종교로 전환되는 모습을 보였다.

이키츠키의 박물관 관리자 중에도 카쿠레 키리시탄의 후손이 있었는데, 그는 결혼 후 남편의 종교를 따르게 되었다고 밝혔다. 또한, 선교지 탐방 과정에서 만난 한 버스 기사는 자신이 이키츠키 출신임을 언급하며, 어린 시절 가족과 함께 잠복 키리시탄 신앙생활을 경험했으나 성인이 되어 외지에서 생활하면서 불교로 개종했다고 말했다. 이러한 사례는 잠복 신앙의 점진적 약화와 개인적 선택에 따른 신앙의 변화 과정을 잘 보여준다.

오늘날 잠복 키리시탄의 전통은 점차 사라지고 있다. 현재는 신앙 실천보다는 이야기로만 전해지는 경우가 많으며, 예배를 지속하는 공동체는 거의 존재하지 않는다. 그러나 완전히 소멸된 것은 아니다. 서일본의 일부 지역에서는 여전히 조상들의 방식을 그대로 지키며 예배를 드리는 마을이 남아 있다. 대표적으로 이키츠키와 히라도의 네시코(根獅子), 그리고 세계문화유산으로 등록된 가스카 집락지(春日集落地)가 있다.

이 마을들에는 '카쿠레 키리시탄 자료관'이 설립되어 있으며, 그 안에는 당시 순교자들의 유물과 잠복 시대 가정에서 사용되던 예배 도구들이 전시되어 있다. 특히 네시코 마을 입구에는 과거 후미에(踏み絵)가 행해졌던 장소가 안내 지도에 표시되어 있어, 박해의 역사와 잠복 신앙의 흔적을 오늘날까지 전하고 있다.[265]

---

265) 임석윤, 『日本キリスト教史 : 日本カトリック史(キリシタン)』, 27~275.

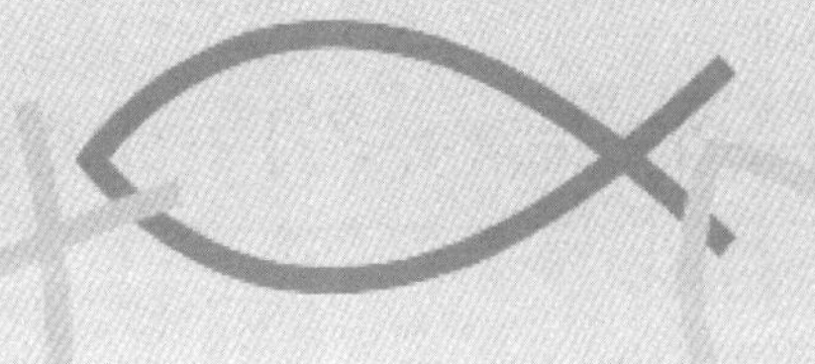

5.
부산과 큐슈의 기독교 유적지 연계 및 활용 방안

5.
부산과 큐슈의 기독교 유적지 연계 및 활용 방안

기독교 유적지의 가장 큰 역사적 가치는, 기독교 신앙의 뿌리와 핵심 사건들을 실제 장소와 연결함으로써 장소에 신앙적 의미와 역사적 가치를 부여하는 데 있다. 이러한 '장소의 신앙화(聖地化)'는 단순한 유산 보존을 넘어, 그 장소가 지닌 시간적·신앙적 깊이를 통해 신앙의 지속성과 정체성을 강화하는 역할을 한다.

일본의 큐슈 지역은 이러한 기독교 유적의 역사적 가치를 성공적으로 재조명한 대표적인 사례로 평가된다. 1549년 가톨릭 선교가 처음 일본에 전래된 이후, 일본은 약 250년간 기독교를 박해하고 탄압했다. 그러나 일본은 이 시기를 단순한 종교 탄압의 역사로 남기지 않고, "선교사 없이 스스로 250년 동안 목숨을 걸고 신앙을 지켜온 신도들의 역사"로 재해석했다. 이는 세계적으로 유례가 없는 신앙의 지속성으로 평가받으며, 오늘날 일본이 주장하는 세계문화유산으로서의 첫 번째 가치가 되었다.

본 연구자는 일본 나가사키를 중심으로 운젠(雲仙), 시마바라(島原), 오무라(大村), 이마리(伊万里), 히라도(平戸), 이키쓰키(生月) 등지의 기독교 유적지를 여러 해에 걸쳐 탐방했다. 이 지역 외에도 큐슈에는 아직 충분히 개발되지 않은 많은 기독교 관련 유적이 남아 있다. 예를 들어 벳푸(別府), 히지(日出), 우스키(臼杵), 미에(三重), 다케다(竹田) 등이 그 예이다.

이 지역들에는 에도시대의 박해를 피해 신앙을 이어가기 위해 동굴 교회, 지하 예배당, 교회 터, 공동묘지 등 은둔형 예배 공간을 형성한 흔적이 남아 있다. 특히 우스키성(臼杵城)에서는 성벽의 돌마다 자신들의 신앙고백을 암호처럼 새겨 넣은 흔적이 발견되고 있다. 이러한 형태는 250년 동안 은밀하게 신앙을 지켜온 일본 기독교인들의 상징적 증거로서, 일본은 이러한 유적지와 그 이야기를 시간의 흐름 속에서 새롭게 조명하며 그 역사적 가치를 세계적으로 인정받는 데 성공했다.[266]

〔그림 19〕 타케다 동굴교회(좌) 우스기성 신앙고백(우) (출처: 타케다 시)

266) 본 연구자는 CGNTV JAPAN를 보고 직접 현장 답사를 다녀왔다. 日本CGNTV開局8周年特集ドキュメンタリー, "キリシタン〜歴史に刻まれた十字架" 2015년. http://japan.cgntv.net. 2023년 10월 12일 접속.

부산은 개항 초기 조선의 관문으로서 서양인들이 가장 먼저 만나는 도시였다. 선교사들의 보고서에서도 부산은 서울 다음으로 중요한 지역으로 언급될 만큼 전략적 요충지였다. 이러한 중요성을 인식한 초기 선교사들은 서울보다 다소 늦게이지만 부산 지역으로 파송되기 시작했다. 특히 미국 북장로교는 원래 중국 선교를 준비하던 베어드(Baird) 선교사에게 중국이 아닌 조선의 부산을 개척할 것을 권면하였고, 이를 계기로 부산·경남 지역의 본격적인 교회 설립이 이루어졌다. 부산에서 시작된 교회들은 이후 경남 각 지역의 중심 모교회(母教会)로 발전하였으며, 2017년 '경남 선교의 날' 기념예배 자료에 따르면 당시 약 179개 교회가 그 계보를 잇고 있는 것으로 소개된다.

부산은 한반도의 최남단에 위치한 항구도시로, 고대부터 일본과의 교류를 통해 무역과 문화의 중심지 역할을 해왔다. 1876년 개항 이후부터 현재에 이르기까지 부산은 조선의 첫 관문이자, 오늘날에는 세계 주요 컨테이너항만 중 하나로 자리 잡은 동아시아 해상 물류의 허브로서 중요한 지리적 위치를 점하고 있다.

근현대사 속에서도 부산은 한국전쟁 시기의 역사와 밀접하게 연결되어 있다. 해방 이전의 기독교는 주로 한반도 북부 지역에 집중되어 있었으나, 해방 이후 38도선을 경계로 북한 지역에 공산정권이 수립되면서 기독교는 '미국과 가까운 종교'로 간주되어 지주·자본가와 함께 3대 적(敵)으로 규탄 받았다. 이로 인해 전쟁 전후로 많은 교회와 성도들이 남하하였고, 1951년 1·4후퇴 이후에는 대규모로 부산에 정착하게 되었다. 이러한 과정 속에서 부산에는 다수의 교회가 새로 개척되었으며, 일부 교회는 이후 서울과 경기 지역으로 이동하면서 이북 교회의 신앙 전통과 역사적 맥락을 공유하게 되었다.

1876년 개항과 함께 부산은 일본뿐 아니라 서양인들이 조선으로 들어오는 첫 번째 관문이 되었다. 당시 외국인들이 조선을 방문하기 위해 반드시 거쳐야 했던 도시가 부산이었다. 한국교회의 선교 역사 또한 이 경로를 따랐다. 초기 서양 선교사들은 일본 나가사키에서 출발하여 부산을 거쳐 서울로 향했으며, 이로써 부산에서도 비교적 이른 시기에 복음 전파가 시작되었다. 따라서 부산은 다른 지역에 비해 선교사들의 활동 흔적과 선교의 초기 기록이 풍부하게 남아 있는 도시이다.

그러나 오늘날 부산·경남 지역은 일본의 기독교 유적지 보존 및 활용 사례에 비해 유적지 개발과 역사적 조명에 대한 관심이 상대적으로 부족하다. 반면 일본은 흩어져 있는 기독교 유적지를 하나의 '기독교 유산군(遺産群)'으로 묶어, 역사성·접근성·연계성을 높이는 데 성공했다. 특히 일본은 제주올레길 운영진을 초청하여 "큐슈 올레길(九州オルレ길)"을 개발하였는데, 이는 '제주도 발상 트레킹'이라는 이름으로 만들어져 자국민뿐만 아니라 기독교 복음화율이 높은 한국인 관광객을 유치하기 위한 전략적 시도로 평가된다. 일본은 큐슈 올레길이 한국과의 협력 속에서 만들어졌다는 점을 강조하며 간접적 홍보 효과를 높였다. 2023년 기준 큐슈 올레길은 총 18개 코스를 갖추고 정기 행사를 개최하며, 하나의 관광·문화 콘텐츠로 발전했다. 그들은 본래 아무것도 없던 기독교 유적지에 '역사성·접근성·연계성'이라는 새로운 해석의 옷을 입혀 그 가치를 되살린 것이다.[267]

---

267) 큐슈 올레길에서는 "올레길 이란?" 제목으로 올레를 다음과 같이 소개하고 있다. "큐슈올레는 웅대한 자연과 수많은 온천을 가지고 있는 큐슈의 문화와 역사를 오감으로 즐기며

〔그림 20〕 제주 올레길 (출처 : 제주올레길 홈페이지)

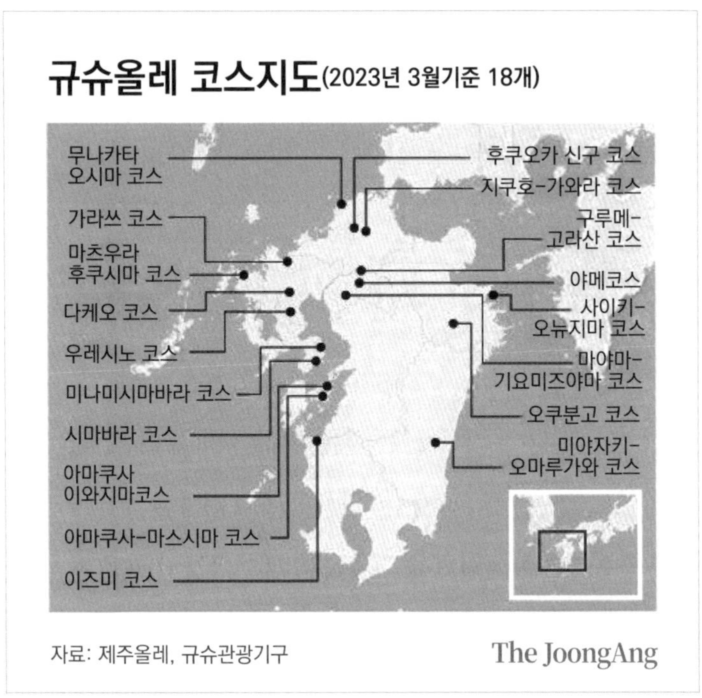

〔그림 21〕 2023년 큐슈18개 올렛길 코스 (출처: 제주올레, 큐슈관광기구)

일본 큐슈 지역은 과거 기독교 박해와 순교의 역사를 지닌 지역이지만, 오늘날에는 이러한 유산을 현대적으로 재해석하여 관광과 문화자원으로 발전시키는 데 성공했다. 시마바라(島原)와 운젠지옥(雲仙地獄) 등 외진 시골 지역조차도 제주올레길팀의 협력을 받아 트레킹 코스로 조성하고, 이를 상품화했다. 나가사키 역시 오래된 항구도시 히라도(平戶)와 이키쓰키(生月)를 연결하여 16세기 개항기의 역사를 중심으로 올레길을 개발하고 있으며, 주변에는 고급 온천호텔이 연계되어 관광객 유입이 꾸준히 증가하고 있다.

또한 고토열도(五島列島)는 접근이 쉽지 않은 섬 지역임에도 불구하고, 오랜 성당과 기독교 문화유산을 자연환경과 결합하여 관광자원으로 성공적으로 상품화했다. 이 지역의 독특한 풍광과 신앙적 분위기는 일본 내 젊은 세대에게 신혼여행지로도 인기를 얻고 있다.

나가사키의 우라카미(浦上) 지역은 원자폭탄이 투하된 비극의 장소이자, 일본 최초의 서양식 건축물인 오우라 천주당에서 신앙의 자유를 되찾은 신자들이 돌아와 세운 우라카미 천주당이 있는 곳이다. 이 교회는 원폭으로 붕괴된 후 재건되었으며, 내부에는 일본 최초의 순교자 루도비코 이바라키(Ludovico Ibaraki)의 동상이 세워졌다. 이 조형물은 일본의 기독교 박해사, 신앙의 은둔기, 그리고 원폭 피해의 역사를 모두 상징하는 상징물로 자리 잡았다. 오늘날 우라카미 천주당은 나가사키를 방문하는 관광객들의 주요 방문 코스로, 도시 전체의 기독교적 역사와 서사를 한

걷는 트레일이다. 큐슈올레 조성을 위해 제주올레를 만들고 운영하는 (사)제주올레에서 코스 개발 자문과 브랜드 사용, 표식 디자인 등을 제공했다."
https://kyushuolle.welcomekyushu.jp/ko. 2023년 10월 12일 접속.

눈에 보여주는 상징 공간이 되었다.[268]

이와 같은 사례는 부산 지역 기독교 유적지 개발에도 시사점을 제공한다. 부산은 이미 "갈맷길" 프로젝트를 통해 걷기 중심의 관광 인프라를 성공적으로 구축하고 있다. 여기에 기독교적 의미를 부여한다면, '베어드 선교사 순회전도 코스'를 중심으로 한 신앙 트레킹 코스 개발이 가능하다. 예를 들어, 부산 중구 광복로 1가의 선교사 첫 기착지에서 출발하여 백산기념관, 부산근대사박물관, 40계단, 동광동 한국전쟁기념관, 영선고개를 넘어 초량교회·일신여학교·부산진교회·일신기독병원으로 이어지는 '부산 기독교 역사 올레길'을 조성할 수 있다.[269]

부산의 영도·중구·동구·범일동 일대에는 근대 선교의 흔적이 곳곳에 남아 있다. 비록 일본 나가사키의 오우라 천주당과 같은 서양식 건물은 소실되었으나, 근대 여성 교육의 출발점인 일신여학교 교정은 여전히 당시의 건축적·역사적 가치를 간직하고 있다. 또한 복병산 외국인 묘지에는 선교사들과 그 가족들의 이야기가 전해지고 있으며, 영선고개를 중심으로 한 선교사 순례길은 부산 기독교사의 서사를 담을 수 있는 공간이 될 수 있다. 이러한 유적들을 역사성, 접근성, 연계성이라는 세 가지 축으로 엮는다면, 부산만의 신앙 문화콘텐츠로 발전시킬 수 있을 것이다.

---

268) 나가사키시 세계문화유산 홈페이지를 방문하고 8월 현장 답사를 다녀왔다. 주로 은둔 기독교 유적지를 봤다.
https://heritage.unesco.or.kr/나가사키지역 2023년 8월 9일 접속

269) 2013년 2월 5일 부산일보 기사에 "광복동에 초기 선교사 입국기념 표지석"이라는 제목으로 다음과 같은 짧은 기사가 올라왔다. "부산 도시철도 1호선 남포역 인근에 마련되는 표지석은 오석과 화강석 재질로 높이 1.3m 규모로 조선 시대 한국에 첫발을 디딘 최초의 선교사 3인의 이름과 얼굴이 비석에 새겨진다. 첫 입국 선교사이자 최초의 서양식 국립병원인 '제중원'을 설립한 호러스 알렌, YMCA를 조직한 호러스 언더우드, 최초의 근대식 학교인 '배재학당'을 세운 헨리 아펜젤러가 그 주인공이다. 이들은 모두 미국인이다." 현재 이 표지석은 시민들의 지나는 길에 있지만 우리 기독교인들 조차 모르는 경우가 많다. 이러한 장소를 계속 알리고 전하는 것은 우리가 할 일이다.

탁지일의 연구에 따르면, 부산은 개항 당시 조선의 대표적 관문이었을 뿐 아니라, 한국전쟁 시기 교회 지형 변화의 중심지였다. 그는 특히 호주 장로교 선교사들의 활동과 피난민 교회의 형성을 통해, 부산이 한국교회 성장의 전환점이 되었음을 밝혔다. 비록 현재 부산의 기독교 인구 비율은 타 지역보다 낮지만, 초기 미국 북장로교 선교로 시작된 부산의 교회들은 전쟁 중 피난민 교회들의 신앙적 피난처가 되었으며, 이는 전국적 교회 확산의 기틀이 되었다.[270]

이와 같은 역사적·지리적 맥락에서 부산과 일본 나가사키 지역을 연계하는 국제적 기독교 유산 프로젝트도 가능하다. 두 도시는 모두 근현대 개항지로서, 나가사키에서 출발한 외항선이 부산을 거쳐 조선으로 들어왔다는 역사적 연결고리를 가지고 있다. 이러한 배경은 양국 간 기독교 문화 교류의 새로운 가능성을 제시한다.

현재 부산을 찾는 일본 관광객은 지속적으로 증가하고 있으며, 부산은 항공과 해운을 통해 일본 주요 도시들과 직접 연결되어 있다. 오사카(大阪)행 펜스타, 모지항(門司港)행 부관훼리, 하카타(博多)행 카멜리아호 등 다양한 항로가 운영 되고 있다. 최근 비틀호가 운영을 중단했다. 또한 대마도행 여객선이 매일 운항되는 등 접근성이 매우 뛰어나다. 이러한 지리적 이점은 부산 기독교 유적지 개발을 일본의 기독교 문화유산 네트워크와 연계할 수 있는 실질적 기반이 될 것이다.[271]

---

270) 탁지일. "한국전쟁 시기의 부산지역 교회," 「부·경 교회사연구」 제41호 (2013): 35-45.
271) 부산항 시설관리센터 홈페이지를 방문하면 부산에서 일본으로 가는 배편과 시간, 크루즈 입항시간까지 확인할 수 있다.
       https://www.bpfmc.or.kr. [2024 년5월 3일 접속.

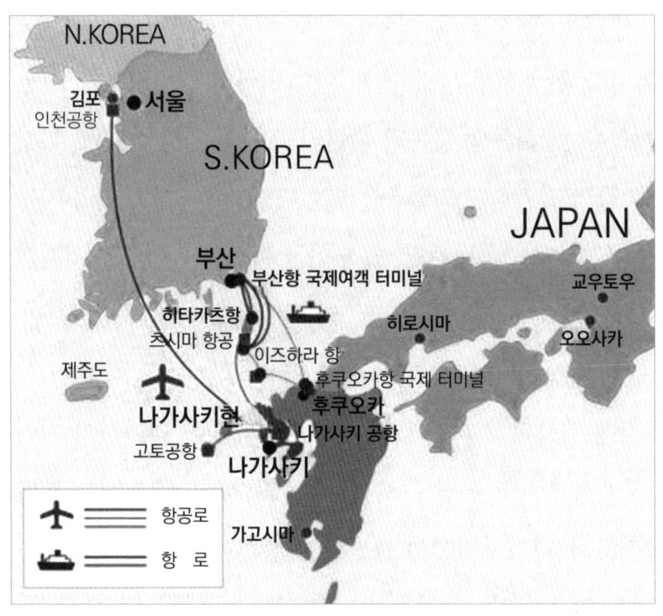

〔그림 22〕 한국과 나가사키 교통지도 (출처 : 나가사키 서울사무소)

(1) 기독교 유적지의 역사성

탁지일은 「부산지역 기독교 유적지 개발과 활용」에서 부산이 천주교와 불교에 비해 기독교 유적지 개발 측면에서 상대적으로 취약하다고 지적했다. 그 이유로는 부산의 기독교 인구 비율이 다른 지역에 비해 낮다는 점을 들었다. 그러나 이는 단순히 인구 비율의 차이일 뿐, 부산의 기독교적 가치가 낮다는 것을 의미하지는 않는다. 부산은 초기 선교사들의 기착지이자 조선 선교의 관문이었으며, 한국전쟁 당시에는 한국교회의 지형 변화를 이끈 중심지로서 중요한 역할을 감당했다.[272]

---

272) 위의 책 77.

박정규는 「한국기독교 성지순례 선교회」 창간호에서 서울 양화진 절두산 순교 역사박물관의 사례를 언급하며, 매년 이곳을 찾는 방문객이 만여 명에 이르고 개신교 성도들만 해도 5천여 명에 달한다고 밝혔다. 그는 개신교가 천주교에 비해 상대적으로 짧은 역사와 미흡한 유적지 연구, 개발의 한계를 가지고 있음을 지적했다. 실제로 부산·경남 지역을 보면 가톨릭 유적지는 도로 곳곳에서 쉽게 확인할 수 있지만, 개신교 유적지는 표지석(標識石) 하나조차 찾아보기 어려운 실정이다.[273]

박정규는 천주교 220년의 역사와 개신교 120년의 역사를 비교하며, 개신교가 유적 보존과 개발에 상대적으로 소극적이었다고 평가했다. 또한 많은 이들이 '유적지'라 하면 이집트, 터키, 이탈리아 등의 고대 지역을 연상하지만, 유적지는 단순히 교회가 처음 세워진 곳만이 아니라 복음이 전래되고 신앙이 형성된 역사적 현장을 포함한다고 강조했다. 그는 조선 초기 선교사들이 세운 교회와 그 안에 담긴 신앙의 이야기들을 보존하고 정비하여 성지화할 필요가 있다고 주장했다.[274]

이덕주는 『한국기독교 문화유산을 찾아서』에서 "오늘 우리의 신앙과 역사는 누가, 어디서, 어떻게 시작했는가?"라는 질문을 제기하며, 모든 기독교인의 순례는 '신앙의 뿌리를 찾아 떠나는 여정'이 되어야 한다고 강조했다. 그는 초기 선교사들이 조선이라는 은둔의 땅에서 복음을 전했던 흔적을 찾아, 그들의 신앙과 삶을 체험적으로 느껴야 한다고 말했다. 본 연구자는 여기에 더하여, 각 장소마다 작은 표지석(標識石) 하나라

---

273) 박정규. "한국개신교회박물관 및 자료실 조사연구(韓國基督敎 聖地巡禮硏究)," 「한국기독교성지순례선교회」 창간호 (2006): 13.
274) 위의 책 13.

도 세운다면 순례자들의 걸음에 더 큰 의미와 가치가 부여될 것이라고 본다.[275]

그러나 현실적으로 개신교 유적지는 교회의 역사적 연혁과 상관없이 흔적이 사라진 경우가 많다. 이런 상황에서 우리가 할 수 있는 일은 가톨릭처럼 대규모 성역화 사업을 추진하는 것이 아니라, 그 장소가 지닌 '이야기'와 상징성을 중심으로 역사적 가치를 보존하는 것이다. 즉, 물리적 유적뿐 아니라 그 장소가 간직한 서사적 의미를 발굴하고, 문헌자료와 함께 보존·연계하여 역사성을 되살릴 필요가 있다. 이를 위해 현존하는 기독교 박물관 및 자료관과 협력하여 순례 코스를 구성하고, 지자체와 연계하는 방안도 모색할 수 있다. 또한 지역 교회사를 지속적으로 알리고 교육할 수 있는 공간의 조성도 필요하다.[276]

이러한 노력의 일환으로 부산지역 기독교 사학자들과 부산시 중구청은 협력하여 '초기 선교사 기착지'에 표지석(標識石)을 세웠다. 이는 교회 단독으로는 어려운 일이었으나, 지자체와 협력하여 교회의 역사성과 공간의 상징성을 함께 살린 의미 있는 사례로 평가된다. 광복동 1가에 세워진 이 표지석(標識石)은 초기 선교사의 입국 경로와 그 역사적 의미를 담고 있으며, 부산항이라는 공간의 접근성과 역사적 가치를 함께 드러내고 있다.[277]

역사학자 E. H. 카(Carr)는 역사를 '객관적으로 편찬하는 것'이라 정의

---

275) 이덕주, 『한국 기독교 문화유산을 찾아서, 개화와 선교의 요람 정동진이야기』 (대한기독교서회, 2002), 58-59.

276) 박정규. "한국개신교회 박물관 및 자료실 조사연구(韓國基督敎 聖地巡禮硏究)," 14.

277) 광복도 선교사 기착지에 대해서 반복적으로 설명할 수밖에 없는 이유는 아직 우리 개신교가 내놓을 만한 성과를 이루지 못하고 있기 때문에 지금까지 기독교라는 이름으로 이루어 낸 가장 대표적인 사업을 반복하여 말할 수밖에 없다.

하며, 과거의 사건을 현재의 시각으로 재해석하여 의미를 부여하는 과정을 강조했다. 이러한 역사관에 따라 부산의 과거와 현재 사이에 있었던 사건들을 재정리하고, 그 안에서 기독교 문화유산의 흔적과 이야기를 복원하는 작업이 필요하다.[278]

대한예수교장로회 총회 역사위원회는 제98회 총회에서 「한국기독교사적지」 소책자를 발간했다. 여기에는 부산진교회, 일신여학교, 일신기독병원, 초량교회, 복병산, 용두산, 부산근대역사관 등 기독교 유적지 순례코스가 소개되어 있다. 그러나 실제 교회와 직접 관련된 내용이 많지 않아 구체적 재검토와 보완이 필요하다는 지적이 있다.[279]

탁지일의 연구에 따르면 부산지역 개신교 유적지의 중심은 '부산항'이다. 초기 선교사들의 입국이 부산항을 통해 이루어졌고, 이곳을 중심으로 초량동, 영도, 좌천동, 범일동 등지에서 선교가 시작되었다. 따라서 부산항 주변의 선교사 거주지, 근대 여성교육의 발상지인 일신여학교, 부산진교회, 한국전쟁 중 설립된 일신기독병원 등은 부산 개신교 유적지의 핵심 축을 이룬다.[280]

정영학은 성지를 단순히 특정 지역에 한정하지 말고, 복음이 전래되고 교회가 세워진 현장뿐 아니라 민족의 아픔과 함께 걸어간 믿음의 사람들의 흔적까지 포괄해야 한다고 제안했다. 이러한 관점에서 부산의 개신교 유적은 지역사와 교회사, 그리고 근현대사의 교차점에서 재해석될 필요가 있다. 부산이 조선의 관문으로서 지닌 역사적 의미와 한국전

---

278)　E.H카, 김택현 옮김, 『역사란 무엇인가?』, 45.
279)　대한예수교장로회 총회, "한국기독교 사적지," (2013년 9월 12일 개정 제98회 총회). 자료집
280)　탁지일. "부산지역 개신교 유적지 개발 및 활용 방안 연구," 79.

쟁 시기의 기독교적 역할을 함께 복원하는 것이 중요하다.[281]

한편 일본 큐슈의 나가사키는 '카쿠레 키리시탄(숨은 그리스도인)'의 이야기를 자국의 역사 속에 적극적으로 수용했다. 선교사와 말씀 없이 250년 동안 신앙을 지킨 이들의 이야기는 오우라 천주당(大浦天主堂)에 특별한 상징성을 부여하였으며, 1945년 원자폭탄 투하 이후 재건 과정에서도 기독교 문화유산을 함께 복원했다.

부산과 나가사키는 모두 초기 개항지로서 서양인의 기착지였으며, 각각 왜관(倭館)과 데지마(出島)를 지녔다는 공통점을 가진다. 또한 두 지역 모두 전쟁의 상흔을 간직하고 있다. 그러나 큐슈가 이러한 역사적 상처를 극복하고 기독교 문화유산을 세계문화유산으로 승화시킨 반면, 부산은 아직 그러한 시도를 본격적으로 이루지 못하고 있다. 따라서 부산의 기독교 유적지 역시 지역의 역사와 신앙의 이야기를 연결하여 성역화하고, 후대에 전승할 수 있는 문화적 자산으로 발전시킬 필요가 있다.

조선의 관문, 전쟁의 피난처 부산

부산의 개항은 단순히 조선이 일본과 맺은 조약의 결과로 이루어진 행정적 조치가 아니라, 근대 동아시아 질서 속에서 외세의 힘에 의해 추진된 국제적 사건이었다. 일본에 의한 부산의 개항 과정은 네덜란드, 미국, 영국 등이 일본에서 수행한 개항 절차와 유사한 형태로 전개되었다. 이러한 점에서 부산과 나가사키는 모두 근대 동아시아의 대표적인 개항

---

281) 장영학. "한국교회 성지순례에 관한 자료 연구," 「한국기독교 성지순례연구」 창간호 (2006): 60.

도시로 묶을 수 있으며, 두 도시 모두 개항의 주체가 자국이 아닌 외세였다는 공통점을 지닌다.[282]

탁지일은 구한말 조선을 방문한 외국인들이 처음 마주한 조선의 산하는 제물포가 아니라 부산이었다고 설명했다. 이러한 인식은 김대래, 김동철 등 부산 연구자들의 견해에서도 공통적으로 나타난다. 더불어 정순순과 정효운은 왜관과 한일관계 연구에서 부산을 '왜색(倭色)의 도시'로 규정하며, 일본의 영향력이 깊게 스며든 지역적 특성을 지적했다.

윤혜원은 일본의 개항이 자발적인 선택이 아니라, 미국이라는 선진 자본주의 국가의 외압에 의한 타의적 개항이었다고 설명했다. 이러한 맥락에서 볼 때, 부산의 개항 역시 외세의 압력 속에서 이루어진 불가피한 결과였다. 따라서 김대래, 김동철, 정순순, 정효운이 지적한 부산의 왜색적 특징은 단순한 문화적 현상이 아니라, 당시 국제정세와 식민적 압력 속에서 형성된 역사적 필연이었다. 이러한 모습은 초기 조선에 도착한 서양인과 선교사들의 기록에서도 동일하게 나타난다.[283]

여행가 이사벨라 버드 비숍(Isabella Lucy Bird, 1831-1904)은 1894년 2월, 63세의 나이로 일본을 여행하던 중 한국을 처음 방문했다. 그녀는 1897년 극동 체류 중 다시 한국을 찾으며 다양한 기록을 남겼는데, 나가사키에서 부산까지의 거리를 약 15시간으로 기록했다. 비숍은 히고마루(Higomaru) 호를 타고 대마도를 지나며 "내가 보는 마지막 일본"이라고 표현했고, 부산에 입항하면서 "왜색이 짙은 도시"라고 묘사했다.[284]

---

282) 김정하, "개항도시 유적지의 보존과 활용에 대한 고찰-부산과 나가사키의 사례를 중심으로," 128.

283) 윤혜원, 『일본 기독교의 역사적 성격』 (한국기독교역사연구소, 1995), 17.

284) 나가사키에서 조선의 남단에 위치한 부산까지는 기선으로 15시간 걸린다. 내가 히고마루

미국인 선교사 다니엘 라이먼 기포드(Daniel Lyman Gifford, 1861-1900) 역시 조선 방문기를 통해 "조선을 찾는 방문객 대부분은 일본 나가사키에서 일본 우편선(郵船)의 증기선을 타고 한반도의 남동쪽 항구인 부산에 첫발을 내딛는다."고 기록했다. 이처럼 서양인의 기록에서 부산은 조선을 향한 첫 관문으로 인식되었으며, 초기 선교사들에게도 '조선 선교의 시작점'으로 자리매김했다.[285]

이러한 기록들을 종합하면, 부산은 일본을 통해 조선으로 진입하는 모든 이들이 반드시 거쳐야 하는 관문이었다. 이에 따라 탁지일은 「한국선교 120주년의 기원 문제: 제물포인가, 부산인가?」라는 연구에서 조선 선교의 실질적 출발지는 제물포가 아니라 부산임을 명시했다. 실제로 개항 초기 부산은 원산이나 제물포보다 더 큰 규모의 개항장이었으며, 1898~1902년 기준 선박 수와 화물 적재량에서도 제물포를 크게 앞질렀다. 이는 부산이 단순한 항구 도시가 아닌, 조선의 대외 창구로서 중심적 역할을 수행했음을 보여준다.[286]

에서 들은 이름인 대마도는 일본에 관한 한 내가 마지막 본 곳이었다. 단풍이 물들고, 자두 꽃이 만발하고, 산 위에는 절이 있고, 숲속의 신사로 어지는 장엄한 일련의 계단, 소나무의 푸르름, 대나무의 금빛 이파리들로 가득한 대마도의 기억은 여름에는 즐겁겠지만 태양조차 비치지 않는 2월의 부산이 보여 주는 갈색의 민둥산에 의해 더욱 강렬하게 인상에 남아있었다. I. B. 비숍 지음, 신복룡 역주, 『조선과 그 이웃 나라들』 (집문당, 2015), 33.

285) 다니엘 기포드 지음. 심현녀 옮김. 『조선의 풍속과 선교』(한국기독교역사연구소. 1996), 10.
286) 탁지일, "한국선교 120주년의 기원문제: 제물포인가? 부산인가?," 155.

<표 8> 1898~1902년 부산과 제물포의 적재량

부산				제물포			
범선		기선		범선		기선	
선박수	적재량	선박수	적재량	선박수	적재량	선박수	적재량
726	27,086	569	287,725	596	19,968	415	206,996
총1,295척				총1,011척			

　　부산이 조선의 관문이자 전략적 요충지였다는 사실은 일본의 침략과 식민지화 과정에서도 명확히 드러난다. 일본의 대외 침략은 고대 왜구 시대부터 시작되어 삼포왜란, 임진왜란과 정유재란을 거쳐 근대에 이르기까지 지속되었다. 일본은 서구 열강과 보조를 맞추며 조선을 식민지화하였고, 그 중심에는 언제나 부산이 있었다.[287]

　　일제는 부산에 동양척식주식회사를 설치하여 양곡과 자원을 반출하고, 문화재를 약탈하였으며, 조선인의 노동력을 강제로 동원했다. 이러한 과정에서 부산은 조선의 경제·문화·인력 수탈의 중심지로 전락했다. 초기 서양인과 선교사들의 시각에서도 부산은 조선의 항구 도시라기보다 일본의 색채가 짙게 밴 '왜색의 도시'로 인식되었다.

　　1945년 해방 직후 부산은 일본의 패망과 함께 철수하는 일본인들, 그리고 귀환하는 조선인들로 인해 극심한 혼란에 빠졌다. 일본인들은 가져갈 수 없는 물품을 내다 팔았고, 귀환 동포들은 생계를 위해 자신이 들고 온 물건을 판매했다. 이러한 교류 속에서 자연스럽게 형성된 시장이 오늘날의 국제시장이다. 해방된 조국 부산은 '들어오고 나가는 관문'으

---

287)　김대래, 『부산학논총 2013 - 개항기 서양인의 눈에 비친 부산』, 146-147.

로서 다시금 활력을 찾았다.[288]

　그러나 제2차 세계대전 이후 세계가 냉전 체제에 돌입하자 한반도 역시 그 영향에서 벗어나지 못했다. 해방 직후 수립된 대한민국 정부는 정치·경제적으로 미국에 의존할 수밖에 없는 구조 속에서 미군이 철수하였고, 이 틈을 노린 북한의 김일성은 1950년 6월 25일 남침을 감행했다.

　한국전쟁은 민족 내부의 이념적 충돌로 인한 비극적 전쟁이었으며, 수많은 민간인 희생자와 이산가족을 낳았다. 초기 전세는 북한군의 우세로 국군과 유엔군이 후퇴를 거듭했으나, 1950년 9월 더글러스 맥아더(Douglas MacArthur)의 인천상륙작전으로 전황이 반전되었다. 그러나 중공군의 참전으로 인해 다시 후퇴가 불가피해졌고, 1951년 1월 4일 '1·4후퇴'가 발생하면서 수많은 피난민이 남하했다. 이때 부산과 거제는 대표적인 피난지로 인구가 폭발적으로 증가했다.[289]

　당시 한국교회는 평양을 중심으로 성장해 왔으나, 전쟁으로 인해 전체 교세의 70%가 남하하게 되었다. 이 과정에서 이북의 교회와 성도들이 부산, 거제, 제주 등지로 이동하면서 새로운 교회들이 세워졌다. 부산은 전선에서 멀리 떨어져 있었고 일본과 연결되는 항구를 보유하고 있었기에 피난민의 중심지가 되었다.[290]

---

288)　부산광역시 중구에 위치한 국제시장은 부산의 대표적인 전통시장으로 1945년 광복 이후 일본인들이 남긴 물건과 해외동포들이 가져온 물건들을 거래하기 위해 현재의 자리를 장터로 삼으면서 시장의 역사는 시작된다. 많은 사람으로 시끌벅적했던 이 공터는 처음엔 도떼기시장이었다가, 1948년에 건물을 세우면서 자유 시장으로, 1950년 미군 부대에서 흘러나온 물건까지 취급하게 되면서 국제시장이라는 이름을 갖추게 되었다. 국제시장홈페이지.
　　https://gukjemarket6.modoo.at　2024년 4월 27일 접속.
289)　이종민, 『6.25 전쟁기 부산지역 기독교의 공존과 갈등 1950~1953』, 117-124.
290)　위의 책, 118.

『초량교회 120년사』에 따르면, 1950년 9월 피난 온 목회자와 성도들이 모여 구국기도운동을 전개하였고, 한상동 목사와 양성봉 장로를 중심으로 피난민 구호 활동에 전념했다. 당시 부산의 교회들은 사택과 교육관을 내어주며 피난민을 수용하였고, 구호와 모금 활동을 병행했다. 또한 전쟁 중에도 청소년을 위한 교육의 장을 마련하며 복음적 돌봄을 지속했다.[291]

이종민은 "전쟁으로 부산에 몰려든 피난민들을 지역 교회가 외면하지 않았다"고 평가했다. 부산 교회들은 교단의 구분을 넘어 연합적으로 구호활동에 나섰으며, 종교를 초월한 인도적 지원을 펼쳤다. 이로 인해 부산 교회는 단순한 예배의 장소를 넘어, 전쟁 속에서 '희망과 생명의 피난처'로 기능하게 되었다.[292]

한국전쟁은 부산 교회의 지형을 크게 변화시켰다. 전쟁 중 새롭게 형성된 교회들은 두 부류로 나눌 수 있는데, 하나는 이북 피난민들이 세운 교회이고, 다른 하나는 타 지역에서 유입된 성도들이 기존 교회에 합류하여 재편된 교회였다. 이종민의 연구에 따르면, 이 과정에서 문화적 배경의 차이로 인한 갈등이 일어나기도 했으나, 교회는 조정과 협력을 통해 새로운 공동체 질서를 형성해 나갔다. 그 결과, 한국교회의 중심축은 이북에서 남한으로, 특히 부산을 거쳐 전국으로 확산되는 계기가 마련되었다.

부산의 개항과 초기 선교사 정착지는 일본의 나가사키와 여러 측면에서 유사성을 지닌다. 조선시대 쇄국의 상징이었던 '왜관(倭館)'과, 에도

---

291)   초량교회. 『초량교회 120년 약사 1892-2012』. 73.
292)   탁지일 외 『6.25전쟁과 한국교회』 (서울: CLC, 2020), 182~184.

시대 일본의 쇄국 상징인 '데지마(出島)'는 양국의 교류와 제한적 개방의 흔적을 보여준다. 두 지역 모두 서양 문물과 기독교의 유입 통로였으며, 근대화의 출발점이 되었다는 점에서 상호 비교의 가치가 크다.

전쟁 이후의 재건 과정에서도 부산과 나가사키는 공통된 경험을 지닌다. 부산은 6·25전쟁의 피난지로, 나가사키는 1945년 원자폭탄 투하의 비극을 경험한 도시로, 두 지역 모두 전쟁의 상흔을 안고 있다. 그러나 일본의 큐슈 지역, 특히 나가사키는 '카쿠레 키리시탄(숨은 그리스도인)'의 신앙 유산을 보존하고 세계문화유산으로 발전시킨 반면, 부산은 아직 기독교 문화유산의 보존과 성역화에 대한 본격적인 시도를 이루지 못하고 있다. 따라서 부산의 기독교 유적지 역시 이러한 역사적 자산을 지역의 문화적 유산으로 계승하기 위한 적극적인 연구와 보존이 필요하다.[293]

카쿠레 키리시탄, 나가사키 원폭 투하

나가사키 오우라 천주당으로 오르는 길 중간에는 1965년, '신도 발견 100주년'을 기념하는 기념비가 세워져 있다. 이는 1865년 3월 17일, 오우라 천주당이 건축된 직후 발견된 카쿠레 기리시탄(隠れキリシタン, 숨은 신자)을 기념하기 위한 것이다. 이들은 1613년 도쿠가와 이에미치의 시대 기독교 금교령 이후 처음으로 공개적으로 확인된 신자들로, 주로 고토열도 출신이었다.[294]

---

293) 위의 책, 185-191.
294) 長崎と天草地方の潜伏キリシタン関連遺産インフォメーションセンター 홈페이지
     https://kyoukaigun.jp/ 2024년 4월 25일 접속.

1981년 2월 23일부터 26일까지, 교황 요한 바오로 2세는 일본을 처음 나가사키를 방문했다. 그는 우라카미 천주당(浦上 天主堂)을 방문하고, 나가사키시 미쓰야마(長崎市 三ツ山) 경기장에서 기념 예배를 집전했다. 이어 26인 순교지와 오우라 천주당(大浦天主堂)을 방문하면서, 원자폭탄으로 파괴된 도시와 신앙 공동체의 회복을 세계적으로 알리는 계기를 마련했다. 이는 나가사키가 원폭으로 폐허가 된 지 36년 만에 이루어진 역사적 사건이었다.[295]

1945년 원자폭탄 투하로 나가사키는 전면적인 파괴를 겪었으나, 지역민들은 1956년 '성지보존회(聖地保存会)'를 결성하여 26인 순교지를 비롯한 주요 기독교 문화유적을 복원하기 시작했다. 이러한 노력은 단순한 복원을 넘어 지역의 기독교적 정체성을 되살리고, 역사·문화유산으로서의 가치를 보존하는 계기가 되었다. 그 결과 나가사키는 초기 개항장의 이국적 풍경과 함께 기독교 문화유산을 관광 자원으로 재활용하는 도시로 발전했다.

이러한 지역적 노력은 2018년, '나가사키와 아마쿠사 지방의 잠복 그리스도교 관련 유산(長崎と天草地方の潜伏キリシタン関連遺産)'이 유네스코 세계문화유산으로 등재되는 결실로 이어졌다. 이미 2007년부터 나가사키(長崎)와 쿠마모토(熊本)지역에서는 세계문화유산 등재를 목표로 한 움직임이 시작되었다. 같은 해, 쿠마모토시(熊本市)의 시의원들은 "아마쿠사 지역의 교회군을 세계문화유산 후보로 등록할 수 있는가?"를 주제로 논의를 시작하였고, 이를 계기로 지역 차원에서 기독교 유적의 가치에

---

295)　위의 홈페이지.

대한 학술적 검토와 행정적 지원이 본격화되었다.

특히 시의회 주도로 진행된 아마쿠사시(天草市)의 유적 보존 활동은 지방정부가 종교유산 보존을 문화·관광 자원으로 확장한 대표적 사례로 평가된다. 2007년 7월 31일자 『쿠마모토 일일신문(熊本日日新聞)』은 "학술검증회 발족"이라는 제목의 기사를 통해 지역민의 관심을 환기시켰으며, 아마쿠사시는 사카츠교회(坂津教会)와 오에교회(大江教会)를 중심으로 세계문화유산 등록을 위한 홍보 활동을 전개했다.[296]

나가사키의 역사적 중요성은 개항의 시점부터 이어진다. 1571년 개항한 나가사키(長崎)는 1641년부터 1859년까지 일본에서 유일하게 네덜란드와 무역을 지속한 도시였다. 이는 1637년 시마바라의 난(島原の亂) 이후, 데지마(出島)를 중심으로 이루어진 무역활동으로, 나가사키는 일본 쇄국정책의 상징적 공간으로 자리 잡았다. 그러나 메이지 유신 이후 나가사키는 다시 개방되어 일본의 대외 교류의 관문이 되었으며, 서양인들이 자유롭게 출입할 수 있는 항구도시로 변모했다.

이후 나가사키에는 서양인 거류지가 형성되었고, 포르투갈 영사관이 있던 지역은 '영사관의 언덕'이라 불리며 서양 선교사들이 정착한 중심지로 기능했다. 이곳에 세워진 교회가 바로 오우라 천주당이며, 1965년에는 '숨은 신자 발견 100주년'을 기념했다. 오우라 천주당은 250년간 이어진 숨은 신앙의 종착점이자, 일본 기독교 부흥의 상징적 장소로 인식되고 있다. 인근에는 서양인 가옥을 이전·복원하여 조성한 구라버정원(Glover Garden)이 있으며, 이는 일본 근대 산업의 발상지로서 중요한 의

---

[296] 天草市文化課, 『草の坂津集落世界文化遺産登録までの歩み』(熊本: 熊本出版, 2020), 15-16.

미를 지닌다.

구라버정원에서 내려다보면 보이는 미쓰비시 조선소(三菱造船所)는 일본 근대화의 상징적 시설이다. 설립자인 이와사키 야타로(岩崎弥太郎, 1835-1885)는 해운업으로 출발하여 석탄 운반과 조선업으로 확장하였고, 영국 등 서구 기술을 도입해 일본 근대 조선 산업의 기틀을 마련했다. 미쓰비시는 이후 군수 산업과 전쟁 물자 운반을 담당하면서 일본 제국주의 확장의 기반이 되었다. 이러한 산업적·군사적 중요성으로 인해 나가사키는 제2차 세계대전 당시 원자폭탄의 투하 대상이 되었다.[297]

1945년 8월 9일, 나가사키에 투하된 원자폭탄으로 도시 대부분이 폐허가 되었고, 우라카미 천주당은 폭심지로부터 약 500m 거리에 위치해 있었다. 당시 가톨릭 신자 약 12,000명 중 8,500명이 희생되었다. 폭심지에서 4km가량 떨어진 오우라 천주당은 지붕과 벽이 파손되고 스테인드글라스가 파괴되었으나, 1947년 복원공사를 시작하여 1952년 원형을 회복했다. 우라카미 천주당은 재정난으로 복원이 늦어졌지만, 1981년 교황 요한 바오로 2세의 방문 시 재건을 마쳤으며, 일부 잔해는 평화공원 조성 시 원폭 중심지로 옮겨졌다.[298]

이처럼 신앙과 역사적 아픔이 공존하는 나가사키의 교회들은 2018년 7월, '나가사키와 아마쿠사(天草)지방의 잠복(潜伏) 그리스도교 관련 유산'으로 유네스코 세계문화유산에 등재되었다. 현재 큐슈 지역에는 나가사키 외에도 시마바라(島原), 아마쿠사(天草), 이키츠키(生月), 히라도

---

297) 長崎市. 『長崎市歴史文化基本構想』(長崎: 長崎市経済局文化觀光部財課, 平成27年). 56.
298) 長崎市. 『大浦天主堂物語-』(長崎: 聖母の騎士社, 2015). 18-19.

(平戸), 고토열도(五島列島) 등 12개의 기독교 유적군이 개발되어 있으며, 이들 대부분이 세계문화유산으로 등록되어 있다.

최근에는 이 유적지를 하나의 문화적 네트워크로 묶은 "큐슈올레(Kyushu Olle)" 프로젝트가 추진되고 있다. 2023년에는 '남만무역으로 번창한 항구 도시를 걷는 길'이라는 주제로 리플릿이 제작되어, 미나미시마바라(南島原) 코스를 중심으로 지역 관광 자원화가 이루어지고 있다. 접근성이 낮은 지역임에도 불구하고, 지역 주민과 지방정부의 지속적인 홍보와 보존 노력으로 기독교 유적의 문화적 가치는 더욱 확장되고 있다.

결국, 나가사키 기독교 유적의 역사적 가치 중 가장 핵심적인 요소는 250년에 걸친 신앙의 지속성과 그 회복의 역사이다. 박해와 파괴, 그리고 재건을 거친 이 지역의 경험은 단순한 종교사의 차원을 넘어, 인류 보편의 문화유산으로서의 가치를 증명하고 있다.[299]

(2) 부산과 큐슈의 지리적 접근성

일본이 세계문화유산으로 등재한 12개의 교회군은 접근성 측면에서 상대적으로 열악하다. 이는 약 250년 동안 은둔 생활을 하며 신앙을 지켜온 카쿠레 키리시탄(隠れキリシタン)의 활동 장소가 대도시나 인구 밀집 지역과는 거리가 먼 곳에 위치했기 때문이다. 반면, 부산의 기독교 유

---

299) 2024년 제주올레 팀에서 2024년 3월 3일부터 시마바라지역 올레길 트레킹코스를 사진과 함께 홍보했다.
https://band.us/band/82008575/post/1469. 2024년 5월 2일 접속.

적지는 일본에 비해 접근성이 비교적 양호하다. 대부분의 유적지가 초기 개항장을 중심으로 형성되었기 때문에 접근 면에서 상대적으로 용이한 편이다. 이러한 차이는 김대래(2021)의 연구에서 제시된 '에피여사 지도'를 통해서도 확인할 수 있다.[300]

본 연구자는 부산의 지리적 특성과 역사적 맥락 속에서 초기 선교사들의 입항 경로를 검토했다. 비교 연구 대상으로 선정된 일본 큐슈 지역은 부산과 지리적 환경이 유사하며, 해당 지역의 기독교 문화가 세계문화유산으로 등재되기까지의 역사적 과정을 세밀히 분석했다. 이를 통해 부산 역시 역사적 가치를 보존하고 계승하기 위한 다양한 노력을 기울여 왔음을 확인할 수 있었다. 본 연구는 고대사에 기록된 한·일 교류의 역사에서부터 현대에 이르기까지의 흐름을 통시적으로 고찰하며, 특히 부산과 큐슈 지역의 지리적 접근성을 비교·검토한다.

한·일 관계의 역사는 3세기 이전의 무역의 역사에서 출발하여 수탈과 전쟁의 시기를 거쳐 평화와 교류의 역사로 이어져 왔다. 이 과정에서 대마도의 역할은 특히 중요하였으며, 양국의 해상 교류와 정치적 관계에서 핵심적인 위치를 차지했다. 대마도와 연결된 일본 큐슈의 대표 도시는 교통의 중심지인 후쿠오카로, 특히 하카타 지역은 항공, 철도, 항만 시설을 모두 갖춘 복합 교통 도시로 발전했다. 이는 항공, 철도, 항만을 모두 갖춘 부산의 도시 구조와 유사하며, 두 지역은 동아시아 해상 교류의 중심지로서 역사적·지리적 연관성을 지닌다.

기독교 역사 측면에서도 초기 선교사들은 큐슈 서쪽의 항구 도시인

---

300)　각주 144)의 설명을 참고할 수 있고, 〔그림 11〕 에피여사의 그림 지도로 보충할 수 있다.

나가사키를 통해 조선에 입국했다. 개항 초기 나가사키는 해외에서 조선으로 들어올 수 있는 유일한 통로였다. 시모노세키 항로가 언급되기도 하나, 이는 1905년 이후 일본의 대한제국 침탈 시기와 관련이 깊다. 따라서 부산과 큐슈 사이에 위치한 대마도 및 주변 섬들은 무역 교류뿐 아니라 침략과 수탈의 역사적 사건들과도 밀접한 관계를 지닌다.

기록에 따르면, 서양인이 처음으로 부산항에 발을 디딘 시점은 1797년 10월 15일 정오 무렵으로, 영국 해군 탐사선 프로비던스호(The Providence)의 부속선 프린스 윌리엄 헨리호(Prince William Henry) 승무원들이 입항한 때였다. 이후 약 80년이 지난 1876년 부산항이 공식적으로 개항하기 전까지 서구인의 방문은 극히 드물었다. 본격적인 서양인의 입항은 1883년 해관 개설 이후로, 해관원·선교사·여행자 등의 방문이 점차 늘어나기 시작했다.[301]

1883년 6월, 영국인 넬슨 로바트(Nelson R. Robarts)는 묄렌도르프의 초청을 받고 조선의 초대 부산 해관장으로 부임했다. 그의 부인과 딸은 1884년 여름, 태평양을 건너 일본 나가사키에서 미쓰비시 소속 증기선 쓰루가마루(敦賀丸)를 타고 부산에 도착했다. 로바트 해관장 가족은 부산에 거주한 최초의 서양인 가정으로 기록된다. 같은 해 9월 17일, 의료선교사 호러스 알렌(Horace N. Allen)은 상하이에서 출발해 나가사키를 거쳐 영국 기선 남승호(S.S. Namsung)를 타고 부산항에 도착했다.

이후 1885년에는 아펜젤러(Henry G. Appenzeller)와 언더우드(Horace G. Underwood)가 부산항을 거쳐 서울로 향했다. 당시 외국인들은 대부분 나

---

301)　이용득. 『부산항 이야기 부산항의 오래된 미래를 만나다』 (서울: 유진북스, 2019). 122-125.

가사키에서 출발하여 부산항을 경유한 뒤 인천으로 이동하는 항로를 이용했다. 따라서 부산항은 조선으로 들어오는 외국인들이 반드시 거쳐야 하는 관문으로 기능했다.

1883년 조선 사절단을 미국으로 인도했던 미국인 로웰(Percival Lowell)을 비롯해 1884년 호러스 알렌, 1885년 아펜젤러와 언더우드 등 초기 서양인들은 부산에 대한 첫인상을 유사하게 기록했다. 또한 1894년 부산을 방문한 영국의 지리학자이자 여행가 이사벨라 비숍(Isabella Bird Bishop)은 일본 나가사키 항에서 일본 우선 소속 증기선 히고마루(肥後丸)를 타고 약 15시간 동안 대마도를 경유해 부산에 도착했다고 기록했다. 그녀는 부산의 첫인상에 대해 "조선이라기보다는 일본과 같았다"고 묘사했다.

이는 당시 부산의 도시 구조와 인구 구성이 일본의 영향을 강하게 받았음을 보여준다. 당시 부산에는 약 5,508명의 일본인이 거주했으며, 8,000여 명의 일본 어부가 드나들었다. 비숍은 일본인 거류지가 청결하고 잘 정비된 반면, 조선인 거주지는 협소하고 빈곤한 모습이었다고 기록했다. 그러나 그녀는 한국인들의 체격과 용모가 뛰어나고 인상이 신선했다고 평가하면서, 부산이 얼지 않는 항구라는 점에 주목했다. 그녀는 또한 서울과 부산을 잇는 철도가 개통될 경우, 부산이 동북아 상업의 중심지로 성장할 것이라 전망했다.

개항 초기 부산에는 조선의 초량왜관(草梁倭館)과 일본의 나가사키 데지마(出島)가 각각 양국의 쇄국정책을 상징하는 공간으로 존재했다. 이러한 역사적 배경 속에서 부산항과 나가사키는 세계열강과의 조기 접촉이 가능했던 대표적 항구 도시로 기능했다. 지리적으로도 부산과 큐슈는 가장 가까운 외국으로, 오늘날까지 해상과 항공 노선을 통해 긴밀히 연결되어 있다. 현재 부산에서는 일본으로 향하는 페리와 쾌속선이 매일 운항되고 있으며, 김해국제공항에서도 일본 각지로 향하는 정기 항공편이 운행되고 있다. 이러한 사실은 초기 서양인들이 부산을 '일본인의 도시' 또는 '왜색의 도시'로 인식한 배경을 설명함과 동시에, 부산과 일본 간의 교류가 오랜 역사적 기반 위에서 지속되어 왔음을 보여주는 중요한 근거로 평가된다.

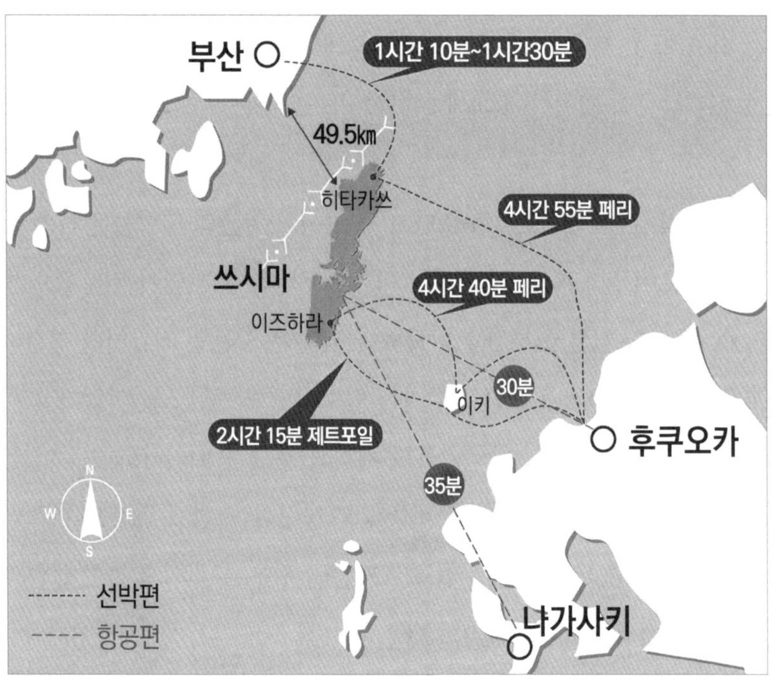

〔그림 23〕 부산에서 대마도, 후쿠오카, 나가사키 거리
(출처: 스시마부산본부)

184

조선통신사의 길을 따라서

조선왕조는 고려 말기인 14세기부터 이미 일본과의 외교 교류를 시작했다. 이 시기부터 양국 간에는 외교 사절단의 왕래가 이루어졌으며, 일본의 위사(僞史)와 조선 사절단의 접촉도 존재했다. 초기에는 '통신사(通信使)'라는 명칭이 사용되지 않았고, 대신 '회례사(回禮使)'와 '보빙사(報聘使)' 등의 명칭이 먼저 사용되었다. 이후 조선 제4대 국왕 세종대에 이르러 '통신사'라는 용어가 공식적으로 정착했다.

양국 간 외교사절단의 왕래는 일본 무로마치 시대 이전부터 시작되었다. 일본은 1377년부터 1589년까지 '일본국왕사(日本國王使)'라는 명칭으로 총 71회의 사절단을 조선에 파견했다. 이에 대응하여 조선 역시 1367년부터 1590년까지 '회례사', '보빙사', '경차관(敬差官)' 등의 이름으로 사절단을 파견했다. 이러한 사절단은 단순한 외교적 사절의 역할을 넘어, 부산에 설치된 일본인 거류지인 왜관(倭館)의 운영과 규제, 교역 관련 요청 처리 등 대일 관계 조정의 기능을 담당했다.

조선왕조실록 등 주요 사료에서는 조선과 일본 간의 외교를 '성신(誠信)'으로 표현했다. '통신사'라는 공식 명칭으로 파견된 사절단은 조선 전기에는 총 5회(1428년, 1431년, 1439년, 1443년, 1590년), 조선 후기에는 12회 파견되었다. 이 가운데 초기 1~3차 사행은 '회답겸쇄환사(回答兼刷還使)'라는 이름으로 진행되었다. 고려시대부터 이어져 온 사절단 파견의 역사적 연속성을 고려할 때, 이러한 모든 사절단을 포괄적으로 '조선통신사'라 통칭하는 것이 타당하다.

조선통신사의 기본 행로는 한성(서울)을 출발하여 부산에 도착한 후,

일본행 화물을 집결하고 선박을 정비한 다음, 대마도 번의 사절단과 합류하여 일본으로 향하는 형태였다. 1763년 제술관 남옥(南玉, 1722~1770)이 남긴 『일관기(日觀記)』에는 조선통신사의 왕복 거리를 총 11,335리, 약 4,500km로 기록하고 있다. 통신사 사행단은 대형 선박 6척으로 구성되었으며, 이 중 3척은 숙박지 인원에게 전달할 선물이나 일본 장군에게 바칠 진귀한 물품을 운반하는 데 사용되었다.[302]

조선통신사는 조선을 대표하는 공식 외교사절단으로서, 그 활동과 여정을 문서뿐 아니라 회화로도 남겼다. 대표적인 기록물이 『사로승구도(槎路勝區圖)』이다. 이는 1748년 제10차 조선통신사 행로를 담당한 화원 이성린(李聖麟, 1718~1777 혹은 1770)이 제작한 그림으로, 부산에서 에도까지의 항로와 경관을 묘사하고 있다. '사로(槎路)'는 바닷길을, '승구(勝區)'는 아름다운 경치를 뜻하며, 근세 일본인이 본 조선통신사의 항로를 시각적으로 기록한 귀중한 자료로 평가된다.

조선통신사가 거친 주요 도시는 조선 측에서는 한성에서 부산까지의 구간이며, 일본 측에서는 대마도, 이키섬(壱岐島), 히젠국(肥前国), 오사카, 에도(江戸) 등이 포함된다. 사행단 구성은 국왕을 대표하는 삼사(三使) 외에도 다수의 수행원으로 이루어졌으며, 일부 인원은 여정 도중 부산에서 합류했다. 예를 들어 상중(喪中)에 있던 인원은 부산에서 사행단에 합

---

302) 釜山を発った通信使は対馬、壱岐、相島(現、福岡県)を経由して、下関(赤 間関)に入る。瀬戸内海の上関(山口県)、下蒲刈(広島県)、牛窓(岡山県)、室津(兵庫県)を経て、大坂港に着き、海路の旅は終わる。大坂港からは川御座 船に乗り換えて、淀川を上って京都に向かう。京都から江戸までは陸路の旅にな るわけだが、京都、大津、守山、近江八幡、琵琶湖(滋賀県)を左に見ながら、朝鮮人街道を歩いて進む。彦根、摺針峠(すりはりとうげ)を超え、大垣、名古屋、岡崎、浜松、掛川、静岡(駿河府中)、興津、由比、富士山を左に見ながら、さらに吉原、三島、箱根、小田原、大磯、藤沢、品川の順に移動し、江戸に着く. 魏聖銓, "朝鮮通信使と雨森芳洲の一考察," 16~17.

류한 사례가 있다.

한태문은 조선통신사의 여정을 세 가지 측면에서 정리했다. 첫째, 외교 기록으로 『변례집(辨例集)』이 대표적이다. 이는 1598년부터 1841년까지 약 250년간의 외교 교섭과 활동을 30개 항목으로 정리한 자료로, 사신 왕래, 무역 관계, 표류인 송환 등 임진왜란 이후의 한일 교섭이 상세히 기록되어 있다. 둘째, 여정 기록으로는 『사행록(使行錄)』이 있다. 이는 조선 왕실에서 일본 에도까지 약 4,500km에 달하는 왕복 행로와 사절단의 활동을 세밀하게 기록한 자료이다. 셋째, 문화교류 기록으로, 사절단이 일본 측과 한문으로 나눈 필담(筆談)과 서화 교류가 이에 해당한다.[303]

영조 24년(1748년)에 파견된 제10차 조선통신사의 주목적은 도쿠가와 이에시게(德川 家重, 1712~1761)의 장군 취임을 축하하기 위한 공식 방문이었다. 사행단은 서울을 출발하여 부산에 도착한 뒤, 대마도를 거쳐 히라도번(平戸藩)의 이키섬(壱岐島)에 도달하였고, 이어 히젠국 후쿠오카

---

303) 지금의 내용은 일본 측에서 기록한 서울에서 부산까지의 왕복할 때 길이고, 일본 국내에서 왕복하는 길을 도시별로 표시했다. 이런 기록으로 보아 후에 임진왜란 당시 일본인 상인들이 어떻게 일본군의 길 안내를 했는지 볼 수 있다. 서울에서 출발한 횡령은 往路(下行) 昌德宮창덕궁→良才양재→板橋판교→龍仁용인→陽智양지→竹山죽산→無極무극→崇善숭선→忠州충주→安堡안보→聞慶문경→幽谷유곡→龍宮용궁→醴泉예천→豊山풍산→安東안동→直일직→義城의성→靑路청로→義興의흥→新寧신녕→永川영천→毛良모량→慶州경주→仇於구어→蔚山울산→龍堂용당→東來동래→釜山부산 약(約) 418km 20일 정도 소요되었다(20日くらい所要). 하부선 왕복도 같다(下線部は往復とも立ち寄った場所である). 復路(上行) 東來동래→梁山양산→無屹무흘→密陽밀양→楡川유천→道청도→梧桐院오동원→大邱대구→松林寺송림사→仁同인동→善山선산→五里院오리원→尙州상주→咸昌함창→聞慶문경→延豊연풍→槐山괴산→陰城음성→無極무극→陰竹음죽→利川이천→慶安경안→廣州광주→昌德宮으로 이어진다. 일본국내(日本国内)에서는 대마도에서 에도로(対馬から江戸), 닛코우까지 왕복(日光まで(往復が同じ)은 다음과 같다. 対馬(鰐浦、府中)比田勝、厳原→壱岐(勝本浦、郷ノ浦)→相島→赤間関(下関)→向島→上関→津和→下蒲刈→鞆の浦→福山→牛窓→室津→兵庫→大阪→淀→京都→伏見→守山→大津→近江八幡→彦根→今須→大垣→岡崎 →赤坂→吉田→新居→浜松→見付→掛川→金谷→藤枝→静岡→江尻→吉原→三島→箱根→小田原→大磯→藤沢→品川→江戸→(닛코우까지는(日光までは) 1624、1636、1655까지 3회만(3回のみ) 왕복했다.) 魏聖銓, "朝鮮通信使と雨森芳洲の一考察," 15.

지역을 거쳐 오사카로 이동했다. 이 지역은 임진왜란 당시 출정지였던 나고야성터와 관련이 깊다. 이러한 행로는 오늘날 세계문화유산으로 등 재되어 있으며, 한태문은 이를 양국 간 오랜 교류의 상징적 표현인 '소통 (疏通)'으로 평가했다. 평화의 시대에 부산은 일본과의 소통의 중심지로, 대마도는 조선과 일본을 잇는 중개지로서 기능했다. 이 교류의 통로는 이후 서양인들이 조선에 진입하는 주요 관문으로 이어졌다.

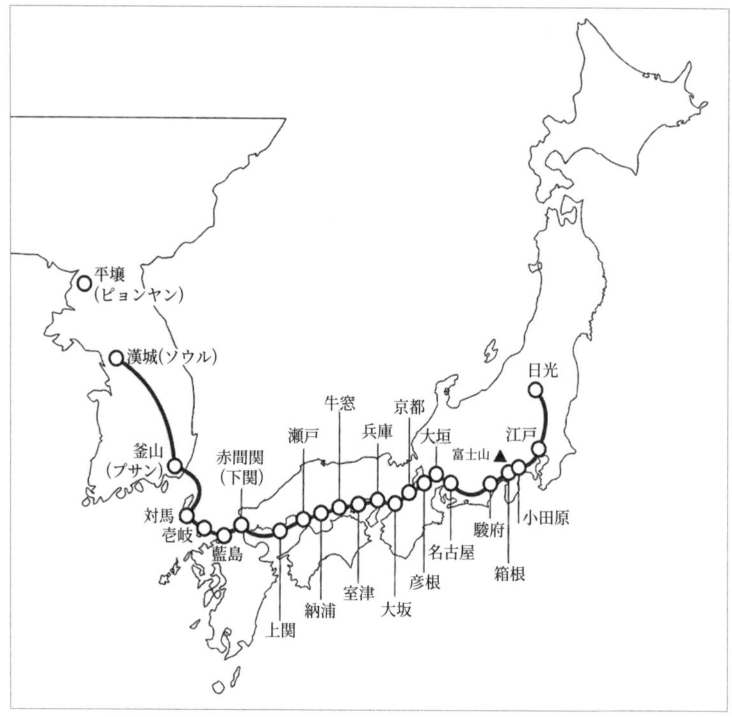

〔그림 24〕 교류 조선통신사 전도록 2001년 (交流朝鮮通信使展圖錄 2001年)
(출처: 동경문화박물관(京都文化轉物館)

또한 통신사들이 일본 각지의 사찰에 남긴 현판, 서화, 글씨 등은 오 늘날에도 중요한 문화교류의 증거로 평가된다. 이러한 기록들은 조선통신사의 행로가 단순한 외교 사절의 기능을 넘어, 통상과 무역, 문화 교류가 복합적으로 이루어진 길이었음을 보여 준다. 특히 19세기 서양 선교사들이 조선에 진입할 때 부산과 나가사키를 경유했던 항로는, 과거 조선통신사의 평화적 교류의 길이 새로운 국제 소통의 통로로 이어졌음을 시사한다.[304]

내한 선교사들의 길을 따라서

초기 미국 선교사들이 조선에 입국하기까지의 여정은 결코 쉽지 않았다. 1867년 태평양우편기선회사(Pacific Mail Steam Ship Company)가 정식 항로를 개설하기 전까지는 태평양을 횡단하는 공식 항로가 존재하지 않았기 때문이다. 따라서 19세기 중반 이전에는 지구의 거의 3분의 2를 돌아 일본에 도착했다. 일본 초기 선교사 프리도린(Guido Herman Fridolin Verbeck, 1830~1898)이 내일(來日)했을 당시만 해도 태평양 유선회사가 아직 설립되기 전이었으며, 그는 장거리 항로를 따라 일본에 도착할 수밖에 없었다. 이후 동아시아와 미국을 연결하는 정식 항로가 점차 개설되면서 선교사들은 이동이 용이해졌다.[305]

1853년 미국의 매슈 페리(Matthew Perry)가 일본 요코하마를 개항시키고, 1858년 미·일 통상조약이 체결되면서 미국은 태평양 유선회사를 설

---

304) 한태문, 『한·일 문화교류의 상징 '조선통신사', 그들의 기록』, 48-57.

305) 프리도린, 네덜란드에서 태어났다. 22살에 미국으로 이주해서 기술자로 취직을 했고, 26살에 장로회 오반 신학교에 입학한다. 재학 중에 브라운 교회에서 독일인을 대상으로 설교하며 도왔다. 29살에 졸업을 하고 동시에 3명의 일본 최초 개신교 선교사 3명 중의 한 명으로 개혁파 일본 선교사로 임명되었다. William Elliot Griffis, Verber of Japan, Fleming H. Reverll Co. 1900, 48-46. 岩崎 洋三, "フルベッキ: 明治新政府の顧問に招聘され、日本の近代化に貢献した宣教師." (史料集成, 2014). 1. 재인용.

립하여 아시아 항로를 개척했다. 이 항로는 뉴욕, 로스앤젤레스, 샌프란시스코에서 출발하여 태평양을 횡단한 후 일본 요코하마로 향하였으며, 중간 기착지인 하와이는 일본 및 호주로 향하는 승객들의 환승지 역할을 담당했다.

본격적인 태평양 항로 운항은 1867년 아메리카 퍼시픽 메일 증기선 회사(Pacific Mail Steam Ship Company, 이하 태평양우편기선회사)가 설립되면서 시작되었다. 이상규는 베어드(William Baird)의 서신을 인용하여, 당시 태평양 항로의 주요 승객이 서양인보다는 중국인과 일본인이었다고 지적한다. 이 회사의 항로는 샌프란시스코를 출발하여 하와이를 경유한 후 요코하마로 향하고, 다시 상해(上海), 홍콩(香港), 마카오(澳門)까지 이어지는 장거리 노선으로 구성되어 있었다.[306]

태평양우편기선회사는 1864년 미국 해운보조법에 따라 샌프란시스코-하와이-일본 간 항로 개설을 명령받아 정기 운항을 시작했다. 이를 위해 1866년 8월 3,880톤급 외륜선이 진수되었으며, 1867년 이후에는 약 27일 만에 샌프란시스코에서 요코하마까지 항해할 수 있었다. 베어드의 편지에 따르면, 미국에서 출발한 선박은 'Arabic호'로, 샌프란시스코를 출발하여 하와이, 요코하마, 상해, 홍콩, 마카오를 차례로 경유했다. 즉, 미국의 최종 목적지는 일본이 아니라 아시아 무역의 중심지였던 홍콩과 마카오였으며, 이는 미국의 아시아·태평양 지역 내 경제 및 외교 활동과 밀접한 관련이 있었다.[307]

당시 중국은 청나라 말기로 접어들며 미국으로의 대규모 이민이 시

---

306) 이상규, 『부산경남 기독교 전래사』, 55.
307) 松竹 秀雄, "郵便汽船三菱会社に対する「無料保護平価」批判," 4.

작되던 시기였다. 조선으로 입국한 초기 선교사들 대부분이 이러한 태평양 항로를 이용했으며, 로제타 홀(Rosetta Sherwood Hall, 1865-1951) 역시 자신의 일기에서 해당 항로에 대해 상세히 기술하고 있다. 일본에서 부산으로 향하는 모든 선박은 나가사키 항을 경유하였으며, 호러스 알렌(Horace N. Allen)은 1884년 9월 14일자 일기에서 이 경로를 직접 기록했다.[308]

조선으로의 정기 항로 개설은 1876년 부산항 개항 이후 본격적으로 이루어졌다. 조선은 공식적으로 일본에 조선통신사를 파견하였고, 일본은 이를 맞이하기 위해 기선 '황룡환(黃龍丸)'을 부산항으로 보냈다. 당시 조선은 자체 범선조차 충분히 갖추지 못한 상태였으나, 통신사의 항로는 기존의 대마도-이키섬-후쿠오카 또는 시모노세키 경로에서 개항 이후 대마도를 거쳐 나가사키로 향하는 노선으로 조정되었다. 고종은 미국으로 파견된 보빙사(報聘使) 또한 부산에서 나가사키를 경유하도록 명령했다.

나가사키는 이후 조선으로 입국하는 초기 선교사들이 조선인을 처음 접하는 장소로 자주 언급된다. 일본 정부는 정기 우편기선 운항을 위해 미쓰비시사에 정부 보조금을 지급하였고, 이를 통해 '나니와마루(浪花丸)'가 부산-나가사키 간 정식 항로를 개설했다. 당시의 운항 시간표와 경로는 정기성과 안정성을 갖추었으며, 조선과 일본 간의 교류를 지속적으로 뒷받침했다.

____

308) 나는 단신으로 상해를 떠나 난징(南京,SS,Nanzing)호로 조선을 향해 출항했다. 멀미약 브롬화물을 복용하지 아니해서 나는 배 멀미를 몹시 앓았다. 나가사키와 부산 중간 해상에서 태풍을 만났다. 많은 소선박이 태풍에 휩쓸려 유실되었지만, 우리가 탄 난징호는 무사했다. H. N. 알렌, 『구한말 격동기 비사 알렌의 일기』 김원모 역, 22-23.

<표 9> 나니와마루(浪花丸) 임시운항 시간표[309]

기항지	도착	출항	날짜
나가사키		76.11.20. 월요일 밤	1일
고 토	화요일 이른 아침	수요일 정오	3일
대 마 도	목요일 이른 아침	금요일 이른 아침	5일
부 산	금요일 오후	일요일 해질무렵	7일
대 마 도	월요일 이른 아침	화요일 정오	9일
고 토	수요일 이른 아침	목요일 이른 아침	11일
나가사키	11.30. 목요일 오후		11일

이형철은 초기 미국 선교사들의 조선 입국 경로를 구체적으로 제시했다. 1885년 4월, 아펜젤러(Henry G. Appenzeller) 부부와 미국 북장로교 소속 언더우드(Horace G. Underwood) 선교사는 조선을 향해 이동하고 있었다. 이들은 1885년 2월 3일 미국을 출발해 '나고야마루(名古屋丸)'를 타고 고베(神戶)를 경유하였고, 3월 28일 나가사키에 도착했다. 이후 고베에서 합류한 선교사들과 함께 3월 31일 '청룡환(青龍丸)'으로 환승하여 인천으로 향했다. 청룡환은 나가사키에서 출발해 고토(五島)의 후쿠에(福江)와 대마도의 이즈하라(厳原)를 거쳐 4월 1일 부산에 도착했다.[310]

하시모토(橋本)는 '청룡환(青龍丸)'을 '천세환(千歲丸)'으로 기록하고 있는데, 이는 1884년 당시 초기 선교사들이 동일한 선박을 이용하여 나가

---

309) 노정호, "近代 韓日 航路에 관한 研究,"「釜慶大學校: 教育大學院」 歷史教育專攻, (2007): 68.

310) 이형철의 연구에서 원문은 이렇게 소개하고 있다. 1885 年 4 月、米国監理教会宣教師 アペンゼラー (Henry Gerhard Appenzeller, 1858-1902) が妻エラ·J·ドッジ (Ella J. Dodge)、長老派宣教師 H·G·アンダーウッド(Horace Grant Underwood、1859-1916)らともに朝鮮を訪れた。1885 年 2 月 3 日、米国サンフランシスコを出発した アペンゼラー夫妻は横浜に着き、名古屋丸に乗って神戸経由で 3月 28日長崎に着いた。両宣教師は神戸で出会い、3月 31日青龍丸に乗り換えて仁川を目指すが、その航路は長崎発(3/31)→五島の福江→対馬の厳原→釜山(4/1 深夜) →仁川着(4/5 未明)であった. 李炯喆. "近代日朝関係の中の長崎と仁川 – 明治期の艦船と人々 –,"「長崎県立大学研究紀要」第15号 (2014): 35-46.

사키에서 부산으로 입항했음을 강조하기 위함이다. 이형철 역시 초기 선교사들이 청룡환을 통해 조선에 입국했음을 명확히 하고 있으며, 한국교회가 초기 입국 선교사들의 이용 선박 명칭을 정확히 기록할 필요성을 강조했다. 본 연구자 또한 이러한 관점에서 석사 연구를 수행한 바 있다.

이처럼 19세기 후반 나가사키와 부산을 연결한 항로는 단순한 교통로가 아니라, 두 나라를 잇는 교류와 소통의 통로로서 기능했다. 특히 이 항로는 1859년 시작된 영국 상선회사 P&O(Peninsular & Oriental Steam Navigation Company)의 항로와 궤를 같이하며, 조선 최초의 미국 선교사인 호러스 알렌의 입국 경로와도 일치한다. 이는 근대 초기 동아시아 해상 교통망의 변화 속에서 조선과 서구 세계가 만나는 역사적 접점을 형성한 중요한 사례로 평가된다.[311]

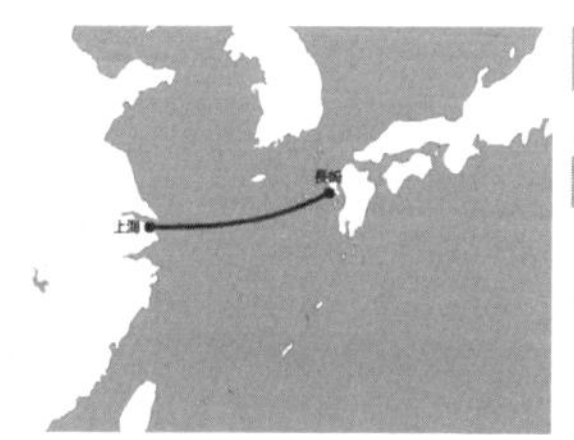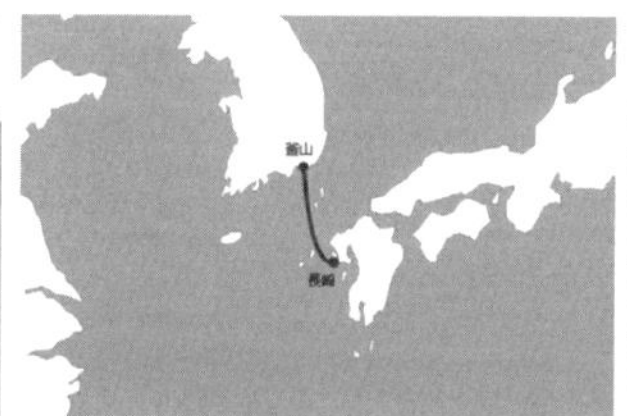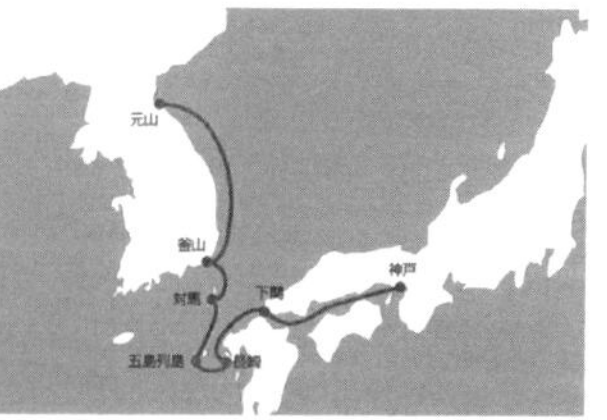

〔그림 25〕 1859년 영국국적 P&O기선회사의 정기항로
(1859年 イギリスの 籍、P&O汽船 社の 定期航路)

(제공: 아시아역사는 인터넷위에 자료관(アジア歴史はインターネット上の資料館))[312]

---

311) 이형철은 추가적으로 조선선교의 역사적 인물을 한일 양국을 운반한 선박이지만 복수의 서적 중에는 이 배를 청룡환이 아니라 천세환으로 설명하고 영어식 표기로 "Seirio Maru"로 표기하고 있다. 본 연구에서는 다시 한 번 초기선교사들이 입국당시 승선했던 배의 이름을 명확하게 한다. 위의 논문, 39.

312) トップページ>テーマ別検索「公文書にみる明治日本のアジア関与」>定期航路を見る https://www.jacar.go.jp/glossary/meijiasia/routes/index.html. 2024년 6월 13일 접속.

(3) 지역 문화관광자원과의 연계성

김정하는 "동아시아 개항은 우월한 문명을 앞세운 서구가 일본에 진출하면서 시작되었다"고 정의했다. 나가사키는 16세기 포르투갈 인이 입항하면서 무역과 기독교 포교가 동시에 시작된 도시이다. 그러나 포르투갈과 함께 들어온 가톨릭 포교 활동에 경계심을 가진 에도(江戸) 정부는 시마바라의 난 이후 모든 무역을 네덜란드에 독점하도록 허용했다. 그 결과, 218년 동안 서양과 일본을 연결하는 유일한 창구는 네덜란드가 담당하게 되었으며, 나가사키는 서양으로부터 개방된 일본 내 유일한 항구로 기능했다.[313]

반면, 부산은 일본에 의해 강제로 개항되었다. 김정하는 일본의 부산 개항 방식이 네덜란드, 미국, 영국 등이 일본에서 경험한 서구식 개항 방식과 유사하게 전개되었음을 강조했다. 따라서 부산과 나가사키는 근대 서구 열강에 의해 개항된 항구 도시라는 공통점을 가지며, 서구식 개항의 주체가 자국이 아닌 문명을 앞세운 서구였다는 점이 부각된다. 또한 두 도시는 외부에 개방된 항구 도시라는 공통점도 지닌다. 김정하의 설명에 따르면, 각 항구에는 서구식 건축물이 도입되었으며, 외부인이 처음 방문했을 때 '왜색의 도시'라는 인상을 주었다.[314]

박진우에 따르면, 부산은 1905년 관부선(關釜船) 개설 이후 일본인 유입이 급증했다. 이 시기 조선에서는 임오군란(1882), 갑신정변(1884), 동학

---

313) 김정하. "개항도시 유적의 보존과 활용에 대한 고찰," 「해항동시문화교섭학」 제6호 (2008): 127.
314) 위의 논문 127-129.

농민운동(1894), 청일전쟁(1894), 러일전쟁(1904-1905) 등이 발생하며 일본인들의 조선 인식에도 변화가 있었다. 박진우는 일본인의 조선 이동에 있어 청일전쟁과 러일전쟁이 가장 큰 영향을 미쳤다고 설명했다. 이는 일본이 연이어 전쟁에서 승리함에 따라 일본인들의 부산 진출에 대한 부담이 줄어든 데에서 비롯된 것으로 분석된다.[315]

송정숙은 일본이 부산을 개항시키면서 초량왜관을 전관 거류지로 지정하고, 이 지역을 중심으로 일본 영사관과 상업회의소 등을 설치하였다고 보고했다. 또한 부산에 제일은행을 설립하여 일본인을 주 고객으로 삼고, 이를 통해 부산의 경제를 점차 장악했다. 일본은 이러한 경제적 확장을 기반으로 부산과 관련된 역사·문화 기록을 정리하고, 해상교통을 개발하며 조선 장악을 위한 전략적 발판을 마련했다.[316]

조선과 일본 간 통상무역은 1876년 개항 이전까지 대마도주가 담당했다. 그러나 일본은 메이지유신 이후 통상을 중앙정부 차원에서 관리하기 시작했다. 일본 역시 미국과 서구 열강으로부터 문호를 개방 당했으며, 미일수호조약 등을 통해 항구를 순차적으로 개방할 수밖에 없었다. 일본은 1854년 이후 가나가와, 나가사키, 하코다테 등 세 항구를 개방하였으며, 에도 시대 250년 동안 금지했던 기독교도 수용했다.[317]

1868년 메이지유신 이후, 쇄국의 상징이었던 나가사키의 데지마는 폐쇄되고, 개항된 나가사키에는 서양인이 들어오기 시작했다. 서구 열강의 선교사들도 일본으로 진출하였으며, 네덜란드가 독점하던 무역으

---

315) 朴晉雨. "開港期の釜山からみた日本の朝鮮認識,"「韓日民族問題研究」NO,11 (2006): 177-209.
316) 송정숙, "개항장으로서의 부산항과 기록",「한국기록관리학회지」제11권 제1호, (2011): 273-297.
317) 윤혜원,『일본기독교의 역사적 성격』(한국기독교역사연구소, 1995), 13-20.

로 인해 젊은 청년들은 네덜란드어와 중국어를 배우기 위해 나가사키로 모였다. 17~18세기 나가사키는 일본 내 유일한 외국어 학습지였으며, 메이지 유신과 문호 개방 이후 젊은 세대는 영어를 배우기 시작했다. 일본에 도착한 초기 선교사들은 대부분 영어 학습소와 학교를 설립하여 교육 선교에 집중했다.[318]

부산 역시 나가사키와 마찬가지로 일본과 밀접한 관계를 맺어온 항구 도시였다. 임진왜란 이후 일본인이 거주할 수 있는 왜관은 부산에만 존재하였으며, 일본인들은 주로 왜관에서 활동하고 외부로 나갈 수 없었다. 조선 중앙정부는 일본인의 한양 상경을 제한하였으며, 동래부사는 종3품 당상관 관직으로 왜관을 관리하며 일본인 활동을 통제했다.[319]

김동철은 부산의 역사를 일본과의 지리적·역사적 관계 속에서 해석하고, 부산에 남아 있는 일본 흔적을 어떻게 활용할 수 있을지 연구했다. 그는 부산을 '방어와 교류의 도시'로 규정하며, 임진왜란 이후 형성된 일본인 거류지인 왜관을 문화유적지로 보존하고 활용할 방안을 논의했다. 김동철은 나가사키의 데지마와 부산의 초량왜관을 비교하며, 나가사키의 경우 복원과 축소를 통해 관광자원으로 활용한 사례를 제안했다. 반면 부산의 초량왜관은 위치가 남아 있으나 정확한 규모와 위치를 확인하기 어렵다고 지적했다. 광복동 거리에는 옛 지도와 그림이 표시되어 있으나 지역 주민의 관심은 거의 없었다.[320]

---

318) 초기 선교사들은 여성교육 집중했다. 위의 책, 285-299.
319) 김동철, "조선후기 통제와 교류의 장소, 부산 왜관," 6-12.
320) 김동철은 "문화유적과 활용"을 위해서 안내 책자에 대한 절실함은 호소했다. 그렇기 위해서는 부산역사 관련된 책자를 만드는 것도 중요하다. 현재까지 부산시는 오거돈 시장 때부터 지금까지 여러 권의 부산 역사를 담을 책자를 만들고 홍보하고 있다. 김동철, "부산의 일본 관련 문화유적과 활용방안-부산의 지역혁신과 부산학의 미래," 2-3.

　김동철은 조선통신사의 출발점까지 복원할 필요성을 강조하며, 과거 지역의 아픔과 역사를 함께 다루어 미래 세대에게 교육해야 한다고 주장했다. 본 연구자 역시 초기 선교사들이 첫발을 내디딘 표지석(標識石)이 있는 '중구 광복동 1가 40-3'부터 역사적 기억을 계승하고 복원할 필요가 있음을 강조한다. 탁지일은 부산지역 기독교 유적지 개발을 위해 현장 답사를 수행하고, 접근성과 관광자원 연계성을 고려한 세 가지 방안을 제시했다. 첫째, 친환경 도보 탐방을 활용한 접근성 강화, 둘째, 부산 초기 개신교 역사에 대한 스토리라인 구성, 셋째, 기독교 유적지와 지역 관광명소의 연계성 강화이다.[321]

　김정하는 부산과 나가사키의 유적지 보존 및 활용을 비교하며, 두 도시의 근대 역사유적 활용과 향후 전망 모색의 필요성을 강조했다. 그는 '원도심 관광코스 개발'을 첫 대안으로 제시하며, 부산은 역사유적지 관광 활용 면에서 성공 사례가 부족한 반면, 나가사키는 2003년 관광 액션플랜 책정위원회 구성 이후 2006년부터 거리 걷기 박람회 등 원도심 관광콘텐츠 개발을 본격화했다고 평가했다.[322]

　역사적 배경에서 나가사키는 서구 열강에 의해 개항되었으며, 부산은 일본에 의해 강제로 개항되었다. 나가사키는 외래문화 유입으로 새로운 일본 문화를 형성하였고, 부산은 일본 문화 유입으로 왜색의 도시 이미지를 형성했다. 대표적 사례로 나가사키 카스테라와 부산의 오뎅문화를 들 수 있다. 두 도시는 근대 전쟁과 사회적 변화로 다른 경험을 하였지만, 공통점도 존재한다. 나가사키는 원폭 투하로 막대한 피해를 입었으며,

---

321)　탁지일, "부산지역 개신교 유적지 개발 및 활용 방안 연구," 89.
322)　김정하, "개항도시 유적의 보존과 활용에 대한 고찰," 145-147.

부산은 한국전쟁을 통해 인구 증가와 깡통시장 형성이 있었다. 또한, 나가사키에는 일제 제국주의의 상징인 미쓰비시 조선소가, 부산에는 일본의 수탈을 위해 영도에 도자기 공장과 조선소가 있었다. 두 도시는 급속히 변화하는 정치·경제·사회·문화적 환경의 영향을 받았다.[323]

두 지역은 기독교 유입에서도 유사성을 보인다. 일본 개신교 역사는 요코하마 해안교회에서 시작되었으나, 개항 직후 미국 장로교회 소속 헤본(James Curtis Hepburn) 선교사 부부, 미국 네덜란드 개혁파 교회 파송 브라운(Samuel Robbins Brown), 프리도린 폴베크(Guido Herman Fridolin Verbeck), 시몬즈(Danne B. Simmons) 선교사 등이 나가사키를 통해 입국했다. 부산과 나가사키는 근대 개항과 기독교 선교 역사에서 유사한 특징을 지니며, 두 지역의 문화·역사적 배경 비교는 유적지 활용과 관광 개발 연구에 중요한 시사점을 제공한다.[324]

조선에 들어온 초기 선교사들은 대부분 나가사키를 거쳐 부산으로 입국했다. 본격적인 선교사 입국 이전에는 나가사키 성공회 성경 매서인들이 부산을 방문하였고, 이후 호주 선교사들과 연계하여 월푸(Mulphe) 선교사 등이 부산을 방문했다. 이러한 역사적 연계성을 바탕으로 본 연구자는 부산과 나가사키를 묶어, 과거 조선통신사를 통한 상호 선린·우호적 교류의 길을 현대에는 기독교 유적지 연계 방안으로 재조명하고자 한다.[325]

---

323) 위의 논문 147-149.
324) 岩崎 洋三, 『フルベッキ―明治新政府の顧問の招聘され-日本近代化に貢献した宣教師―』(史料集成), 1.
325) 월푸에 의한 초기 부산에 들어온 성경 매서인들에 관한 내용은 이상규의 "부산경남 기독교 전래사"에서 살펴볼 수 있다. 이 사건을 시작으로 호주의 첫 선교사 헨리 데이비스가 조선을 찾아오는 기회가 되었다.

일본 나가사키현(長崎県) 시마바라시(島原市)의 사례에서, 2023년 중앙일본 여행·레저 코너에는 「제주에서 수출한 큐슈올레, 일본의 속살을 걷는 재미」라는 기사가 게재되었다. 손민호 기자는 코로나 이전인 2012년부터 큐슈 올레길에 참여했으며, 코로나 기간 동안 단 2년만 중단되었지만, 지난 11년간 한·일 관계 최악 상황에서도 올레길을 통한 양국 우정은 변함없다고 보도했다.[326]

역사는 '길'을 통해 연결된다. 부산 가톨릭교회는 2008년부터 수영 장대골에서 오륜대 순교자 기념관까지 도보 성지순례를 진행하였으며, 2014년 6주년을 기념하여 『시복시성을 위한 도보 성지순례 백서』를 발간했다. 전라도 광주 호남신학교 역시 양림동을 중심으로 지역 사회와 협력하여 기독교 유적지를 개발하고, 남구청 지원으로 『양림동, 오래된 언덕에 서서』를 발간했다. 기독교 유적지 개발의 흐름은 언제나 '길'과 깊은 관련이 있다.[327]

탁지일은 「부산지역 개신교 유적지 개발 및 활용 방안 연구」에서 부산지역 연구가 주로 미국 북장로교회와 호주 선교부 중심으로 치우쳐 있음을 지적하고, 일본 큐슈 지역이 한국인 관광 유치를 위해 일찍 올레길 개발에 나섰음을 언급했다. 부산시 역시 오래전부터 '길' 연구를 진행하였으며, 제주는 올레길을 일본에 수출했다. 이러한 맥락에서 역사적 현장은 단순한 과거 유적을 넘어 '벽 없는 박물관'이 될 수 있으며, 부산

---

326) 큐슈 관광 추진 기구는 한국인의 발길을 돌리기 위해 찾아낸 것이 올레길이라고 했다. 그들은 2007년 제주올레 1코스가 개장한 뒤 전국 방방곡곡에 수많은 트레킹 길이 만들어지고 있는 것을 알았다. 그래서 「큐슈 관광 추진기구」도 제주도와 같은 올레길을 만들면 한국인들이 다시 관광길을 찾아올 것이라고 기대했다. 손민호 기자, "제주서 수출한 큐슈올레, 일본의 속살을 걷는 재미" 중앙일보 2023년 3월 17일. https://www.joongang.co.kr/article. 2024년 4월 24년 접속.
327) 최희정, 『양림동, 오래된 언덕에 서서』 (광주광역시남구청, 2009), 1.

갈맷길 연구에서도 확인되었다.

현대 사회는 관광 상품을 통해 여가와 문화를 누리려는 수요가 증가하고 있으며, 부산은 이를 충족할 최적의 조건을 지닌 도시이다. 부산시는 관광 유치를 위해 다양한 자원을 모색하고 있으며, 교회 또한 이러한 노력이 요구된다. 부산은 고대부터 일본과 긴밀히 연결된 도시이자, 하늘과 바다, 육지를 통해 모든 교통이 이어지는 세계적 항만 도시로 자리 잡았다.[328] 부산은 교통 요충지로, KTX 부산역·부산진역·부전역을 통해 전국 철도망과 연결되며, 김해국제공항은 도심에서 30분 거리에 위치한다. 또한 부산항 국제터미널은 여객과 화물이 집결하는 주요 항만으로 활발히 운영된다. 개항기 부산은 조선의 관문이자 해외로 나가는 유일한 통로였으며, 이 과정에서 수많은 역사적 사건과 흔적이 남았다. 역사성, 접근성, 연계성을 모두 갖춘 부산을 종합적으로 스토리화하면 기독교 유적지 활용의 잠재력이 크다.

임송은 「순례지별 문화유산 가치와 활용에 대한 논의」에서 유적지 활용 핵심 가치를 '정보적 가치, 예술적 가치, 감정적 가치, 사회경제적 가치'로 제시했다. 일본 나가사키는 네 가지 가치를 균형 있게 반영하여 역사 유적을 재해석하고 활용했다. 부산 기독교 유적지 역시 동일한 가치를 지니나, 우선적으로는 흔적조차 사라진 초기 기독교 유적 발굴이 선행되어야 한다.[329]

---

328) 世界文化遺産、長崎と天草地方の潜伏キリシタン関連遺産、価値から知る顕著な普遍的価値の言明、ホーム : https://kirishitan.jp. 2023년 10월 15일 접속.
329) 임송, "순례지별 문화유산가치와 활용에 대한 논의 -교황청 서울국제순례지 구분기준을 중심으로-,"『부산가톨릭대학교 부산교회사연구소』 제105호 (2020): 12.

부산 중구와 동구

근세기 부산은 통한의 역사를 함께 품어 왔다. 외세의 침입과 수탈이 이어졌으며, 일제 36년 동안 부산은 동양척식주식회사의 설립과 함께 철저한 수탈의 도시로 변모했다. 1908년 설립된 동양척식주식회사는 조선을 경제적으로 지배하기 위해 만들어진 기관으로, 일제는 이를 통해 토지와 바다, 광산, 전기, 중공업, 철도, 농산물 등 산업 전반을 수탈했다. 그 중심지가 바로 부산이었으며, 현재 그 자리에 들어선 부산근대사박물관은 이러한 역사의 현장을 오늘날 전하고 있다. 최근 이 박물관은 리뉴얼을 통해 새로운 역사교육의 장이자 시민 공간으로 재탄생했다.[330]

해방 이후 부산은 한국전쟁을 맞아 역동적인 변화를 겪었다. 탁지일은 「한국전쟁 시기의 부산지역 교회」에서 전쟁으로 인한 부산 인구 증가를 소개했다. 부산광역시청의 상주인구 조사에 따르면, 해방 직후인 1945년 부산 인구는 142,137명이었으나, 전쟁 발발 직후인 1951년에는 414,050명으로 급증하였으며, 1955년에는 529,112명으로 기록된다. 이는 수많은 피난민이 부산으로 몰려들었고, 상당수가 전쟁 이후에 정착했음을 보여준다.[331]

부산의 근현대사는 용두산을 중심으로 전개되었다. 행정구역상 중구에 해당하는 이 지역에는 초기 선교사 도착 기념비, 영도다리, 자갈치시장, 국제시장, 부평시장, 깡통시장, 부산근대역사관, 백산상회, 40계단

---

330) 부산근대역사관, 『부산근대역사관』 (세한종합인쇄, 2003), 80-81.
331) 탁지일, "한국전쟁 시기의 부산지역 교회," 35-45.

등 다양한 역사적 장소가 집중되어 있다. 이 일대를 도보 코스로 연결하면 먹고, 쉬고, 걸으며 체험할 수 있는 역사 관광로(觀光路)로 활용 가능하다. 여기에 기독교적 스토리텔링을 접목하면 실내 박물관을 넘어선 '현장 박물관' 형태의 기독교 유적지 탐방로를 조성할 수 있다.

부산과 경남 지역은 1890년대부터 미국 북장로교 선교부와 호주 장로교 선교부가 공동으로 선교를 전개했다. 특히 1914년 이후 선교지 분담 정책에 따라 호주 선교부가 부산을 중심으로 활동했다. 일본에서 부산으로 들어오는 배는 부산 앞바다의 오륙도를 지나며, 북쪽으로는 낙동강이 흐르는 지리적 요충지였다. 호주 선교부의 첫 열매는 헨리 데이비스(Henry Davies)의 순교였으며, 그의 죽음을 계기로 많은 선교적 성과가 나타났다. 이후 호주 선교부는 1892년 매입한 좌천동 일대를 중심으로 교회, 학교, 선교사 주택을 세워 선교 거점을 마련하였고, 베어드(William Baird), 맥케이(James Mackay), 아담슨(Andrew Adamson), 엥겔(Gelson Engel) 등 탁월한 선교사들이 부산에서 많은 흔적을 남겼다.

탁지일은 부산지역 개신교 유적지가 중구와 동구에 밀집해 있어 접근성과 효율성 면에서 유리하다고 평가했다. 그는 서울, 제주, 일본의 나가사키와 가고시마(鹿児島)를 현장 답사하며 부산과 비교한 결과, 중구와 동구는 접근성 측면에서 부족함이 없음을 확인했다.[332] 한편, 김지현은 「부산지역 기독교 역사유적의 관광 콘텐츠화 방안 고찰」에서 부산 기독교 유적지의 관광자원적 가치를 인정하면서도, 장기적으로 '기독교 선교 역사관 건립'이 필요하다고 제안했다. 그러나 현실적 실현 가능성 측

---

332)　탁지일, "부산지역 개신교 유적지 개발 및 활용 방안 연구," 86.

면에서 다소 어려움이 있으며, 오히려 탁지일의 제안처럼 중구와 동구의 기독교 유적지를 지역 관광 자원과 연계한 관광벨트 구축이 보다 효과적인 접근일 수 있다.[333]

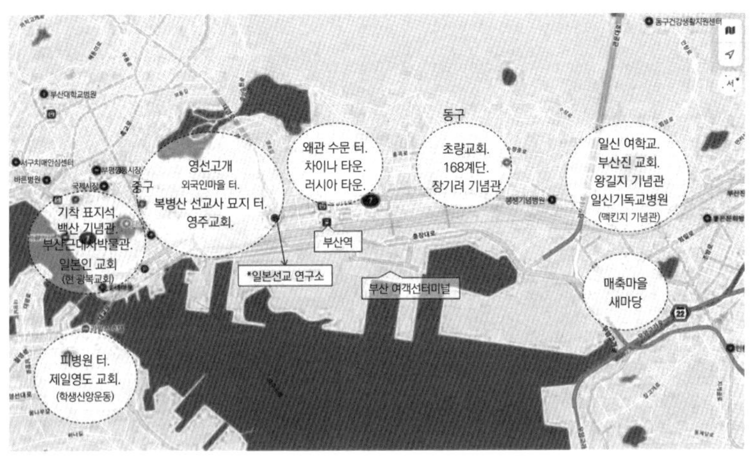

〔그림 26〕 중구 동구의 개신교 관련 유적지 (출처: 구글)

결국 중요한 것은, 우리가 걷고 있는 거리와 보고 있는 산과 바다 속에서 잊혀진 공간을 발굴하고, 이를 교회와 협력하여 새로운 '기독교 역사문화유적 탐방 순례 코스'로 스토리텔링하는 일이다. 〔그림 26〕은 본 연구자가 중구와 동구를 사전 답사하며 구글 지도를 바탕으로 작성한 도보 코스를 제시한 것이다. 이 코스는 제일영도교회를 출발점으로 하여 → 최초 선교사 기착지 → 백산기념관 → 부산근대사박물관 → 40계단문화관 → 영선고개(현 코모도호텔 자리) → 차이나타운 → 초량교회 → 장기려기념관 → 일신여학교 교사 → 부산진교회 → 일신기독병원에 이

---

333)　김지현, 부산지역 기독교 역사유적지의 "관광 콘테츠화 방안 고찰," 169-193.

르는 길로, 전체 거리는 약 8km이며 도보로 약 2시간 30분이 소요된다. 이러한 도보 코스를 체계화하면 부산 기독교 유적지는 단순한 과거의 흔적을 넘어 오늘날 신앙·문화·관광을 연결하는 새로운 역사 자원으로 자리매김할 수 있을 것이다.[334]

큐슈 나가사키

서일본 큐슈 고속도로의 마지막 요금소를 지나 4km 이상의 긴 터널을 통과하면 나가사키 시내에 진입할 수 있다. 진입로 우측에는 나가사키 차이나타운이 위치하며, 좌측에는 일본 근대화의 시작을 상징하는 로버트 글로버(Robert Glover)의 저택이 자리한다. 현재 이곳은 글로버 가든(Glover Garden, グラバー園)으로 조성되어 있으며, 가든으로 오르는 길목에는 일본 최초의 목조 고딕 양식 교회인 오우라 천주당(大浦天主堂)이 위치한다.

글러버 저택 맞은편에는 일본 제국주의의 상징적 기업인 미쓰비시(三菱) 조선소가 자리한다. 북쪽으로 이동하면 에도 시대 쇄국정책의 상징인 데지마(出島)가 나타나며, 조금 더 북쪽으로 가면 나가사키역(長崎驛)에 도착한다. 역 맞은편 언덕에는 NHK 나가사키 방송국이 있고, 그 뒤편에 일본 최초의 순교지 니시자카(西坂)가 위치한다. 인근에는 26성인 순교자들을 기념한 성 필립보 교회와, 재일조선인 인권 활동가 오카 마사하루 목사를 기념하는 나가사키 평화 기념관(長崎平和記念館)이 자리한다.

---

334) 본 거리와 시간은 네이버 지도 네비게이션을 통해서 목적지를 정하고 그대로 걸어 보기만 했다. 시뮬레이션을 진행했다. 2024년 6월 8일.

나가사키 역 앞에서 북쪽으로 자동차로 약 10분 정도 이동하면 우라카미(浦上) 마을에 도착한다. 이곳은 에도 말기까지 잠복 키리시탄들의 집단 거주지였으며, 원자폭탄이 투하된 곳이기도 하다. 현재 나가사키 원폭자료관이 우라카미 마을에 위치하고 있으며, 우라카미 성당 마당에는 26인 순교자 중 가장 어린 루도비코 이바라키(ルドビコ茨木)의 동상이 세워져 있다. 동상은 원폭 당시 성당 잔해로 제작되었으며, 신앙과 전쟁이라는 양면적 메시지를 전달한다. 이는 나가사키에서만 경험할 수 있는 역사적 상징물이다.

나가사키는 지형상 도보 여행동선을 계획하기에는 일부 제약이 있으나, 노면전차를 대중교통으로 활용하여 관광객에게 독특한 경험을 제공한다. 특히 과거 전차의 형태와 현대식 전차가 함께 운행되어, 어른에게는 역사적 추억을, 어린이에게는 새로운 체험을 제공한다. 도보 여행의 중심지로는 구라버정원(クラバー庭園)과 오우라 천주당이 손꼽히며, 정원으로 오르는 길목에는 다양한 상점이 자리해 관광객에게 볼거리를 제공한다. 인근 일본 근대화 시대 건물은 보존 상태가 양호하여 젊은 관광객에게 포토존으로 인기를 끌고 있으며, 오우라 천주당 앞에는 전통 과자점 두 곳이 위치해 여행의 즐거움을 더한다.

나가사키는 일본 삼대 야경 중 하나로 평가된다. 과거에는 야경을 감상하기 위해 일부러 산 정상에 호텔이 건축되었으며, 현재도 주요 호텔 대부분이 산 정상에 위치한다. 산 정상에는 야경을 즐길 수 있는 전망대가 있으며, 야간에도 케이블카가 운영된다. 이러한 환경은 나가사키가 단순한 항구도시가 아니라, 근대 산업 도시로서 역사적 의미와 다양한 문화·관광 자원을 갖춘 도시임을 보여준다. 기독교 유적, 근대 건축물,

역사적 교통수단, 아름다운 야경이 함께 어우러져 학술적·문화관광적 관점에서 높은 탐방 가치를 제공한다.[335]

나가사키는 우리 역사와 얽힌 아픈 사건들과 공존한다. 대표적 사례로 임진왜란과 일제 강점기 강제 노동이 있다. 임진왜란 당시 조선인 포로의 이야기는 나가사키에서 그들이 세운 교회와 함께 전해진다. 율리에타 수녀는 나가사키 순례 후 가톨릭 신문을 통해 임진왜란 당시 큐슈로 끌려온 조선인이 약 2,000명 이상, 고토열도까지 포함하면 3,000명이 넘는다고 기록했다. 조선인 포로에 대한 기록은 1594년 10월 파시오 신부 서신과 1596년 12월 루이스 프로이스(Luís Fróis, 1532~1597)의 예수회 총장 서신에서도 확인된다.[336]

나가사키로 끌려온 조선인들은 1610년 조선인 성도 단체를 조직하고 교회 건립을 위한 모금 운동을 시작했다. 조선인 교회 건립에는 일본인뿐 아니라 여러 나라 사람들이 참여하였으며, 스페인 선교사 로렌소(Lorenzo Ruiz, 1600~1637)의 기록에 따르면 이들의 신앙은 모범적이었다. 그러나 조선인 교회는 1620년에 파괴되었고, 지금은 그 자리에 이세궁신사(伊勢宮神社)가 세워져 있으며, 그 흔적은 '고려인 다리'를 통해서만 확인할 수 있다. 노성환의 연구 「나가사키현의 임란포로에 관한 연구」에 따르면, 나가사키는 임진왜란으로 끌려온 많은 조선인이 천주교 신자가 된 지역이다. 한편, 천주교와 관련 없는 도자기공으로 끌려온 조선인 마을도 일부 남아 있으며, 조선인들은 나가사키 여러 지역으로 흩어

---

335) 일본나가사키현 홈페이지.
　　 https://www.discover-nagasaki.com. 2024년 4월 16일 접속.
336) 이 율리에타 수녀, "나가사키의 조선인 교회 400주년(상)-로센소교회" 「카톨릭신문 2707호 15면」 2010년 7월 21일.

졌다. 일부는 동아시아를 넘어 유럽까지 이동했으며, 당시 선교사들은 이들을 전도 대상으로 삼았다. 전도된 일본인들은 이들을 형제로 대했다. 성로렌소 교회 설립이 대표적 사례이다.[337]

〔그림 27〕은 본 연구자가 나가사키 주요 관광지를 답사하고 구글 지도를 기반으로 작성한 자료이다. 나가사키는 부산과 달리 도보 이동이 다소 어려워 노면전차를 활용한 이동이 필수적이었다. 미쓰비시 조선소 박물관 방문 시에는 사전 예약 후, 나가사키역 앞 제공 셔틀을 이용해야 했다.

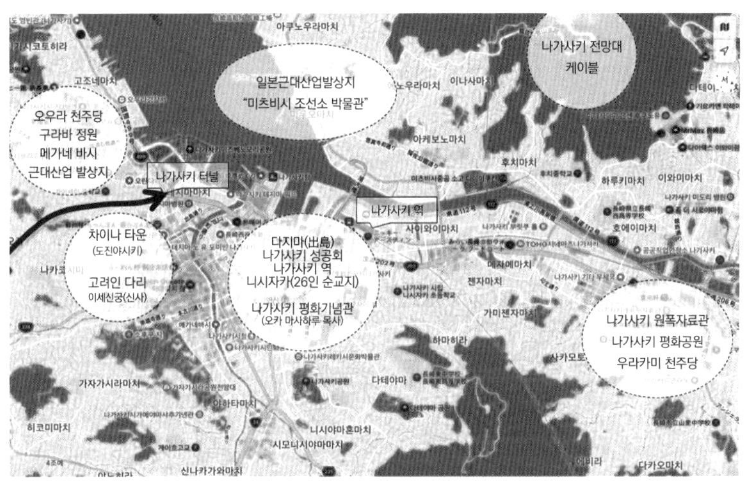

〔그림 27〕 나가사키 시내 주요 관광지 (출처: 구글)

나가사키는 근대 일본 산업의 시작과 함께, 주변 국가들의 국권 침탈로 인한 아픔과 슬픔을 간직한 도시이다. 특히 군함도(軍艦島)는 강제노동으로 끌려온 조선인들의 아픔과 슬픔이 남아 있는 장소이다. 이러한 역사적 현실 속에서 인권 회복을 위해 헌신한 인물이 오카 마사하루(岡

---

337) 노성환. "나가사키현의 임란포로에 관한 연구," 「日本思想」第十六号, (2009): 198

正治, 1918~1994) 목사이다. 그는 나가사키 재일조선인 원폭 피해자의 대표로 활동하며, 일본 패전 이후 원폭 피해자 중 특히 조선인이 우선적으로 보상받아야 한다고 주장했다. 일제 강점기 동안 조선인들은 강제로 나가사키로 이송되어 강제노동을 당했고, 이후 원폭에 피폭되어 많은 조선인이 사망하거나 불구가 되었다. 그들의 후손 또한 피폭의 고통을 겪었다.[338]

이러한 현실을 증언하기 위해 1979년 조선인 인권위원회는 조선인을 위한 위령비를 세웠다. 위령비에는 "우리 이름 없는 일본인들이 얼마간의 돈을 모아, 이곳 나가사키에서 비참한 생애를 보낸 1만여 명의 조선 사람들을 위하여 이 추도비를 건설했다."라는 문구가 새겨져 있다. 현재도 매년 8월 9일 위령비 앞에서 일본인들의 사과와 과거 만행에 대한 기억을 되새기는 행사가 이어진다.[339]

부산과 큐슈는 역사적으로 양국 소통의 장소이자, 동시에 침략의 상처가 남은 공간이다. 본 연구자는 나가사키와 부산을 연계할 수 있는 중요한 연결고리로 오카 마사하루 목사와 그가 설립한 조선인 인권위원회를 주목한다. 실제로 2020년 연합뉴스 기사 "원폭 피해 2·3세대도 고통, 1세대 부산에 도움 호소"에 따르면, 부산은 히로시마와 나가사키에서 원폭 피해를 입은 피해자가 전국에서 두 번째로 많은 지역으로, 일본과 지리적으로 가까운 위치와 연관된다. 이러한 역사적 이야기를 바탕으로 두 지역을 연계하여 발전적이고 의미 있는 역사적 가치를 창출할

---

338)　군함도(軍艦島)의 본래 이름은 하시마섬(端島)로 끝 섬이라는 뜻이다. 서성우 편지, "오카 마사하루(岡 正治) 목사의 삶과 사상" 「크리스천경남」 2020년 12월 12일 수요일.

339)　한국민족문화대백과사전, "한국인 원폭 희생자 위령비(나가사키)(韓國人 原爆 犧牲者 慰靈碑(長崎)."
https://encykorea.aks.ac.kr 2024년 4월 20일 접속.

필요가 있다. 이 과정에서 기독교 신앙은 민간 외교의 중요한 힘이 될 수 있으며, 기독교 역사와 문화를 기반으로 한 관광 콘텐츠는 부산과 일본 기독교 유적지를 순례하고 탐방하는 프로그램으로 개발될 수 있다. 오카 마사하루 목사의 평화 기념관은 양국 선린우호 증진의 중심적 장소가 될 수 있다.

1910(명치43)년 8월 22일, 일본정부는 「일한병합조약」을 공포하여, 조선을 완전히 일본의 식민지지배하에 둠으로써, 자유와 인권, 귀중한 토지마저 빼앗기여, 생활의 수단을 잃은 많은 조선사람들이 삶길을 찾어 일본에로 건너왔다.

그후, 일본에 강제련행으로 끌려와 강제로동을 당한 조선사람은, 1945(소화20)년 8월 15일, 일본의 패전당시에는, 실로 2,365,263명에 이르렀으며 나가사끼현하에도 약7만명이 거주하고 있었다(내무성 경보국 발표). 그리고 나가사끼시 주변에는 약 3만 수천명의 조선사람들이 살고있었으며, 그들은 미쯔비시계렬의 조선소, 제강소, 전기, 병기공장과 도로, 방공호, 군수공사장 등 토목공사장들에서 강제로동을 당하고 있었다.

1945(소화20)년 8월 9일 미군의 원자폭탄투하에 약 2만명의 조선사람들이 피폭하였으며, 그중 약 1만여명이 폭사하였다.

우리들 이름없는 일본사람들이 얼마간의 돈을 모아, 이곳 나가사끼에서 비참한 생애를 보낸 1만여명의 조선사람을 위하여 이 추도비를 건설하였다.

지난시기 일본이 조선을 무력으로 위협하여, 식민지로 만들고 그 민족을 강지로 끌고와, 학대학사하며, 강지로동끝에 비참하게도 원폭에 맞어 즉게한 전쟁책임을 그들에게 사과함과 동시에 이 세상에서 핵무기의 완전철피와 조선의 자주적 평화통일을 념원하여 마지 않는다.

1979년 8월 9일
나가사끼재일조선인 인권을 지키는 회

〔그림 28〕 나가사키 평화자료관(오카마사하루 목사 기념관)(좌) 조선인 위령(우) 위령비 비문(아래) (출처: 나가사키평화자료관)

"부산과 일본 큐슈 지역 기독교 유적지 연계 및 활용방안 연구"를 통해, 본 연구자는 지난 20여 년간 관심을 두고 진행해 온 일본 큐슈 지역 기독교 유적지 탐방의 교회사적 근거를 확인할 수 있었다.

부산은 1876년 개항 이후 곧바로 서양인들이 대규모로 들어오지 않았다. 본격적으로 외국인이 입국하기 시작한 시점은 1883년 부산 해관 설치 이후이다. 이 시기에 초기 선교사들도 부산에 내한하기 시작했다. 부산은 해상을 통해 들어오는 외국인들이 처음 마주하는 조선의 도시였으나, 개항 초기 입국한 서양인들이 기록한 부산은 일본인 거류지가 형성된 공간으로 비쳐지기도 했다.[340]

한국과 일본의 교류 역사는 3세기까지 거슬러 올라간다. 고려 시대 말기까지 양국의 교류는 비교적 평화롭게 이루어졌다. 그러나 고려 말 중앙정부의 혼란과 일본 내정의 불안정 속에서, 큐슈 북부 지역에 거주하던 일부 섬 주민들은 해적으로 변모했다. 이들은 한반도 남해안에서부터 대만과 중국 본토까지 진출하며 해적 활동을 벌였다. 고려 정부는 군대를 투입할 여력이 없었기에 회유 정책(懷柔政策)을 통해 이들을 통제했다. 이들 왜구는 향화왜(向化倭), 사송왜인(使送倭人), 흥리왜인(興利倭人)이라 불렸으며, 주요 근거지는 대마도였다.[341]

---

340) 이용득은 1883년 세관이 들어서고 외국인이 입국했고, 개항 직후에 영국해군 탐사선 프로비던스호의 부속선인 프린스 윌리엄 헨리호가 첫 번째 들어온 외국 배와 외국인들이라고 했다. 이용득, 『부산항 이야기 부산항의 오래된 미래를 만나다』, 122-125
341) 佐伯 弘次, "14~15세기 동아시아의 해역세계와 일한관계," 25.

대마도는 한일 관계에서 외교적 우호의 상징이 되기도 했으나, 한편으로는 조선에 대한 수탈의 통로로 기능했다.1592년 임진왜란 당시, 도요토미 히데요시(豊臣 秀吉)는 대마도 주인의 도움을 받아 조선의 지리를 파악하고 침략의 선봉 역할을 수행했다.

임진왜란 이후, 조선은 일본 상인이 한양까지 들어오는 것을 방지하기 위해 부산에 일본인 제한구역인 왜관(倭館)을 설치했다. 왜관은 외부 일본인의 출입을 제한하면서도, 무역이 활발해짐에 따라 점차 확장되었다. 일본인이 많아지면서 범죄도 증가하자, 조선은 대마도주에게 이들을 관리할 관직을 두도록 했다. 대마도는 왜관에 관수(官守)라는 직책을 두어 왜관 내 범죄와 무역을 관리하도록 했다.

왜관은 일본인을 통제하고 제한하기 위한 공간이었지만, 동시에 부산 내 하나의 마을로서의 기능을 했다. 이와 유사하게 일본 나가사키에도 외국인 제한구역이 있었다. 에도막부는 외국인 왕래가 잦았던 나가사키에 외국인 출입 제한 구역인 데지마(出島)를 설치하여 쇄국정책을 기본으로 했다. 이후 약 350년 동안 일본의 무역은 주로 네덜란드와 데지마(出島)에서 이루어졌다.

조선은 1876년 개항 전까지 모든 무역을 왜관에서 처리하도록 하여 일본인 출입을 제한했다. 개항 이후 초량왜관(草梁倭館)에는 일본인의 유입이 증가하면서, 일본인을 위한 각종 시설이 늘어나기 시작했다. 이 때문에 개항 초기 서양인에게 부산은 왜색(倭色)이 짙은 도시로 인식 될 수밖에 없었다.

1883년 부산 해관 설치 이후, 서양인들의 출입이 본격화되면서 조선은 여러 나라와 통상조약을 체결하고 외국인 출입을 자유롭게 허용했다. 초기 선교사들은 주로 서울과 그 인근 지역에서 활동했다. 1889년 8월에는 제임스 게일(James Scarth Gale, 1863-1937)이 서울에서 부산으로 왔다. 게일은 부산 체류 중 호주의 첫 선교사 헨리 데이비스(Henry Davies)의 사망을 목격하고, 그의 누이에게 소식을 전했다.

미국 북장로교회는 부산의 선교적 중요성에도 주목했다. 언더우드(Underwood)는 서상륜과 함께 부산을 여러 번 탐방했다. 언더우드(Underwood)는 부산의 선교적 가능성과 중요성을 선교회에 보고했다. 이를 계기로, 미국 북장로교회는 중국 선교를 준비하고 있던 베어드(Baird)에게 조선 선교를 권고했다. 베어드는 이를 수락하여 가족과 함께 부산으로 왔다.

부산에 상주한 첫 서양인은 해관원 로바트(Robert)였다. 가장 오랫동안 체류한 서양인은 3대 해관장 헌트(Hunt)였다. 헌트는 초기 선교사들이 부산에 안정적으로 정착할 수 있도록 적극 지원했다. 일부 기록에 따르면 그가 크리스천이었을 가능성도 있다. 선교사들의 기록에서 헌트와 함께 하는 모습이 자주 언급되는 점도 이를 뒷받침한다.

게일이 서울로 떠난 후, 로버트 하디(Robert Hardie)가 부산에 도착한다. 하디는 캐나다 토론토 의과대학 출신으로, 선배 게일과 함께 부산선교를 계획했던 독립선교사였다. 그러나 그가 도착했을 때 게일은 이미 서울로 떠난 상태였다. 독립선교사로서 가족과 함께 부산에 정착한 하디의 삶은 많은 어려움이 있었다. 부산에서의 삶의 경험이 1903년 원산집회에서의 회심 사건으로 일어났다. 이것이 평양대부흥운동의 시발점과 연결되었을 가능성이 있다.[342]

____

342) 탁지일 지음, 『다르게 다가서는 역사: 불교의 땅, 부산에서 바라보는 한국교회사』, 68-71.

게일, 하디, 베어드 이후, 부산에는 계속해서 선교사들이 내한한다. 이들은 초량과 부산진, 영도 등에 교회를 개척하고, 순회 선교를 통해 활동 범위를 확장해 갔다. 특히 베어드는 연중 약 7개월 동안 순회하며 선교 활동을 지속했다.

의료선교는 미국 북장로교 선교사 휴 브라운(Hugh Brown, 1867-1896)이 부산에 입국하면서 시작되었다. 그러나 브라운은 폐렴에 걸려 본국으로 돌아가야 했다. 이후 어을빈이 내한하여 모교회의 지원을 받아 부산에 서양식 병원인 정킨병원을 설립했다. 정킨병원에서는 약봉지와 약상자에 성경 말씀을 넣어 복음을 전하기도 했다. 동시에 호주 출신 여성 선교사들은 멘지스(Miss Menzies, 1856-1935)를 중심으로 보육원과 여성 교육을 통한 선교를 전개했다.[343]

본 연구자는 2010년부터 일본 기독교 유적지 탐방을 진행하면서, 자연스럽게 부산 지역 기독교 유적지에 대한 관심을 갖게 되었다. 이를 통해 부산에서도 기독교 유적지의 개발과 활용이 필요하다는 확신을 가지게 되었다. 기존 선행연구에서는 '선교기념관' 설립의 중요성을 강조했으나, 연구자의 경험적 관찰에 따르면, 선교사들이 남긴 장소와 그들이 걸었던 순회 전도의 길을 중심으로 유적지를 개발하는 것이 더욱 효과적일 수 있다는 결론에 도달했다.

일본은 기독교 인구가 1%에도 미치지 못하는 국가임에도 불구하고, 과거 박해의 대상이었던 기독교 유적지를 문화유산으로 보존하고 개발

---

343) 윤혜원은 『일본 기독교의 역사적 성격』 3장에서 "기독교 여성교육운동과 여성운동"에 관한 연구로 마무리한다. 개화를 시작하고 한국과 일본 여성 교육의 중요성을 깨달은 선교사들은 여성 계몽운동에 힘을 쏟는다. 윤혜원, 『일본 기독교의 역사적 성격』, 300-316.

했다. 그 결과, 2018년에는 일부 유적지가 유네스코 세계문화유산으로 등록되었다. 부산과 나가사키는 지리적·역사적 특성이 유사한 항구 도시라는 공통점이 있다. 따라서 이 두 지역을 중심으로 한 한·일 기독교 문화유적지 개발과 탐방 프로그램을 진행한다면, 부산의 기독교 문화유산을 관광자원으로 활용할 수 있을 것으로 기대한다.

일본 큐슈 지역의 기독교 유적지는 250년 동안 박해를 피해 은둔하며 신앙을 지킨 기독교인들의 삶과 깊이 관련되어 있다. 이들은 섬과 산 속에 숨으며 스스로 신앙을 지켜왔다. 이러한 역사적 배경은 오늘날 기독교 유적지 탐방의 중요성을 제공한다.

한편, 조선시대 부산의 중심은 동래에 위치해 있었다. 그러나 일본의 조선 침략 이후, 부산의 중심지는 광복동, 남포동, 대청동 등으로 옮겨졌다. 과거 초량의 모습은 거의 남아 있지 않으며, 당시 일본인 거류지는 상가로 가득 찼다. 용미산 일대는 부산 세관과 시청으로 활용되었다. 현재는 롯데백화점 광복점이 자리 잡고 있다.

이처럼 부산의 기독교 역사적 장소와 공간은 점차 특정하기 어려워지고 있으며, 그 흔적이 상당 부분 사라지고 있는 실정이다. 이러한 상황은 지금이라도 적절한 보존과 활용 방안을 마련하지 않으면, 역사적 유산이 영구히 상실될 수 있다는 점에서 안타까움을 더한다.

얼마 전 세계는 코로나19 팬데믹을 경험하며 전염병에 대한 경각심을 다시 한 번 느꼈다. 그러나 부산 지역의 경우, 역병의 문제는 결코 오늘날만의 일이 아니었다. 1876년 개항과 함께 일본인들이 부산에 대거 유입되면서 대마도를 통해 콜레라가 들어와 부산에서 첫 사망자가 발생했다.

이에 조선 정부는 영도 지역에 콜레라 대책 병원을 설립하고, 해외에서 들어오는 외국인과 선원들을 관리하는 조치를 취했다. 그러나 콜레라 박멸 이후 영도에 세워진 피병원의 위치조차 현재는 희미하게 남아 있어 확인하기 어렵다. 이러한 역사적 사건은 부산의 공공보건과 외국인 관리, 나아가 도시 형성과 공간 활용의 측면에서 중요한 의미를 가진다.

한편, 본 연구자는 선교단체 간사로서 7년 동안 일본 큐슈 지역을 대상으로 기독교 유적지 탐방을 진행했다. 부산 지역 기독교 유적지의 보존과 활용에도 관심을 갖게 되었다. 2010년부터 진행된 현장 탐방과 연구를 통해, 일본 큐슈와 부산 지역의 기독교 유적지를 연계하여 활용할 방안에 대해 고민하게 되었다.

이를 위해 일본 기독교 순교지 탐방 프로그램을 운영하면서 한·일 간 기독교 유적지의 연계 및 활용 방안을 구체화하고 있다. 이러한 활동은 일본의 기독교 문화유산을 현장에서 직접 목격하며 학습할 수 있는 기회를 제공했을 뿐만 아니라, 부산과 큐슈를 연계 활용할 수 있는 연구 기반을 마련해 주었다.

한·일 간 기독교 유적지 활용 방안에서는, 일본 기독교 유적지 현지 탐방과 함께 세계문화유산으로 등재된 일본 기독교 유적지의 특징과 문화적 가치를 조사했다. 이를 통해 부산·경남 지역 기독교 유적지와의 연계 가능성을 모색했다. 어떤 부분을 부각하고 발전시킬 수 있는지 구체적인 방법과 방안도 탐색했다.

일본은 2007년부터 큐슈 지역의 과거 기독교 유적지를 개발하며 세계문화유산으로 등재하기 위한 노력을 지속해왔다. 이를 위해 '문화재 보호법'을 개정하고, 나가사키 지역 교회 터를 군락화(群落化)하여 기독교 연계 산업을 추진했다. 일본은 최종적으로 세계문화유산 등록에도 성공했다. 일본의 사례는 부산과 큐슈 간 기독교 유적지 연계 및 활용 방안을 모색하는 데도 중요한 참고점이 될 것이다.[344]

일본 큐슈 사회는 카쿠레 키리시탄의 가치를 재발견하는 데 성공했다. 부산에도 가치 있는 기독교 문화유산의 개발과 활용이 가능하다. 박물관뿐만 아니라, 우리 삶의 자리가 박물관이 될 수 있다. 이덕주는 "한국 기독교박물관 운영 현황과 전망"에서 그 당면 과제를 다음과 같이 제안했다.[345]

기독교 박물관은 '선교'를 지향한다는 점에서 일반 박물관과 구별된다. 개인이든, 기관이든 기독교 박물관을 설립하고 운영하는 근본 목적은 기독교 역사와 문화를 소개함으로 궁극적으로 기독교를 '포교'에 초점을 맞춘다. 이런 관점에서 기독교 박물관은 기독교인뿐 아니라 비기독교인을 염두에 둔 운영과 전시를 추구해야 한다.

이덕주의 제안은, 일본에서는 실제로 실현되었다. 나가사키와 쿠마모토(熊本)를 중심으로 소토메(外海), 아마쿠사(天草), 시마바라(島原), 고토(五島), 히라도(平戶), 이키츠키(生月) 등에 기독교 관련 박물관을 시(市) 차원에서 개발하고 지원하여 발전 운영을 하고 있다. 이런 박물관의 주요 방문자는 기독교인들이 아니다. 그만큼 지역사회가 지역 문화유산 홍보에 최선을 다하고 있다.

---

344) 나가사키 세계문화 유산 안내 책자.
345) 이덕주, "한국 기독교박물관의 운영 현황과 전망," 「사단법인한국박물관협회」 학술심포지움, 제1회 (2003), 42.

일본은 "카쿠레 키리시탄"이라는 독특한 기독교 역사 이야기가 있다. 이 연구에 대해서는 히라도(平戶)의 네시코(根獅子), 이키츠키(生月)의 고래박물관(クジラの博物館)에 잘 전시되어 있다. 박물관에는 300년 이상을 카쿠레키리시탄(隱れキリシタン)의 모습으로 그들의 예배 행사(行事) 때 사용하던 예배도구들과 순교자들의 모습이 그대로 전시되어 있다.

본 연구자는 순교지 탐방이라는 이름으로 지금도 이곳 박물관을 자주 찾아간다. 일본 큐슈에 갈 때마다, 카쿠레키리시탄(隱れキリシタン)에 관한 내용을 지속적으로 연구 개발하고 있는 것을 체험한다.

일본의 한 나가사키시 관광청 직원을 통해서 들었던 이야기가 생각난다. "일본은 과거 기독교로 먹고 살았고, 현재도 기독교로 먹고 살고 있다." 앞뒤가 안 맞는 듯한 이 말의 뜻은 "일본 나가사키는 과거에는 기독교인들을 고발하여 그 포상금으로 먹고 살았고, 지금은 자신들이 박해했던 기독교인들의 순교 성지를 통해서 먹고 산다."라는 의미이다. 이런 말이 나올 정도로 일본은 그들의 기독교 유적지 개발을 일찍 시작했다.[346]

조선의 관문 부산은 초기 기독교 선교사들의 역사적 기록을 담고 있다. 그리고 많은 선교사들의 이야기가 있다. 초량왜관이라는 공식적인 외국인 거류지가 있던 곳이 부산이다. 지금도 부산은 길거리에서 외국인을 쉽게 볼 수 있다. 부산은 외부에 가장 빨리 노출된 도시이다. 부산은 한국전쟁의 피난지이자 피난 수도라는 아픔의 역사도 품고 있다. 한

---

346) 나가사키(長崎) 니시자카(西坂) 26인 순교관에는 당시의 키리시탄 고발과 상금에 관한 내용이 전시되어 있다. 또한 나가사키(長崎) 관광 상품에는 오우라 천주당의 그림과 함께 다양한 교회군이 이미지화 되어 있다. 임석유의 책에도 비슷한 문구가 있다. 임석윤, 『일본 그리스도교회사 -전편 일본가톨릭사(키리시탄사)』, 190~200.

도시 안에 근현대사의 역사를 다 품고 있는 곳이 부산이다. 부산은 다양한 역사적 콘텐츠를 갖고 있다. 그 안에 기독교라는 이름으로 역사적 이야기를 담아야 한다. 탁지일은 "부산기독교 유적지 소개" 동영상을 제작한 후, 「한국기독신문」과의 인터뷰에서 그 가치에 대해서 다음과 같이 이야기했다.[347]

무엇보다도 스토리텔링이 필요했기 때문이다. 다른 지역과는 달리 부산지역에는 기독교 유적지 보존이 열악하다. 그 이유는 '역사의식의 결여'라기보다는 '한국전쟁의 영향'이라고 볼 수 있다. 전국 각지로부터 일시에 몰려 내려온 피난민들의 거주 문제를 해결해 나가는 과정에서 부산의 지형도 바뀌게 되었고, 이러한 과정에서 기독교 유적지의 보존도 어려웠을 것이다. 현재 부산지역에는 동일한 역사적 '공간'은 남아 있지만, 그 '흔적'은 찾기 어렵다. 복음 전도자들의 역사적 흔적과 증언을 남기려는 목적으로 동영상을 만들게 되었다. 만약 누구든지 이 동영상을 보며 부산지역의 기독교 유적지를 걷는다면, 소중한 공감과 배움의 시간을 가질 수 있다. 수년 전에 한국연구재단에서 "부산지역 기독교 유적지 개발 및 활용 방안 연구"라는 과제를 수행했고, 그 후속 작업으로 부산지역 기독교 유적지 지도를 만들었다. 그 후 한 달에 두 번 정도 국내외에서 부산지역을 찾는 분들이 신청을 받아 탐방 안내를 했는데, 그 수요를 감당하기 어려워 동영상 제작을 계획하게 되었다.

"부산지역 기독교 유적지 개발 및 활용방안 연구"를 통해, 부산지역 개신교 유적지 개발뿐만 아니라, 부산지역 관광자원들과 연계해 활동할

---

347) "부산기독교유적지 소개 영산 만든 탁지일 교수 경남지역 유적지 영상과 이단관련 영상도 만들어 나갈 것" 「한국기독신문」, 2019년 6월 13일 인터뷰 내용.

수 있는 구체적인 방안을 마련하는 것을 목적으로 했다고 탁지일은 설명했다. 그 과정에서 부산기독교 유적지 소개 플랫폼을 만들었고, 다음으로 부산기독교 유적지를 소개할 수 있는 동영상을 만든 것이었다.

김대래가 설명한 것처럼 "조선 견문록"의 저자 호러스 알렌, "전환기의 조선"의 저자 게일, "구한말 40여 년의 풍경"의 저자 에비슨 등의 초기 선교사들이 남긴 기록들을 수집, 분류, 활용해야 한다. 부산 교계는, 부산광역시 중구청의 지원으로, 초기 선교사 기착지에 기념 비석을 세웠다. 탁지일은 자신의 "부산·경남 기독교 유적지 소개 영상"에서 다음과 같이 언급했다.[348]

부산의 기독교 유적지 순례 동영상에는 호러스 알렌(Horace Allen), 언더우드(Horace Grant Underwood), 아펜젤러(Henry Appenzeller)를 비롯한 초기 선교사들이 첫발을 내디딘 기착지로부터 이곳 부산에서 순교한 선교사와 가족들의 이야기가 담겨 있고, 일제강점기 부산 3.1운동의 시발점인 부산진일신여학교와 한국전쟁 당시 산모와 영아들을 위해 설립된 일신기독병원의 이야기도 포함되어 있다. 또한, 부산항 역사를 볼 수 있는 부산본부세관 박물관, 그리고 부산진교회에 관한 내용도 담겨 있다.

지금은 부산의 평범한 일상이 이루어지는 도심 속 장소들이지만, 교회사 이야기를 통해 바라보는 기독교 유적지들은 새로운 의미로 우리에게 다가온다. 실제로 이 동영상 내용을 참조하여 교회 각 기관 및 가족 단위별 탐방이 가능하다.

본 연구는 이상규와 탁지일이 수행해왔던 지역 교회사 연구의 후속

---

348) "부산기독교유적지 소개 영상을 만든 탁지일은 경남지역 유적지 영상과 이단 관련 영상도 만들어나갈 것," 「한국기독신문」, 2019년 6월 13일 인터뷰 내용.

작업이다. 무엇보다 정체된 공간이 아니라, 역사의 흔적이 깃든 현장 중심의 연구이고, 실제적인 교육 프로그램이며, 신앙 선배들의 유산을 되새기는 신앙훈련이다.

2010년부터 진행한 300여 회의 일본 큐슈 기독교 유적지 탐방은 간단한 해설자료, 안내서, 훈련 교재 등으로 점점 업그레이드된 자료들을 개발하면서 진행해왔다. 나아가 일본 현장 탐방을 통해, 첫째는 가깝고도 먼 외국인 일본의 매력을 발견할 수 있었다. 둘째는 일본의 역사와 문화를 보고, 듣고, 경험할 수 있었다. 셋째는 참여자들이 현장을 직접 찾고, 조사하면서, 유익한 현장 체험과 배움을 경험할 수 있었다.

본 연구를 시작으로, 앞으로도 공신력 있는 관련 연구를 진행한 결과를 현장에 직접 적용하여, 한국 부산과 일본 큐슈를 연계하는 기독교 유적지 탐방프로그램을 지속해서 개발해 나갈 계획이다.

민간차원 한일교류 및 개신교 관련하여 2020년 2월 8일 당시 땅끝교회 홀리조이센터에서 "나가사키 원폭 조선인 피해자 인권운동가 오카 마사하루 목사의 삶"이라는 주제로 공동 세미나를 개최했다. 이날 강사는 신카이 토모히로(新開友宏)로, 그는 오카 마사하루(岡正治)목사 소천 이후에도 조선인 인권위원회를 이끌고 있는 인물이다. 이와 같은 일은 개신교회의 입장에서도 상당히 고무적인 일이다. 또한 부산과 나가사키를 연결할 수 있는 고리가 될 수 있다.[349]

그뿐만 아니라 일본 큐슈의 사가현립 박물관은 한·일 교류 역사를 알리기 위한 노력을 꾸준히 하고 있다. 박물관의 설립 취지에도 이와 같은

---

349) 국민일본 2020년 2월 10일 월요일 031면 미션.

국민일보

2020년 2월 10일 월요일 031면 미션

나가사키 원폭 조선인 도왔던 일본인 오카 마사하루 목사

"강제 노역하다 피폭된 조선인 제일 먼저 구원받아야 합니다"

'나가사키 조선인 인권 지키는 모임'
대표로 일본인들에게 속죄 호소
부산 땅끝교회 세미나서 삶 재조명
일본인 10여명도 참석해 뜻 기려

"나는 여러분께 호소하고 싶습니다. 자신을 생각하지 말고 상대를 생각해 봅시다. 일본인은 원자폭탄 피해를 보았다고 해도 전쟁을 수행하고 전쟁에 협력하다 피폭됐습니다. 조선인을 생각해 보십시오. 강제동원으로 여기 일본 나가사키까지 억지로 끌려와 '조센징' 소리를 듣고, 개·돼지 취급을 받으며 인간 따위가 아니라고 했습니다. 그러다 피폭됐습니다. 일본인은 가해자 의식을 가져야 합니다. 원폭 피해뿐만 아니고 식민 지배와 강제노동으로 이중 삼중의 피해를 본 조선인이 제일 먼저 구원받아야 합니다."

일본 나가사키 루터교회를 이끌던 오카 마사하루(1918~94·사진) 목사의 카랑카랑한 일본어 육성이 디지털로 재생되자 장내가 숙연해졌다. 지난 8일 오후 부산항 영도대교가 내려다보이는 땅끝교회(안맹환 목사) 제2성전 홀리비전센터의 6층 세미나실. 일본 '나가사키 재일 조선인의 인권을 지키는 모임'의 대표를 지낸 오카 목사의 삶과 사상을 돌아보기 위해 일본인 10여명이 신종 코로나바이러스감염증 사태에도 불구하고 입국해 세미나에 참석했다.

신카이 토모히로(63) 오카마사하루 기념평화자료관 부이사장이 마이크를 잡았다. 사회과 교사 출신인 신카이씨는 오카 목사의 육성을 소개하며 "일본의 과거 침략전쟁과 식민지배 책임을 인정했으며 특히 강제동원으로 피폭된 한반도 사람들에게 속죄 의식을 갖고 그리스도의 사랑을 전하던 분"이라고 말했다.

오카 목사는 18년 11월 오사카에서 태어나 초등학교 때 기독교를 접했다. 어려운 가정형편 때문에 생계를 위해 일본 해군 전신병으로 복무했다. 전후 도쿄 루터신학교에 입학한 오카 목사는 과거 군인으로서 일왕을 숭배한 것을 철저히 참회하고 나머지 생을 오직 주님의 사랑을 전하는 데 쓰기로 결심했다.

56년 나가사키 루터교회에 부임한 오카 목사는 58년 한반도에서 밀입국한 사람들을 수용하던 오무로수용소에서 복음을 전하고 65년엔 '나가사키 재일 조선인의 인권을 지키는 모임'을 발족한다. 71년에는 나가사키 시의원으로 활동하며 피폭자 원호수당에서 배제된 조선인을 구해야 한다고 연설하다 극우단체로부터 린치를 당했다.

나가사키시의 조선인 피폭자 조사를 이끌어냈으나 조선인 1400명 사망이란 축소된 결과를 내놓자 수년간 도시락을 싸서 현장을 다니며 직접 조사해 '원폭과 조선인' 자료집 시리즈를 냈고, 조선인 2만명 피폭에 1만명 사망이란 추정치를 내놓는다.

92년엔 소설가 한수산의 초청으로 한국을 방문해 경기도 화성 제암리교회 추모비 앞에 무릎을 꿇고 사과했다. 한수산이 최근 영화화된 소설 '군함도'를 저술하는 데 밑바탕이 된 하시마탄광 관련 강제동원 자료도 전달했다. 94년 7월 갑작스레 별세했으나 그의 유지가 담긴 평화자료관이 95년 개관해 오늘에 이르고 있다.

오카 목사 세미나는 땅끝교회 일본어예배부가 주관했다. 일본 선교사 출신인 일본어예배부 김대호 목사는 "한·일관계가 얼어있는 이때 조선인을 품은 일본인 목회자의 삶을 반추함으로써 일본선교에 관한 한국교회의 관심을 촉구하고 싶었다"고 말했다.

땅끝교회는 영어예배부와 일본어예배부를 두고 있다. 안맹환 목사는 "땅끝까지 복음을 전하라는 주님의 사명에 따라 국제도시 부산의 영적 창고(倉庫)로서의 교회 소명을 이어가고자 한다"고 말했다. 부산=글·사진 우성규 기자
mainport@kmib.co.kr

〔그림 29〕 2020년 2월 8일 땅끝교회 일본어예배부 주최 세미나
(출처: 국민일보)

내용을 밝히고 있으며, 과거 전쟁의 반성 위에 나고야성터 박물관을 설립하고, 일본과 한반도의 교류 및 우호 추진의 거점이 될 것을 지향하고 있다. 선사시대부터 근현대사에 이르기까지 일목요연하게 한·일 교류사를 상시 전시하고 있다. 본 연구자가 나고야성을 방문했을 당시 "왜국과 가야, 고대 바다를 넘어서"라는 제목의 전시회를 본 적이 있다. 특히,

국제교류원 자격으로 상시 근무하는 한국인도 있어 한국어 안내도 가능했다.[350]

민간 차원에서의 국제교류로는 부여시와 다자이후시(太宰府市)가 있다. 두 도시는 2024년 기준 자매도시 체결 21주년을 맞이하고 있다. 이 두 곳은 고대 역사를 배경으로 한 문화교류를 지속 진행하고 있다. 그 외에도 대마도(對馬島)에서 「아리랑제」를 만들어 매년 8월 초에 부산광역시 영도구와 함께 진행하고 있으며, 후쿠오카시(福岡市)에서는 매년 9월 「아시아의 달」로 정해서 아시아 각국이 참가하는 문화행사를 하고 있다.[351]

김재현은 "지금은 관광산업 홍보를 국가의 수상이 직접 TV 출현을 통해서 홍보하는 시대가 되었다"고 분석했다. 이미 관광은 국가 차원에서 홍보하는 문화 상품이 되었다. 한류처럼, 국가의 큰 정책 사업으로 자리를 잡은 것이다. 현재 가야국 탐방, 임진왜란, 정유재란 등 역사탐방이라는 제목으로 김해, 한산도, 진주, 울산 등을 방문하는 관광객들이 늘어나고 있다.[352] 교회의 역사도 책 속에만 존재하는 것이 아니라, 우리가 살고 있는 삶의 현장에 자리 잡고 있다.

2023년 12월 로고스연구소 학술연구회에서 김현지는 "부산지역 기

---

350) 사가현립 나고야성박물관은 특별사적 「나고야성터 및 진영 터」의 보존 정비사업과 임진·정유왜란 및 일본　열도와 한반도의 긴 교류의 역사를 조사, 연구, 전시 소개하며 한·일간의 학술, 문화의 교류의 거점이 되는 것을 목적으로 1993년 10월에 개관했다. 카라츠 관광 홈페이지 https://www.karatsu-kankou.jp. 2023년 8월 22일 접속.

351) 김갑수 기자, "박정현 부여군수가 아스카 문화 홍보대사 맡게 된 사연 일본 나라현 아스카무라 촌장 요청으로 유네스코 세계유산 등재 노하우 전수" 「굿모닝충청」 2023년 5월 29일. https://www.goodmorningcc.com/news. 2024년 4월 12일 접속.

352) 김재현. "문화재연구 국제교류현황과 과제: 일본," 「국립문화재연구소」 文化財: 32호 (1999), 35.

독교 역사유적의 관광 콘텐츠(content)화 방안 고찰"이라는 연구결과를 발표했다. "부산지역, 기독교 역사유적, 관광콘텐츠, 체험적 요소, 스토리텔링 기법"에 관한 내용이다. 본 연구자는 김현지가 제안한 "기독교 역사 선교기념관" 설립의 필요성에는 공감하지만, 다수의 교단 및 타 종교의 이해가 반드시 선행되어야 한다.[353]

2006년 11월 부산 교계는 부산기독교 역사박물관 건립추진위를 설립하고 진행했지만, 별다른 성과가 없었다. 2022년에는 부산지역 기독교 선교관 설립이 부산광역시와 기독교계 간에 다시 논의되기 시작했다. 당시 부산기독교총연합회, 부산성시화운동본부, 부산장로교총연합회, 재단법인21세기포럼, 일신기독병원 등 5개 단체 15명이 모여 추진 방안을 결의했지만, 여전히 실행에 어려움을 겪고 있다.[354]

일본의 경우, 자신들의 기독교 문화유산을 유네스코에 등록하기 전부터 교회가 아니라 민간 차원에서 그 가치를 발견했다. 우리도 기독교계뿐만 아니라 주변 사회의 관심과 참여가 필요하다. 부산도 "초기 선교사 도착 표지석(標識石)"을 세우는 일을 수행했던 긍정적인 경험을 다시 되살릴 필요가 있다. 인천지역 기독교 유적지 답사를 통해 참가자들이 느꼈던, "그 많은 선교사가 생명까지 바치면서 이 땅을 위하여 고귀한 헌신을 하신 점이다. 그 은혜로 말미암아 지금의 우리나라와 한국교회가 있구나."라는 고백이 부산에서도 나올 수 있다.[355]

선교사의 첫 기착지였던 옛 부산항 터로부터 시작해, 광복동과 동광

---

353) 김현지, "부산지역 기독교 역사유적지의 관광콘테츠화 방안 고찰," 169.
354) 위의 논문, 186-187.
355) 박서운, "인천지역 기독교 유적지 답사기," 「한국기독교역사연구소」 제128호 (2020): 13-15.

동을 지나고, 영선고개를 넘어, 범일동, 부산진 일신여학교와 일신기독병원 등을 잇는 부산의 기독교 유적지 순례길을 개발하고, 단순한 스토리텔링을 넘어 전문적인 해설 교육을 진행하는 문화탐방의 실행 방안을 지속해서 모색해야 한다.

참고문헌

국내 단행본

김광수.『한국기독교연구사』. 서울: 한국기독교역사연구소, 1996.

김대래.『부산학논총 2013 - 개항기 서양인의 눈에 비친 부산』부산발전연구원 부산학
　　　연구센터, 2013.

김대훈.『초량교회 120년 약사 1892~2012』. 부산: 120년사 편찬위원회, 2013.

김병주.『호주 장로회 선교사들의 신학사상과 한국선교 1889~1942』한국기독교역사
　　　연구소, 2007.

김승태·박혜진.『자료총서 제18집 내한 선교사 총람 1884~1984』한국기독교역사
　　　연구소, 2007.

김승태·박혜진.『자료총서 제18집 내한 선교사 총람 1884~1984』. 서울: 한국기독교
　　　역사연구소, 2007.

김용진.『윌리엄 베어드 편지 Ⅰ(1885~1897)』. 서울: 숭실대학교 한국기독교박물관,
　　　2021.

김인수.『언더우드 목사의 선교편지』. 서울: 장로회신학대학교 출판부, 2002

김재현·류명균·최선화.『기독교 신앙유산을 찾아서 한국기독교 성지순례50』. 서울:
　　　KIATS(키아츠), 2017.

대한예수교장로회 초량교회.『초량교회 100년사』. 부산: 대한예수교장로회 초량교회,
　　　1994.

류대영.「초기 미국 선교사 연구」서울; 한국기독교역사연구소, 2013.

민건호.『해은일록 1권 부산근대역사관사료총서3』. 부산근대역사관. 2008.

민경배.『韓國基督敎會史』. 서울: 大韓基督敎出版社,1982.

박용규.『평양노회사』. 평양노회, 1990.

박정규.『한국개신교회박물관 및 자료실 조사연구(韓國基督敎 聖地巡禮硏究)』서울:
　　　한국기독교성지순례선교회, 2006.

박종현.『순교자의 숨결이 살아 있는 곳, 전라도의 기독 유적지』. 서울: 기독교대한성결
　　　교회 활천사, 2017.

부산경남역사연구소.『시민을 위한 부산의 역사』. 부산: 도서출판 늘함께, 1999.

부산광역시.『고도심 역사의 발자취를 찾아서』. 부산: 부산광역시문화유산과, 2021.

　　　　.『부산 물길 역사의 발자취를 찾아』. 부산: 부산광역시문화유산과, 2022.

　　　　.『시대별로 한눈에 보는 부산역사 산책』. 부산: 부산광역시문화유산과, 2020.

　　　　.『原도심 역사의 발자취를 찾아서』. 부산: 부산광역시문화유산과, 2020.

부산근대역사관.『부산근대역사관』. 경기: 세한, 2003.

부산노회,『부산 복음의 증인들』. 부산: 대한예수교장로회 부산노회, 2010.

부산대학교병원사편찬위원회.『부산대학교 병원사(1877-2016)』. 부산대학교병원,
　　　2017.

부산세관박물관.『부산세관박물관 BUSAN CUSTOMS MUSEUM』. 부산: 부산세관
　　　박물관, 2023.

부산진교회.『동행:부산진교회 130년사(1891~2021)』. 멘지북스, 2023.

양명득.『호주장로교 한국선교역사 1889~1941(호주빅토리아장로교회 한국 선교
　　　공식 보고서)』. 서울: 동연, 2017.

왕인문화연구소편.『왕인 그 자취와 업적 한반도와 큐슈』. 영암군: 왕인박사현장협회,
　　　2009.

유승훈.『부산의 탄생, 대한민국의 최전선에서 거센 물살을 마중한 도시』. 서울: 생각의
　　　힘, 2020.

유시민.『역사의 역사』. 경기: 돌베개, 2018.

유영식.『작한 목자 게일의 삶과 선교 2』. 서울: 도서출판 진흥, 2013.

유영식·이상규·존브라운·탁지일 공저.『부산의 첫 선교사들』. 서울: 한국장로교출판사,
　　　2007.

윤혜원.『일본 기독교의 역사적 성격』. 서울: 한국기독교역사연구소, 1995.

이훈.『대마도 역사를 따라 걷다』. 서울: 역사공간, 2008.

이근우.『부산 속의 일본』. 부산: 부경대학교 출판부, 2012.

이덕주.『믿음의 흔적을 찾아 한국의 기독교 유적』. 서울한국기독교역사연구소, 2013.

______.『영의 사람 로버트 하디』. 밀알북스, 2022.

______.『한국 기독교 문화유산을 찾아서, 눈물의 섬 강화 이야기』. 서울: 대한기독교
서회, 2002.

______.『한국 기독교 문화유산을 찾아서』. 대한기독교서회, 2002.

이만열.『아펜젤러-한국에 온 첫 선교사-(특집-한국을 사랑한 서양인)』. 연세대학교
출판부, 1985.

이상규.『해방 전후 한국장로교회의 역사와 신학』. 서울: 한국기독교역사연구소, 2015.

______.『기억과 추억의 역사: 부산지방에서의 초기 기독교』. 서울: 한국교회사역사
연구소, 2023.

______.『부산·경남지역 기독교의 연원을 추적한 부산지방 기독교 전래사』. 서울: 글마당,
2001.

이용득.『부산항 이야기 부산항의 오래된 미래를 만나다』. 부산: 유진북스, 2019.

이원희.『스펙트럼(해설편) 성서지도』. 도서출판 지계석, 2011.

이일래·이진로·김유준·강윤원·김대래.『2013 부산학연구』. 부산: 부산발전연구원
부산학연구센터, 2013.

이종민.『6.25 전쟁기 부산지역 기독교의 공존과 갈등 1950~1953』. 서울: 한국기독교
연구소, 2023.

이중근.『1950.6.25.~1953.7.27. 6·25 전쟁 1129일[요약본]』. 서울: 우정문고, 2014.

임희국.『기다림과 서두름의 역사 한국장로교회 130년 역사』. 서울: 장로회신학대학교
출판부, 2013.

임희국·이치만.『떠나온 평양 다가온 평화통일: 평양노회사 100년사』. 서울: 한국장로교
출판사, 2013.285.

장원철.『프로이스의『일본사』를 통해 다시 보는 임진왜란과 도요토미 히데요시』. 국립
진주박물관, 2003.

정규한.『부산지역 의료 130년사』. 부산 : 연문씨앤피, 2008.

정춘숙.『맥켄지가의 딸들 매혜란, 매혜영 선교사를 기리며』. 부산: 일신기독병원총
동문회. 2012.

정효운.『한국 고대 문화의 일본전파와 대마도, -대마도의 역할과 한·일 양국의 인식을

중심으로』한·일역사연구소　제2기, 2007.

초량교회.『초량교회120약사1892~2012』. 대한예수교장로회 초량교회. 2012

최해군.『부산 이야기 50마당』. 부산: 도서출판 해성 2007.

최희정.『양림동, 오래된 언덕에 서서』. 광주: 광역시남구청, 2009.

탁지일.『다르게 다가서는 역사 : 불교의 땅, 부산에서 바라보는 한국교회사』. 서울: 예영
　　　커뮤니케이션, 1992.

______.『부산노회여전회연합회 100년사』. 부산: 부산노회여전도회연합회. 2015.

______.『부산의 첫 선교사들』. 서울: 한국장로회 출판사, 20076.

______.이종민·김대호·김왕범·구덕모.『6.26전쟁과 한국교회』. 서울: CLC출판, 2020.

하창식.『시복시성을 위한 도보성지순례백서』. 부산:　천주교부산교구 평신도사도직
　　　협의회, 2014.

한·일역사공도연구위원회 제2분과.『제2기 한·일역사공동연구보고서』. 경기: 경인
　　　문화사, 2010.

한태문.『한·일 문화교류의 상징 '조선통신사', 그들의 기록』. 기록과 사람, 2005.

국내 번역서

기포드, 다니엘.『조선의 풍속과 선교』. 심현녀 역. 서울: 한국기독교역사연구소, 1996.

로스, 해리.『미국 북장로교 한국 선교회사 VOLUME (1884-1934)』. 서울: 연세대학교
　　　출판부, 2010.

맥켄지, 헬렌.『호주선교사 맥켄지의 발자취』. 김영동 역. 서울: 대한기독교서회, 2006.

비숍, 이사벨라.『조선과 그 이웃 나라들 (Korea and Her Neighbors)』. 서울: 집문당,
　　　2004.

알렌, 호레이스『구한말 격동기 비사 알렌의 일기』. 김원모 역. 서울: 단국대학교출판부,
　　　1968.

오만.『프로이스의 일본사를 통해 다시 보는 임진왜란과 도요토미 히데요시』. 장원철 역.
　　　진주: 국립진주박물관, 2003.

유이치, 히구라시, 이케다 쓰토무.『세계문화유산 나가사키와 아마쿠사 지방의 잠복

기리시탄 관련』. 나가사키: 나가사키현 세계문화유산과, 2018,

카, E.H. 『역사란 무엇인가?』. 김택현. 서울: 까치, 1.20.

프로이스, 루이스 『임진난의 기록: 루이스 프로이스가 본 임진왜란』. 정성화, 양윤선 역. 경기: 살림, 2016.

헤세-바르텍, 에른스트폰. 『에른스트폰 조선, 1894 여름』. 정현규 역. 서울: 도서출판 책과함께, 2012.

홀, 로제타. 『로제타 홀의 일기, Hall. Rosetta S 1865-1951 2권』 김현수, 강현희 역. 서울: 홍성사, 2016.

일본 단행본

天草市文化課, 『天草の坂津集落 世界文化遺産登録』. 熊本：熊日出版, 2020.

岡部 一興·有地 美子. 『宣教師ルーミスと明治日本—横浜からの手紙』, 東京：有隣新, 平成十二年.

加藤 久雄. 『五島キリシタン史伝来と信仰の歩み』. 長崎：五島市世界遺産登録推進協議会, 2013.

結城 了悟. 『26聖人の殉教史長崎絵の道』. 長崎:日本二十六聖人記念館長崎, 2006.

長崎世界文化遺産課. 『日本獨自の宗教的伝統』：世界文化遺産課. 2022.

長崎世界文化遺産課『世界文化遺産の長崎と天草地方の潜伏キリシタン関連遺産』. 長崎県世界遺産課, 2022.

中園 成生. 『かくれキリシタンの起源—信仰と信者の実相』. 福岡：弦書房, 2018.

中野 廣. 『旅する長崎学：天主教文化の旅長崎への探訪』. 長崎: 長崎文献社, 2007.

平戸市生月町轉物館·島の館. 『生月島のかくれキリシタン』. 生月：生月町歴史研究会, 2017.

木村 直樹. 『多摩大学·寺島実郎学長主催インターゼミ, 長崎が拓いたアジアとヨーロッパの交流』. 東京：社会工学研究会 月刊世界 岩波書店, 2010.

松竹 秀雄. 『郵便汽船三菱会社に対する「無料保護平価」批判』. 長崎：長崎大学学術研究成果リポジトリ, 1986.

宮崎 賢太郎.『生月島の隠れキリシタン』. 長崎: 長崎新聞社, 2001.

日本二十六聖人記念館.『長崎游学シリーズ 8』. 長崎 : 文献社編 2013.

朴慶洙·金英芝·金 一恵·申允珍·金太学·仲尾 宏.『関西に残された朝鮮通信使の
　　　足跡』京都国際中·高等学校, 19.

越田 辰宏·山口夏実.『崎拓いたアジアとヨーロッパの交流』多摩大学, 2017.

長崎世界文化遺産課.『日本獨自の宗教的伝統』長崎: 界文化遺産課 化遺産課,
　　　2022.

국내 학술논문

김동철. "부산의 일본 관련 문화유적과 활용방안 -부산의 지역혁신과 부산학의 미래."
　　　『한국민족문화연구소』 국제학술세미나, (2003): 259-276.

______. "조선후기 통제와 교류의 장소, 부산 왜관."『한·일관계사연구』 37집, (2010):
　　　3-36.

김재승. "부산해관 개청과 초대해관자 W. N. Lovatt."『국제무역연구』 제9권 제2호,
　　　(2003): 1-32.

김정하. "개항도시 유적지의 보존과 활용에 대한 고찰-부산과 나가사키의 사례를 중심
　　　으로."『한국해양대학교 국제해양문제연구소』 해양도시 문화 교섭학. (2012):
　　　125-160.

김지현. "부산지역 기독교 역사유적지의 관광콘테츠화 방안 고찰."『로고스경영연구』
　　　제21권 4호, (2023): 169-193.

김태영, "종교관광 활성화 방안,"「한국관광정책」 제36호 (2009): 105-110.

김홍수. "한국전쟁 시기 기독교 외원단체의 구호활동."『한국기독교와 역사』 제23호
　　　(2005): 97-124.

노성환. "나가사키현의 임란포로에 관한 연구,"『日本思想』 第十六号, (2009): 189-
　　　213.

박서운. "인천지역 기독교 유적지 답사기."『한국기독교역사 연구소소식』 제128호,
　　　(2020): 1~30.

박화진. “왜관　관수일기를 통해 본 초량왜관의 생활상-1860년대 일기를 중심으로-,”
　　　『동북아문화연구』 제33집 (2012): 51-63.

서용태. “마아와 호열자로 보는 개항기 보건의료 -부산지역의 두창 및 콜레라 방역을
　　　중심으로-.”『한국문학논총』 제82집, (2019): 41-77.

송정숙. “개항장으로서의 부산항과 기록.”『부산대학교 문헌정보과』 2010년 정부재원,
　　　(2010): 273-298.

송혜수. “기록으로 본 부산의 산업변동과 로컬리티,”『한국기록관리학회지』 제16권,
　　　제2호 (2016): 143-172.

윤광운, 김재승, “부산해관(1883~1905)에 관한 무역사적 연구,”『무역학회지』 제31권,
　　　제1호 (2006): 199-221.

이병원. “성지순례관광에 관한 연구.”『로고스경영연구』 제7권 제2호, (2009): 1-20.

이상규. “북장로교 부산선교의 개척자 윌리엄 베어드(William M, Baird),”『부·경교회사
　　　연구』 제3호 (2006): 58-71.

_____. “한국에서 교회사를 가르친 첫 선교사 왕길지(G. Engel),”『부·경교회사 연구』
　　　제12호 (2008): 50-56.

_____. “부산진 일신여학교 교사는 언제 세워졌을까?,”『부·경교회사 연구』 제22호
　　　(2009): 59-64.

_____. “복병산에 묻힌 사람들 부산에 묻힌 선교사와 그 자녀들,”『부·경교회사 연구』
　　　제24호 (2010): 42-60.

_____. “해방정국과 부산지방 기독교,”『부·경교회사 연구』 제41호 (2013): 14-45.

장순순. “조선후기 왜관의 성립과 왜관 정책.”『인문과학연구』 제31집 (2011): 197-
　　　226.

정병준. “한호선교 120주년기념 학술세미나.”『부·경교회사 연구』 제24호, 2010).

정효운. “백제와 왜의 문화교류의 양상에 관한 고찰.”『일어일문학』 제31호, (2006):
　　　279-299.

최정웅·이혁기·이원희, “도심 속 둘레길 사회문화적 가치와 장소 정체성,”「한국사회
　　　체육학회지」 제 62호, (2015): 457-467.

탁지일, “부산지역 개신교 유적지 개발 및 활용방안 연구,”「한국기독교신학논총」 제

76집, (2011): 77-95.

______. "한국선교 120주년의 기원문제: 제물포인가? 부산인가?," 『교회사학』 第4卷 第1號, (2005): 203-228.

______. "한국전쟁 시기의 부산지역 교회." 『부·경 교회사 연구』 제41호 (2013): 35-45.

허지은. "근세 왜관 館守의 역할과 도다 도노모(戶田賴毛)," 『한·일관계사연구』 제48 집 (2014): 171-222.

일본 학술논문

高田貫太, "金属製服飾品からみた4、5世紀代の金海. 釜山地域と倭―金海大成洞 古墳群と東萊福泉洞古墳から出土した服飾品の分析から―," 『부산대학교 문화유산보존연구소』 제1차 국제학술세미나 (2018): 111 -125

朴晋雨. "港期の釜山から見た日本の朝鮮認識." 『対話と深化の次世代女性リーダ ーの育成』魅力る大学教育イニシアテブ, (2007): 212-220.

松竹 秀雄. "郵便汽船三菱会社に対する「無料保護平価」批判." 『長崎大学』学術 研究成果リポジトリ(1986):1-50.

魏聖銓, "朝鮮通信使と雨森芳洲の一考察." 『法政大学小金井論集』編集委員会, (2018): 15-34.

東條正. "港湾都市長崎における近代交通体系の過程." 『放送大学研究』第31号, (2013): 97-118.

鈴木 里恵. "境界域使の可能性－長崎と朝鮮半島南部の地域史-." 『長崎大學教育學 部社會科論』第70號 (2008). 31-46.

五野井隆. "イエズス会士によるキリスト教の宣教と慈悲の組." 『日本学士院紀要』 第七十二巻 特別号, (2018): 261-272

田中 啓介. "長崎における幕末·明治初期のアメリカ人宣教師." 『ヴァーベックと スタウト―日本英学史研究』巻 15号, (1984): 47-56.

학위 논문

김대호. "초기 선교사들의 조선 입국 경로 연구 1883-1885 –부산과 일본 나가사키
　　　항로를 중심으로–" 석사학위논문, 부산장신대학교. 2018
노정호. "近代 韓日 航路에 관한 研究." 碩士學位論文, 釜慶大學校, 2007.
이미숙. "韓日合邦 以前 日本人들의 朝鮮進出 背景에 關한 研究 : 나가사키현(長崎縣)
　　　의 事例를 中心으로," 박사학위논문, 성균관대학교. 2008.
송혜영. "부산일본 전관거류지의 형성과 변화에 나타난 건설적 특성에 관한 연구,"
　　　박사학위논문, 한국해양대학교. 2002.

정기 간행물

김명동. "되살아난 복음의 불씨" 「크리스찬리뷰」. 2019년 9월 26일.
서성우 편지, "오카 마사하루(岡 正治) 목사의 삶과 사상" 「크리스천경남」. 2020년 12월
　　　12일 수요일.
원포인트 시사 레슨, "왜구의 본질 흐리는 '토착왜구':'왜구 중 조선인이 많았다'는 식민
　　　사관에 포획된 표현" 「주간동아」. 2020년 1232호
이 율리에타, "나가사키의 조선인교회 400주년(상)-로센소교회" 「카톨릭신문」. 2010년
　　　7월 21일 2707호 15면.
영화 풍운대전. 2017년 5월 27일 개봉. 한국개봉 2017년 11월 23일.

인터넷 자료

가톨릭 신문. "나가사키 성지순례." <https://handmaids.or.kr>.
굿모닝충청. "박정현 부여군수가 아스카 문화 홍보대사 맡게 된 사연 일본 나라현
아스카무라 촌장 요청으로 유네스코 세계유산 등재 노하우 전수."
<https://www.goodmorningcc.com/news>.
주간동아. "식민사관에 포획된 표현." <https://weekly.donga.com>.

주간동아. "왜구의 본질 흐리는 '토착왜구' '왜구 중 조선인이 많았다.
https://weekly.donga.com>.

중앙일보. "제주서 수출한 큐슈올레, 일본의 속살을 걷는 재미."
 <https://www.joongang.co.kr/article/25147840#home>.

크리스찬리뷰 "되살아난 복음의 불씨" <https://www.christiantoday.us.>

목회데이터연구소. "2023년 한국인의 종교 현황."
 <http://www.mhdata.or.kr>.

부산광역시 홈페이지. "피란수도 부산유산 소개."
 <https://www.busan.go.kr/depart/culture030102?bbsNo=7>.

부산광역시 갈맷길 홈페이지.
 <https://www.busan.go.kr/galmaetgil/index>.

부산시설관리공단 홈페이지. <https://www.bpfmc.or.kr>.

부산광역시국제시장 홈페이지. <https://gukjemarket6.modoo.at>.

부산역사문화대전. <http://busan.grandculture.net>.

사가현 큐슈올레길. <https://kyushuolle.welcomekyushu.jp/ko>.

시마바라 올레길 트레킹 홍보.
 <https://band.us/band/82008575/post/1469>.

위키백과(국내). <https://ko.wikipedia.org>.

위키백과(일본). <https://nl.wikipedia.org>.

한국민족문화대백과사전, "한국인 원폭 희생자 위령비"
 <https://encykorea.aks.ac.kr>

長崎と天草地方の潜伏キリシタン関連遺産ホーム.
 <https://kirishitan.jp>.

日本文化庁ホーム. <https://jp.usembassy.gov/ja>.

長崎世界文化遺産ホーム. <https://heritage.unesco.or.kr/나가사키지역>.

長崎県ホーム. <https://www.discover-nagasaki.com>.

佐賀県立名護屋城博物館ホーム. <http://www.pref.saga.lg.jp>.

CGNTV JAPAN. "日本CGNTV開局8周年特集" <http://japan.cgntv.net>.